우리에게 내일이 없더라도

우리에게 내일이 없더라도

도갈드 하인 지음 | 안종희 옮김

기후 위기 시대,
우리가 할 수 있는 것과
할 수 없는 것

한문화

이 책을 먼저 읽은 이들의 찬사

도갈드 하인이 수십 년 동안 기후 관련 기자 및 활동가로 일한 경험을 바탕으로 쓴 이 책은 한때 익숙했던 세계를 뒤집는 복합적인 위기를 언급한 책 중에서 가장 통찰력이 넘친다. 특히 이런 위기를 다루는 과학의 강점과 한계에 대한 하인의 가차 없는 분석에 감탄했다. 이 책은 격변하는 시대의 필독서다.

아미타브 고시 Amitav Ghosh, 《대혼란의 시대》 저자

이 혼란스럽고 부패한 시대에 도갈드 하인은 항상 올바른 질문을 했다. 이 책에서도 그는 몇 가지 질문을 한다. 대담하게도 그는 실질적인 활동을 통해 우리의 관점을 완전히 새롭게 바꿀 수 있는 방법을 알려준다. 기후 변화에 관한 책은 많지만, 이 책은 우리를 더 성찰하게 만드는 내용을 다룬다. 이를테면 '기후 변화를 대하는 우리의 태도가 자신에 관해 무엇을 드러내는가', '우리는 기후 변화에 대해 무엇을 할 수 없고, 무엇을 할 수 있는가'이다.

폴 킹스노스 Pual Kingsnorth, 《Confessions of a Recovering Environmentalist》 저자

이 책은 식민주의, 근대성, 화석연료 중독, 중앙 집중화, 통제, 소비주의, 확실성에 대한 애착을 바탕으로 인간이 달려온 파괴적인 경로에 대한 깊은 성찰을 담고 있다. 저자는 기후 변화와 우리가 직면한 다른 문제들에 관한 논의를 멈추고, 우리의 마음과 정신을 일깨워 개인과 공동체가 함께 걸어가는 길, 다양성과 탈집중화의 길, 더 좁은 길을 추구함으로써 지금까지와는 완전히 다른 변화를 만들어야 한다고 말한다.

반다나 시바 Vandana Shiva, 《Terra Viva》 저자

도갈드 하인은 다른 모든 이야기를 끝내고 새로운 이야기를 전하는 전직 언론인의 어조. 나의 고향 나이지리아 마을 끝에 앉아 있을 법한 지혜로운 노인의 어투로 진심 어린 메시지를 전한다. 그 묵직한 울림을 통해 이 이상한 시대의 고르디우스 매듭으로 우리를 안내한다. '과학을 따르라', '기후 문제를 해결하라', '세계를 구원하라'는 말은 변화를 약속하지 못한다. 역설적이게도, 인류의 통치권 주장에 의문을 제기하는 그만의 방식이 꺼져가던 불을 오히려 활활 타오르게 만든다.

바요 아코몰라페 Bayo Akomolafe, 《These Wilds Beyond Our Fences》 **저자**

나는 도갈드 하인의 글을 좋아한다. 이 책은 생각 이전의 감정에서 출발해, 보기 드문 독창성과 깊이를 보여준다. 심오하고 원대하며 생각을 바꾸는 책이다.

헬렌 죽스 Helen Jukes, 《A Honeybee Heart Has Five Openings》 **저자**

도갈드의 책은 시의적절하며 때로 우리를 심란하게 만든다. 이 책은 가차 없는 부정과 지루한 낙관주의에 빠지지 않고 이 시대의 축복과 혼란을 말한다는 점에서 매우 새롭다. 그는 더 진실하고 거대한 제3의 입장을 추구한다. 이 책은 그가 기후 위기의 최전선에서 보낸 시간의 무게를 고스란히 전한다. 이 책은 우리가 안다고 생각하는 것에서 우리를 잡아끌어 알지 못했던 것을 바라보게 한다.

마틴 쇼 Martin Shaw, 《Courting the Wild Twin》 **저자**

도갈드 하인의 아주 매력적인 이 책은 과학에 대한 새로운 관점을 설득력 있고 수긍할 만한 방식으로 제시한다. 그는 지금의 제도화한 과학에 바탕을 둔 기후 운동이 과학 때문에 어떻게 사라질지 분명하게 보여준다. 실질적인 판단이나 상식, 지혜가 '좁은 오솔길'로 가는 길잡이라면, 과학에 기반한 기술 관료제는 기후 변화에 대처하기 위한 감시와 규제의 '넓은 고속도로'라고 확언한다. 코로나 팬데믹은 도갈드가 영감을 받은 이반 일리치와 같은 예언자적 사상가들이 오래전에 전망했던 냉혹한 미래를 보여준다. 많은 이가 그의 초대장을 받아들고, 좁은 길로 가는 모험에 합류하기를 바란다.

데이비드 케일리 David Cayley, 《Ivan Illich:An Intellectual Journey》 **저자**

모래시계가 인류의 종말이 임박했음을 나타낼 때, 도갈드 하인은 지난 20년 동안 그의 사상을 형성하고, 우리가 처한 곤경에 빛을 비춘 많은 사상가와의 만남을 회상한다. 모래시계를 바라보는 독자들은 모래시계의 형태, 모래가 빠지는 구멍의 크기, 그것을 뒤집는 사람이 누구인지 질문할 것이다. 모래가 아래로 모두 빠지면 무슨 일이 일어날까? 모래가 빠지지 않는다면 어떻게 될까? 유리가 깨져 모래가 탁자 위로 쏟아지면 어떻게 될까? 도갈드가 쏟아진 모래에 손가락으로 선을 그어 만든 이 잠정적 지도는 명확하고 설득력이 있으며, 동시에 안도감을 주고 미지의 세상 앞에 겸손해지게 만든다.

사라 토마스 Sarah Thomas, 《The Raven's Nest》 저자

이 책은 기후 변화, 코로나 팬데믹, 사회운동에 대한 공적인 이해를 탐구한다. 도갈드는 인류가 과학에 너무 많은 것을 요구하는 것은 아닌지 질문하면서 '어두운 자만심' 너머를 가리킨다. 그는 뛰어난 설득력과 진실성으로 지구 위의 생명이 아직 겪어보지 못한 깊은 신비와 희망으로 우리를 초대한다.

알라스테어 매킨토시 Alastair Mcintosh, 《Soil and Soul and Riders on the Storm》 저자

우리는 사람들을 위협해 지구를 구해보려 했지만, 이 방법은 사실 효과가 없었다. 사람들은 대부분 무엇을 해야 한다는 말을 듣고 싶어 하지 않았고, 또 개인의 작은 선택이 이 위기에서 우리를 건져내리라 믿는 것 자체가 어리석기 때문이다. 우리에게 당면한 위기와 그것에서 벗어나는 방법, 이 세계가 소중한 이유를 사람들이 직접 생각해 보도록 이끄는 것은 어떨까? 이것이 도갈드 하인의 시의적절한 접근방식이다.

저스틴 스미스 Justin E. H. Smith, 《The Internet Is Not What You Think It Is》 저자

이 책에서 도갈드 하인은 우리를 조기 사멸로 이끄는 '근대성이 남긴 유산'을 재편하라고 요청한다. 우리가 아는 세계의 종말은 호스피스가 필요한 세계의 종말이며, 아마 이 호스피스를 통해 인류는 자신과 자연을 향한 폭력으로부터 깨달음을 얻는 법을 배울 것이다. 우리가 새로운 세계를 창조할 수 있다는 생각은 허세에 불과하다. 우리는 자연의 일부일 뿐, 중심이 아니다. 우리가 중심에서 기꺼

이 벗어난다면 인간을 통해 일하는 자연의 치료 능력을 실제로 확인할 수 있을 것이다.

바네사 마차도 드 올리베이라 Vanessa Machado de Oliveria, 《Hospicing Modernity》 **저자**

현실을 직면하라는 도갈드 하인의 예언자적 요청은 그 중요성과 순수한 용기를 아무리 강조해도 지나치지 않다. 이 책은 우리가 겪는 개인적, 사회적, 병리 현상에 대한 품격 있고 예리한 진단이다. 이제 치료를 시작해야 한다는 그의 주장은 우리를 고무시킨다. 무엇이 잘못됐을까? 우리의 병적인 극단성, 진보에 대한 터무니없는 믿음의 치료책은 무엇일까? 우리에게는 정치나 제도, 사상과 달리 지속적이고 가치 있는 이야기가 필요하다. 지금은 종말의 시대다. 도갈드는 종말이란 결국 '계시'를 의미하며, 우리에게 아직 상황을 볼 수 있는 눈이 있다면 앞으로 다가올 일을 준비하라고 강조한다.

찰스 포스터 Charles Foster, 《Being a Human》, 《Being a Beast》 **저자**

혼란 속에서도 나를 이해해 준 안나를 위해

이 이상한 시대를 위해 태어난 알피를 위해

차례

들어가는 글

우리가 알던 세상과 이별하고
새로운 리듬에 맞춰 춤춰야 할 때

'세계 종말의 시대에 살고 있다'는 느낌은 내가 어른이 된 후 점점 더 강렬해졌다. 오랫동안 세계의 종말에 관한 논의는 공공연한 장소에서는 잘 이루어지지 않은 채 은밀한 소문으로만 떠돌 뿐이었다. 우리의 삶에서 실제로 벌어지는 일이지만, 여론을 형성하는 사람들이 만나는 장소나 싱크 탱크 세미나, 고위 관료들의 사무실이나 백만장자들의 저녁 식사 자리에서 이런 이야기를 꺼내면 일단 이상한 표정과 어색한 웃음을 마주할 수밖에 없었다. 또한 대화 주제가 재빨리 바뀌거나 좀 더 넓은 관점으로 세상을 봐야 한다는 조언이 돌아오기도 했다. 내가 상황을 잘 아는 이유는 21세기 초에 줄곧 이런 사람들을 만나왔기 때문이다. 이런 자리를 일부러 찾아다닌 것은 아니지만, 직업상의 이유로 종종 참석할 수밖에 없었다.

2010년 서구 국가들을 대상으로 한 조사에 따르면, 오늘날의 젊은이들이 자기 부모보다 더 나은 삶을 살 것으로 믿는 사람들의 수가 자기 부모보다 더 힘들어질 것이라고 믿는 사람들의 수에 비해 매우 적다고 한다. 지구촌의 여러 지역이 지향하는 모델 역할을 하는 국가에서 사는 축복받은 사람들의 일상에서조차 '진보의 가능성'은 완전히 무너졌다. 언론인들은 경기 순환의 부침은 다소 있겠지만 완만한 경제 성장의 기적이 지속되어 조만간 삶에 영향을 미칠 것이라며 이런 조사 결과를 일축했다. 그들의 안일한 생각은 2010년대 중반까지 지속되다가 예상치 못한 정치적 격동으로 패닉이 발생하면서 순식간에 바뀌고 말았다. 아직도 진보주의에 매료되어 시민들이 실제로 처한 현실에 눈을 감는 사람들에게 브렉시트 투표와 도널드 트럼프의 당선이야말로 세계의 종말처럼 느껴졌을 것이다.

2010년대 말, 기후 변화에 대한 새로운 자각과 운동이 일어났다. 이 운동은 이미 존재하는 위기가 우리 삶에 점차 영향을 미쳐 모든 것을 바꿀 것이라는 날카로운 인식에서 출발했으며, 기후 위기를 '곧 해결책을 마련해 해소할 수 있는 문제'로 보지 않았다. 기후 위기가 던진 그림자는 매우 길고 어두우며, 지금부터 내가 전하려는 이야기에서도 핵심적인 부분이 될 것이다. 2022년 봄, 유럽에서 이 책을 쓰는 동안 나는 세계 도처의 우크라이나 관련 기사에서 전쟁의 충격을 고스란히 느꼈다. 수백만 우크라이나인이 알던 세상은 며칠 만에 처참하게 파괴되었다.

이 전쟁으로 유럽이나 다른 지역의 사람들은 그동안 현상 유지를 위해 지켜오던 거칠게 꿰맨 조각보에 구멍이라도 뚫린 듯한 위기감을 느꼈을 것이다. 그동안은 '진보와 발전'이라는 위안이 되는 비전으로 불안감을 달래 왔지만, 앞으로 에너지 위기라는 더 큰 충격이 닥치면 무기력한 현실이 밖으로 그대로 드러날 것이다. 세계의 종말은 매우 다양한 방식으로 다가올 수 있지만, 그중에서도 최대의 파열은 2020년 봄 코로나19 바이러스가 세계로 확산되었을 때, 각국 정부의 의사결정이 만든 구멍과도 연관이 있다. 이 책은 코로나 시대에 탄생했기 때문에 여기서부터 이야기를 시작해야 한다.

새로운 상황 앞에서 어떤 선택지를 택할 것인가?

얼마 전 세계 종말에 관한 사람들의 예측을 보여주는 밈Meme들이 온라인 세상에 등장했다. 이 밈에서는 영화 '매드 맥스Mad Max'나 '더 로드The Road'의 스틸 사진과 코로나로 인한 생필품 사재기나 지루한 봉쇄를 대비시켰다. 인터넷 이용자들에게는 코로나 팬데믹이 세계의 종말과 연관 있는 일처럼 와닿지 않은 듯하다. 하지만 '세계 종말'이라는 단어는 예전과는 확실히 다른 의미를 갖기 시작했다. 이를테면 숨겨진 일들이 밝은 빛 속에 여실히 드러나는 계시의 순간처럼 말이다. 코로나19 바이러스와 그에 대한 문화적, 정치적 반응은 우리 사회의 풍조와 긴장감을 그대로 드러냈다. 실제 세계와 우리가 말하고 싶은 이야기 사이의 간극을 드러냈으며, 우리가 절반만 이해했던 일들을 눈으로 직접 볼 수 있게 했다.

　우리의 위치에 따라 보이는 많은 것이 달라진다. 이 책은 성인기의 오랜 시간을 기후 변화라는 주제 아래 제기되는 문제를 포함해 우리의 당면 과제와 미래 예측을 말해 온 '나'라는 사람의 생각을 코로나 시대가 어떻게 흔들어 놓았는지에 관한 이야기다. 나는 인류가 심각한 곤경에 처해 있다고 확신한다. 하지만 지난 3년 동안 더욱 분명해진 것은 우리가 기후 변화를 논의하는 방식이 사실 모든 것을 더 악화시켰다는 점이다. 권력을 가진 기관의 신념과 예상치 못한 위기 속에 드러난 두려움, 비상 상황을 강조하는 용어, 과학에의 과도한 의존(그 의도가 선하고, 근거가 탄탄하다 해도 마찬가지다.)은 살아 있는 지구와 지구의 거주자들을 기술적 관리와 통제의 대상으로 만드는 프로젝트를 재촉한다. 기후 변화가 시사하는 심각한 문제를 확신하는 사람들은 이제 수용할 만한 가치가 있는 다른 논의 방식과 대책을 찾아야 한다.

스웨덴이 아닌 다른 국가에서 태어나 이주한 입장에서 보기에 스웨덴은 최근 몇 년 동안 고향이라고 부르기에는 낯선 곳이 되었다. 전 세계에 보도되었듯이 스웨덴은 코로나 대응책으로 봉쇄 조치를 취하지 않은 주요 서구 국가 중 하나다. 일부 제한 조치가 있었지만, 강제성이 없는 권고 사항이 더 많았다. 여러 달이 지나면서 나는 내 집 문밖의 현실과 다른 지역에 거주하는 친구들 사이의 차이를 느꼈다. 우리 정부는 주요 국가의 정부들과 다른 결정을 내렸고, 이 결정이 나와 가장 가까운 사람들에게 미친 영향의 차이를 목격했다. 나는 지난 몇 년 동안 시민들에게 집에 머물라고 강제하지 않고, 엄청난 두려움을 조장하지도 않으며, 백신을 접종하지 않은 사람들이 끔찍한 생활을 하지 않도록 조치한 국가에서 살게 된 것에 감사한다. 하지만 이런 차이 중 어느 것도 초기에는 분명하지 않았다.

내가 첫 며칠 또는 몇 주 동안 경험한 일 중 가장 기억에 남는 것은 다른 지역에 사는 친구나 동료들과 나눈 대화였다. 그들은 스웨덴 정부가 신속하게 방침을 바꾸지 않을 경우 발생할 공포스러운 상황을 깊이 우려했다. 나 역시 그들이 예상하는 시나리오를 듣고 걱정하기도 했다. 스웨덴 사람들이 성장하면서 당연하게 받아들이는 '스웨덴 시스템에 대한 신뢰'를 다른 나라 사람들에게 설명하고 공유하기는 쉽지 않다. 2020년 봄, 나는 다른 지역에 사는 내 친구들이 옳을지도 모른다는 두려움을 느끼기도 했다. 나는 내가 속한 사회가 몇 주 후면 붕괴할 수도 있고, 그런 상황에서 내가 할 수 있는 일은 거의 없다고 느꼈다. 나는 취약함과 무력감을 느낄 수밖에 없었다.

이 책 전체에서 나는 스웨덴이 어떻게 이런 길을 걷게 되었는지를 다룰 것이다. 이제 과거를 되돌아보면서 그런 결정의 결과와 스웨덴의 방식이 다른 지역에서도 효과적일지에 관해 논쟁할 수도 있다. 하지만 분명한 것은 사람들이 예상했던 '공포 쇼'는 전혀 일어나지 않았다는 것이다. 그와 비슷한 일조차도 일어나지 않았다. 이것은 강력한 경험이었고, 어떻게 이해해야 할지 판단하기도 어려웠다. 나는 이 경험으로 코로나 시대에 생긴 갑작스러운 확신에 주목했다. 나는 특별한 걱정 없이 백신을 접종했고, 후회할 이유도 없었다. 나는 바이러스와 질병에 관한 기존 과학의 의견과 여러 대안적인 주장에 동의하지 않는다. 나는 당국이 말하는 것보다 덜 두려워하고, 우리가 알아야 할 내용과 정부가 해야 할 일에 관한 최신 발표를 받아들이지 않아도 될 권리 또한 갖고 있다. 나는 팬데믹을 둘러싸고 형성된 새로운 정치 지형에 대해서도 회의적이다. 사회민주당과 녹색당의 연립 정부가 스웨덴의 비봉쇄 결정을 관리했는데, 그해 봄 더 강력한 조치를 유일하게 주장한 당은 극우 성향의 스웨덴 민주당이었다.

우리의 현재 위치와 나아갈 방향을 이해하는 데에 옛 지도는 더 이상 도움이 되지 않을 것이다. 이것은 팬데믹 이전에도 이미 드러난 사실이며, 최근 들어 더욱 분명해졌다. 또한 세계 종말 이후의 삶의 지형에도 해당한다. 발아래의 땅이 흔들리고 있을 때 새로 만든 지도를 너무 성급히 받아들여서는 안 된다. 낯선 상황 앞에서 당혹스럽겠지만 천천히 자신의 위치를 깨닫고, 제공받은 선택지를 경험에 비추어 시험하고, 어떤 방향으로 움직일 수 있는지 파악해야 한다.

우리가 세계를 이해하던 방식의 종말

나는 두 가지 선택지를 찾았다. 첫째는 나와 내 동료가 약 15년 전에 쓴 선언문의 마지막 줄에 언급한 내용으로, '우리가 아는 세계의 종말이 세계의 완전한 종말은 아니다.'라는 것이다. 우리가 아는 세계의 종말과 세계의 완전한 종말의 차이를 이해하지 못한다면, 그 대가가 아무리 막대해도 우리는 최선을 다해 기존의 세계를 지키려고만 할 것이다. 이미 우리에게 마련된 필사적인 지구 공학적 계획을 생각해 보라. 기후 패턴의 변화로 거주지를 잃은 사람들을 보호하기 위해 건설 중인 장벽을 생각해 보라. 위기를 어떻게 정의하는가에 따라 우리의 대책도 완전히 달라질 것이다.

두 번째 역시 우리의 선언서에 담긴 내용인데, '우리가 아는 세계의 종말은 우리가 세계를 이해하는 방식의 종말이기도 하다.'라는 것이다. 세계가 끝나면 세계의 시스템도 해체된다. 그중에서 중요한 것은 우리가 현실이라고 말하는 모든 시스템을 설명하는 이야기들이다. 이 이야기들이 모두 진실이 아니라는 말은 아니다. 시스템이 제공하는 세계의 설명 속에 현실성이 없다는 말도 아니다. 다만 시스템이 더 이상 지속될 수 없다는 것이다. 기존에 소중하게 여겼던 것들이 그 가치를 상실하고, 그동안 무시했던 것들이 다시 중요해지는 세상이 될 것이다. 우리가 아는 기존 세계를 일컫는 가장 대표적인 이름은 '근대성'이다. 근대 세계를 인식하는 가장 보편적인 방식은 '과학'이다. 따라서 이 책은 근대성의 종말과 근대 세계가 끝나는 동안 과학에 무슨 일이 벌어졌는지를 다룰 것이다.

코로나가 발생한 봄의 첫 몇 주간 이미 진영은 나뉘고 있었고, 다음과 같은 질문이 퍼지고 있었다.

"혹시 코로나 과학을 거부하는 사람들이 기후 과학을 거부하는 사람들과 얼마나 일치하는지 아는 사람 있나요?"

이 질문에 한 기후 과학자는 이렇게 대답했다.

"과학자들이 기후 변화에 관해 설명한 내용은 수십 년에 걸친 신중한 연구의 결과입니다. 몇 주 만에 겨우 정체를 확인한 바이러스와 기후 변화를 똑같이 취급하지 말아주세요."

과학 연구는 계속 반복하기 때문에 과학자들의 지식수준은 연구 분야에 따라 달라질 수 있다. 기존 분야에서 도출한 근거 있는 합의와 달리, 새로운 분야를 연구하는 과학자들은 그들이 안다고 생각하는 내용이 매주 바뀐다고 해도 크게 놀라지 않을 것이다. 하지만 '과학을 따르라'는 정치적 수사는 이런 차이를 무시하고, 과학의 이름으로 언급하는 모든 분야에 같은 권위를 부여한다. 그래서 새로운 질병에 관한 잠정적인 연구 결과를 매우 확실한 것처럼 발표한다. 과학계 일반(특히 기후 과학)은 이런 이념적 융합을 따르지 않는다. 앞으로 살펴보겠지만, 이것은 저변에 흐르는 심층적인 문제다. 많은 과학 연구법과 과학적 접근법에 실재를 규명할 독점권을 부여하는 일은 수 세기 동안 서로 얽혀 있었다. 과학자들은 어깨에 감당할 수 없는 짐을 져야 했고, 우리는 지금 이런 논리의 극단적인 형태를 경험 중이며 언젠가는 한계점에 이를 것이다.

이 책을 관통하는 질문 중 하나는 '과학을 바탕으로 형성한 세계의 종말 속에서 과학 연구가 얼마나 오래, 어떤 형태로 존속할 것인가'이다. 지금으로선 나도 그 답을 모른다고 말하는 편이 좋겠다. 책 한 권으로 대답할 수 있는 질문이 아니기 때문이다. 이 책은 필요한 대화와 만남으로 우리를 초대하고, 우리 앞에 놓인 미지의 세계로 가는 길을 찾도록 돕기 위한 것이다.

벤 오크리의 소설 《자유 예술가(The Freedom Artist)》에서 아버지는 딸에게 "이런 시기에 우리가 할 수 있는 일은 하나의 징조가 되는 거야. 우리는 이 세계가 끝날 수 있도록 도와야 해."라고 말한다. 새로운 시작이 도래하려면 낡은 세계가 끝나야 한다. 먼저 끝이 와야 한다.[1] 여기서 중요한 것은 어떤 세계가 끝나고 있는가, 이런 시기에 어떤 행동이 가치가 있는가이다. 그동안 내가 만난 사람 중에는 주변의 평온한 상태를 깨기 위해 필사적으로 노력하는 활동가들도 있었고, 우리가 알고 있는 내용과 충분한 근거가 뒷받침된 곤경을 두려워하며 깊이 동요하는 사람들도 있었다. 우리가 처한 곤경을 기후 변화의 측면에서만 규정할 위험이 있지만, 나는 지금이야말로 이런 사람들의 역할이 중요하다고 확신한다. 또한 다른 역할과 다른 유형의 행동도 필요하다고 확신한다. 이 여정에는 아직 드러나지 않은 것들이 많다. 먼저 내가 생각을 형성하는 데에 도움을 준 사람들에게 몇 가지를 안내받고 길을 떠나기로 하자.

새로운 세계를 준비해야 할 때

먼저 끝이 와야 한다. 여러 유형의 끝이 있을 수 있다. 내 친구 바네사 마차도 드 올리베이라Vanessa Machado de Oliveira는 자신의 책에서 '근대성 호스피스'[2]를 언급한다. 이 표현은 우리가 근대성을 구하거나, 붕괴시키거나, 이후에 다가올 세계를 서둘러 건설하는 것이 아니라, 근대성의 편안한 종말을 위해 필요한 행동을 해야 한다는 뜻이다. 근대성이 자신의 선물을 넘겨주고 종말을 맞이할 때에만 분명히 드러나는 교훈을 남기게 하자는 것이다.

그녀는 '이 책은 사망선고로 근대성을 죽이거나 파괴하려는 것처럼 보일 수도 있다. 하지만 그것은 어떤 책도 할 수 없는 일이다.'라고 말했다. 이 말은 내 책에도 적용되는 경고다. 내가 만난 어떤 사람도 바네사만큼 근대성 호스피스 방법을 많이 제시하지는 못했다. 바네사의 말처럼 이 과제에는 산파의 역할이 따라야 한다. 이를테면 새롭고, 낯설고, 현명한 것이 탄생하도록 돕고, 우리의 추측으로 새로운 세계를 망치거나 질식시키지 않는 것이다.

철학자 페데리코 캄파냐Federico Campagna는 세계 종말 시기의 삶에 관해 말한다.[3] 그에 따르면, 이런 시기에 우리의 과제는 종말을 맞이하는 세계의 논리에 따라 더 이상 타당성을 따지지 않고 유용한 파멸, 실마리, 출발점을 다음 세대에 물려주어 바네사의 말대로 '지금 상상할 수 없는' 세계 건설에 이용하게 하는 것이다.

새로운 세계의 건설자들은 이미 존재할지도 모른다. 그중 일부는 힘을 가진 자들이 파괴한 폐허 위에서 살고 있을 것이다. 인류학자 안나 로웬하우프트 칭Anna Lowenhaupt Tsing은 《세계 종말 시대의 버섯:자본주의 폐허 속 삶의 가능성에 관하여(The Mushroom at the End of the World: On the Possibility of Life in Capitalist Ruins)》라는 책을 썼다.[4] 그녀가 책에서 말했듯이, 우리 주변에 존재하거나, 앞으로 다가올 폐허 가운데서 삶의 가능성을 찾는 것이 지금과 같은 시기에 우리가 해야 할 행동일 것이다.

이 책은 세계의 종말을 알리거나, 우리가 아는 세계를 구하거나 지속시킬 수 있다고 확신하는 사람들의 생각을 바꾸기 위한 것이 아니다. 이 책은 나처럼 이 세계의 종말이 오고 있음을 이해하고, 우리에게 남은 시간이 얼마이든 우리가 시도할 가치 있는 과제에 관해 논의할 필요가 있다고 생각하는 사람들을 위한 것이다. 지평선 너머로 무언가가 다가오고 있다. 아무도 피할 수 없으며, 관리하거나 통제하지 못할 뿐 아니라 오히려 우리가 바뀔 것이다. 이런 상황이 끝나기 전에, 우리는 근대성의 기준과 시스템에 따라 현실적이거나 중요하다고 평가했던 것들보다 더 크거나 더 작은 것들을 진지하게 받아들이는 것이 어떤 의미인지 다시 배워야 할 것이다.

우리는 '코스모스'의 리듬에 맞춰 다시 춤춰야 한다. 내 친구 마틴 쇼는 여러 이야기와 이미지를 통해 우주가 질서 있는 코스모스가 되었다고 말했다. 인간은 혼자가 아니며, 과거에도 그런 적은 없었다. 우리는 그저 여러 세계 중에 속한 일부임을 기억해야 한다. 아울러 우리가 살 만한 가치가 있는 세상은 우리의 존재 유형, 우정의 행위, 문 앞의 낯선 이에게 쉼터와 친절을 제공하는 환대의 행위와 비례한다는 사실을 재발견해야 한다. 이런 면에서 우리가 늘 한 부분으로 속했던 훨씬 더 크고 오래된 이야기에서 우리의 자리를 발견할 때가 바로 지금인지도 모른다.

1부

이 책을 쓴 이유를 밝히다

At Work in the Ruins

1장

기후 변화에 관해 말하기를 멈춘 이유

나는 기후 변화를 다루는 방법을 배운 적이 없다. 이 주제는 나의 전공 분야도 아니고, 지난 15년 동안 이와 관련된 일만 한 것도 아니다. 하지만 이 주제는 나의 여러 경험을 잇는 실과도 같다. 나는 강연 무대와 화상 회의 혹은 대중 앞에서나 사석에서 방송이나 비보도 형식의 대담과 에세이, 언론 기사의 형태로 기후 변화를 꾸준히 언급해 왔다. 하지만 어느 날 문득 이것을 멈춰야 할 때가 되었다는 사실을 절실히 깨달았다.

언젠가부터 나는 기후 변화를 논하면서 좌절했으며, 목적지 없이 계속 표류하며 올바른 경로에서 이탈한 것만 같았다. 아니면 경로 자체가 바뀌었을지도 모른다. 그 순간 내가 깨달은 것은 처음부터 다시 시작해야 한다는 것과 새로운 논의 방식 및 주제를 찾아야 한다는 것이다. 그 이후의 이야기는 그날 깨달은 사실들이 무엇이며, 그것이

나를 어디로 인도했는지에 관한 것이다. 지금부터 하나씩 설명해 보려 한다.

절망의 반대편으로 가는 길

그동안 나는 여러 기후 과학자와 함께 일했다. 하지만 나는 과학자가 아니기에 기후 변화의 과정을 설명하는 역할은 다른 사람들에게 양보하려 한다. 나의 역할은 과학 연구가 더 이상 유효하지 않은 지점에서 나서는 것이다. 이를테면 기후 변화의 의미가 무엇인지, 이것을 어떻게 이해해야 하는지, 낯설고 먼 지식에서 우리의 태도를 바꿀 수 있는 가까운 지식(우리가 직면한 곤경의 심각성을 인식해 실제로 행동하게 만드는 것)으로 건너가는 방법이 무엇인지 언급하는 것이다.

사람들은 늘 '극단적인 절망'의 순간에 나를 찾는다. 이를테면 기후 변화가 결코 무시할 수 없는 중대한 문제로 떠올라 종일 머릿속에서 떠나지 않을 때다. 나는 20대 후반에 극단적인 절망의 순간을 경험했다. 2005년 BBC에서 기자로 일할 당시, 나는 몇 개월 동안 당장 지구를 구할 것처럼 강박적인 의무감에 휩싸였다. 그래서 열심히 전기 스위치를 끄고 재활용을 실천했다.

야간 근무를 마치면 탁자 위로 올라가 동료들이 퇴근할 때 끄지 않은 높이 달린 화면의 스위치를 모두 껐다. 일상의 모든 순간을 지구의 운명과 연결하려는 강박행동의 결말이 정신과 의사의 진단 설문지 중 주요 항목에 체크하는 순간으로 이어질지도 모르지만, 우리는 기후 위기에 이렇게 대처하라고 배웠다.

한편, 나는 야심 있는 젊은 동료들의 이야기에 귀를 기울였다. 그들은 공공방송에서 의무적으로 패널들 간의 균형을 맞추기 위해 과학자나 환경운동가와 함께 기후 회의론자들을 참여시켰다고 털어놓았다. 그 무렵 나는 나처럼 이 문제에 회의감을 느낀 한 기자를 만났다. 나보다 나이가 몇 살 더 많은 폴 킹스노스Paul Kingsnorth는 대부분의 신문에 글을 썼고, 〈더 에콜로지스트The Ecologist〉 잡지를 편집했으며, 십 대 때부터 환경운동가로 활동했다.

우리는 거짓된 낙관주의를 버리고 지금의 상황에 이르게 된 깊은 문화적 뿌리를 직면하라고 촉구하는 선언문을 함께 작성했다. 되돌아보니 우리 두 사람에게는 누군가에게 심판받는다는 느낌 없이, 그리고 성급한 행동이나 해답을 제시하지 않고도 우리가 느끼는 두려움을 자유롭게 말할 수 있는 자리가 필요했던 것 같다. 우리는 다른 사람들에게도 이런 자리가 필요하다고 느꼈다.

2009년 '다크 마운틴 선언문(Dark Mountain Manifesto)'을 발표한 뒤 사람들이 보인 반응은 이런 느낌이 옳았다는 것을 증명했다.[1] 이 선언문에서 비롯한 프로젝트로 우리는 책을 출판하고, 매년 페스티벌을 개최하고, 모임과 강연을 열고, 여러 가수와 영화 제작자에게 영감을 주는 등 활동 초기에는 상상할 수 없었던 공동 작업을 시작했다. 이 일을 시작한 지 5년 만에 〈뉴욕 타임스〉는 우리를 '영국과 유럽 전역에서 환경논쟁의 흐름을 바꾸는 사람들'로 소개했다.[2]

우리의 활동을 모두 인정한 것은 아니다. 한때는 기자이자 환경운동가 조지 몬비오George Monbiot와 한 시간 동안 정면 대결하듯 토론한

적이 있는데, 그는 '다크 마운틴 선언문'에서 발견한 위험한 염세주의를 맹렬히 비난했다. 한편으로는, 스웨덴 국립극장의 예술 감독에게 초대받기도 했다. 그는 기후 위기에 관한 여러 책을 읽고 2년 동안 절망에 빠져 있다가 우리의 선언문을 접하고 마침내 전환점을 맞이했다고 털어놓았다.

나는 그의 극단과 협력해 '기후 변화 시기 예술의 역할'에 관해 1년간 워크숍을 진행하고, 과학자들과의 인터뷰 내용을 토대로 연극을 만들었다. 이 연극에서 우리는 관객들에게 기후 위기가 일상이 될 때 어떤 일이 벌어지는지 보여주기 위해 노력했다. '다크 마운틴 선언문'은 당시 나와 함께 일했던 많은 사람을 절망의 반대편으로 이끌었다.

나는 과학자들 및 정책 입안자들과의 모임에도 초대받았다. 그들은 예술, 교육 또는 종교 분야에서 나와 비슷한 활동을 하는 사람들에게 도움을 요청했다. 나는 종교인, 철학자, 원주민 활동가들과의 대화에 참여했고, 내가 '기후 변화의 어두운 문제'라고 부르는 것에 관한 글을 썼다. 그중 일부 내용은 '과학만으로는 절대 깊은 통찰에 이를 수 없다'는 것이었다.

흔히 사람들은 신문 기사에 싣기 위한 인터뷰나 연구 프로젝트 같은 전문적인 일을 들고 나에게 찾아왔다. 하지만 부모 역할에 관한 고민이나 자신이 한때 믿었던 가치에 대한 의심을 털어놓으면서 대화가 좀 더 개인적인 방향으로 흐르기도 했다.

기후 변화에 관해 말할 이유가 없다고 느낀 순간

2018년 여름, 스웨덴은 무척 덥고 비가 내리지 않았다. 6월인데도 공원과 정원의 풀이 노랗게 말라 죽었고, 7월에는 스톡홀름의 거리에서 떨어진 낙엽을 밟으며 걸었다. 뉴스는 산불 소식으로 가득했고, 정치인들은 산불 진화용 항공기를 이탈리아에서 빌리는 문제를 두고 연일 논쟁을 벌였다. 가을 학기에 학교가 다시 문을 열었을 때, 열다섯 살의 그레타 툰베리Greta Thunberg(스웨덴의 환경운동가로 2019년 유엔 본부에서 열린 기후 행동 정상회의에서 연설하여 세계적으로 유명해졌다.-편집자)가 등교를 거부하고 의회 밖에서 항의 시위를 시작했다. 이 어린 학생이 우비를 입고 거리에 앉아 자기 손으로 직접 만든 피켓을 옆에 세워둔 모습은 미래를 진심으로 걱정하는 한 세대를 대표하는 것만 같았다.

그해 가을, 런던에서는 '멸종저항(Extinction Rebellion, 영국에서 기후 변화 대응 시위를 이끈 단체의 이름. 2018년 10월 결성되었다.-편집자)'이라는 이름의 시위대가 '기후 변화-우리는 망했다'라고 쓴 배너를 펼쳤다. 10년 전 앨 고어의 열띤 발언으로 고조되었던 기후 위기 인식의 물결과는 상황이 전혀 달랐다. 당시 앨 고어는 심연의 가장자리에서 약간 떨어진 전망대로 우리를 안내한 뒤, 상황의 심각성을 설명했다. 그런 다음, 공포와 두려움을 없애기 위해 우리가 할 수 있는 '열 가지 목록'을 제시하며 우리가 심연으로부터 안전하게 물러날 수 있게 했다. 새로운 기후 운동은 분명히 심연으로 자주 가서 그곳을 정확히 내려다본 사람들의 몫이었다. 그들이 전하는 강력한 메시지에는 사람들이 안심하고 집으로 돌아갈 수 있게 하는 위안의 메시지가 전혀 없었다.

'다크 마운틴 선언문'을 발표하고 10년이 지난 2019년 봄, 나는 유럽 각지를 여행하며 대학과 지역 공동체 농장, 유럽위원회(EC)에서 강연했다. 영국으로 돌아와 보니, 멸종저항운동의 영향력이 절정에 이른 상황이었다. 나는 시위대의 공동 설립자인 게일 브래드브룩Gail Bradbrook과 함께 코츠월드의 한 술집에 앉아 이야기를 나눴다. 그녀는 그들의 다음 행동 계획을 열심히 설명했다. 새로운 단체들이 기후 위기에 접근하는 방식은 내가 오랫동안 주장해 오던 것과도 가까웠다. 하지만 코로나19 바이러스가 출현해 시위대를 거리에서 모두 사라지게 만들기 전부터 무언가가 나를 괴롭히기 시작했다. 그것은 멸종저항운동 등이 비판했던 문제나 토대에 관한 것이 아니었다.

당시로서는 분명하게 말할 수 없었지만, 나는 어렴풋이 더 큰 틀을 인식했던 것 같다. 팬데믹 발생 2년 차의 어느 오후, 여러 연구자 및 기자들과 익숙한 대화를 마친 다음, 나는 이 상황을 분명하게 이해했으며, 더 이상 할 말이 없다는 것을 깨달았다. 그 이후로 나는 15년 동안 기후 변화에 관해 거의 언급하지 않았다. 이제 내가 기후 변화에 관해 말하기를 멈춘 이유를 설명하려 한다.

2장
우리가 처한 곤경의 정체

분명히 말하자면, 나는 인류가 심각한 곤경에 처해 있다고 생각한다. 그동안 우리가 염려했던 수준보다 훨씬 심각한 상태다. 이 곤경은 이미 우리가 아는 기후 변화의 현실로 나타나고 있으며, 더 이상 미래에 다가올 위협이 아니다. 이미 홍수, 화재, 북극 지역의 폭염 등 익숙하지 않은 방식으로 위협이 널리 확산된 상태다. 기후 변화에 따른 화재로 숲이 불타는 연기 냄새를 맡을 수 있고, 캐나다의 강에서는 폭염으로 물고기가 산 채로 익고 있다. 얼마나 더 놀라운 일이 일어나야 할까?

　기후 변화에 대한 경각심이 점점 높아지고 있는 것도 사실이다. '멸종저항'과 '미래를 위한 금요일(Fridays for the Future, 기후 변화 대응 행동을 촉구하는 세계 청소년들의 연대 모임-편집자)'의 초기 동력은 사라졌지만 이런 운동의 유산으로 여론이 바뀌고, 보리스 존슨처럼 기후 위기 부정론자였던 사람도 이제는 '온실가스 순배출 제로 정책'을 열렬히 지지한다. 미국에서는 민주당 소속의 대통령이 글로벌 기후 행동에 앞장서겠다고 약속하기도 했다.

몇 년 만에 처음으로 나는 지난여름 북유럽의 한 공항을 이용했는데, 머지않아 화석연료를 사용하지 않은 항공기를 도입한다는 홍보 문구가 사방에 걸려 있었다. 심지어 스웨덴 소도시의 도로에서도 테슬라의 전기차가 점점 더 많이 보였다. '기후 변화에 관한 정부 간 협의체(IPCC)'는 최근 암울한 내용을 담은 보고서를 발표했지만, 사람들은 여전히 긍정적인 태도를 잃지 않은 듯하다.

시간이 흐르면서 기후 변화 문제가 마침내 진지하게 받아들여진 것일까? 나를 비롯해 이 문제에 누구보다 관심이 있던 사람들은 왜 이제 더 이상 이 주제에 관해 말하고 싶어 하지 않을까? 이 책은 이 질문에 답하려는 시도에서 시작되었다. 따라서 우리는 계속 이 주제로 되돌아가겠지만, 요점을 파악하기 위해 여기서 먼저 대략적인 윤곽을 제시하고자 한다.

과학의 틀을 넘어서는 질문이 존재한다

우리가 기후 변화에 관해 말할 때면, 주제는 늘 '과학이 제시한 틀' 안에서 시작된다. 달리 뾰족한 방법이 없지 않은가? 기후 변화는 어디까지나 과학 용어이며, 자연과학이 기술하는 일련의 프로세스를 일컫는다. 하지만 기후 변화는 과학이 대답할 수 없는 질문도 제기한다. 어떤 질문은 과학 분야 안에서만 머무르지 않는다. '기후 변화를 막기 위해 무엇을 할 것인가'에 대한 책임은 과학자에서 엔지니어 및 경제학자에게로 넘어간다. 또한 심리학자, 마케팅 전문가들도 메시지를 전달하고 행동 변화를 유발하는 방법을 고안하기 위해 기꺼이 참여한다.

종교 지도자, 예술가, 원주민 원로들과 회의실에 모였을 때, 나는 우리가 이러한 하위 활동에 대해 답해야 한다고 느꼈다. 사람들은 기후 과학자들이 전한 뉴스가 폭넓은 대중적 상상력에 닿을 수 있도록 지혜나 경험, 또는 실천 방안을 제안해 줄 것을 우리에게 기대한다. 하지만 이런 회의에서 내가 주장한 것은 과학 연구보다 상위에 있는 질문, 즉 과학이 만든 틀을 넘어서는 질문이 있다는 것이다. 이런 질문은 행동과 방법에 관한 것이 아니라, 우리가 어쩌다 이런 상황에 이르렀는지, 우리가 처한 곤경의 본질이 무엇인지에 관한 것이다. 이런 질문은 해결책을 원하는 사람들의 실제 관심사에 비해 추상적일 수 있지만, 그 답에 따라 결과는 완전히 달라진다. 이것은 우리가 해결하려는 문제를 이해하는 것은 물론 우리가 찾는 해결책에도 영향을 미친다.

이런 상위 질문은 과학으로만 답할 수 없을 뿐 아니라, 과학의 입장에서만 본다면 애초에 명확하게 질문조차 할 수 없을 것이다. 어떤 의미에서는 이런 질문들이야말로 답을 회피할 수 없는 것들이다. 질문을 명확하게 하기 위해 과학의 틀을 넘어서지 못한다면 우리의 답은 그저 무의식적으로 나올 것이다. 이것은 디폴트 대답, 즉 우리가 인식하지도 못한 채 암묵적으로 주입된 결과에 가까울 것이다. 하지만 이런 질문을 의식적으로 따라가다 보면 기후 변화를 넘어 우리가 처한 상황에 대한 폭넓은 해결책에 이를 수 있다. 더 이상 기후 변화를 문제 자체로만 보지 않고, 배후에 놓인 본질을 읽기 위한 경고로 볼 수도 있다. 적어도 이것이 내가 도달했던 답이다. 앞으로는 나를 이런 답으로 이끈 경로를 되짚어 볼 것이다. 동시에 여러 의구심과 함께 이 경로들이 아직 열려 있다는 사실과 이것이 얼마나 긴 여정이 될지도 다룰 것이다.

나는 기후 변화에 관한 논의가 더 넓고 깊은 대화로 가는 관문이라고 생각한다. 팬데믹이 발생하기 전 몇 년 동안 나는 기후 변화를 해결하거나 관리함으로써 기존의 진보 곡선을 유지할 수 있다고 생각하지 않았다. 오히려 기후 변화를 우리의 경로에 의문을 제기하는 어두운 지식으로 여겼다. 또한 우리가 들었던 이야기, 우리의 삶이 추구했던 궤도, 우리가 갖고 있다고 믿었던 권리, 우리가 태어나 속하게 된 세계와 그 속에서 우리의 위치에 관한 가정을 불태우는 것으로 생각했다. 근대성의 어두운 면을 경험하지 않은 대부분의 사람에게 기후 변화는 근대성의 빛나는 약속들이 처음으로 깨지는 순간이었다. 우리는 인간의 취약성을 인식하고 배가 곧 침몰할 수 있다는 사실을 깨닫기 시작했다.

2019년, 기후 운동의 중심에 있던 사람들의 목소리에서 그리고 그 무렵 결성된 지역 단체 내부에서 시작된 조용한 대화에서 이런 취약성을 발견할 수 있었다. 하지만 이 모든 논의는 여전히 과학의 틀 안에서 이루어졌으며, 그런 이유로 이상한 왜곡과 모순이 발생했다. 과학의 언어는 의도적으로 절제되기 때문에 예언자적인 어조로 말하는 데는 적합하지 않다. 하지만 이것은 당시 기후 운동의 특징 중 하나였다. 그레타 툰베리 역시 마찬가지였다. 툰베리는 자신의 성명서가 과학적 합의를 벗어나지 않도록 주의를 기울였다. '멸종저항'의 로저 할람, 컴브리아 대학의 교수 젬 벤델도 마찬가지였다. 벤델이 과학적 자료에 대한 대안적 해석에 기초해 발표한 '심층 적응:기후 비극을 탐색하기 위한 지도(Deep Adaptation:A Map for Navigating Climate Tragedy)'라는 논문은 발표되자마자 큰 논란을 불러일으키며 빠르게 퍼져나갔다.

실제로 기후학자들과 동맹을 맺든 서로 적대하든 간에, 행동에 대한 요구는 항상 '과학'이라는 이름으로 제기되었다. 전 세계 수많은 연구팀의 수십 년에 걸친 연구를 의미하는 이 말의 위상은 시간이 흐를수록 더 높아졌다. 그 결과로 '과학을 바탕으로 단결하라'는 플래카드와 해시태그가 나타났다. 이런 메시지가 더 자주 반복될수록 기후 대화를 둘러싼 과학의 틀은 더 강력해지고, 그 틀 너머를 바라볼 기회는 줄어들었다.

과학의 권위와는 다른 출발점을 찾다

그 무렵 기후 변화에 관한 생각을 바꾸는 두 가지 사건이 일어났다. 첫째, 코로나 팬데믹 시기에 과학의 정치적 활용은 새로운 색채를 띠기 시작했다. 기후 변화에 비해 과학적 이해나 합의가 부족한 신종 질병의 위험에 직면한 상황에서도 정치인들은 '과학을 따르라'는 구호 아래 급진적인 정책을 도입하는 것이 매우 효과적이라는 사실을 발견했다. 한편 '과학을 바탕으로 단결하라'는 요구의 의미는 더욱 명확해졌다. 과학과 과학이 스스로 답할 수 없는 질문을 신중하게 생각하라고 주장했던 사람들이 코로나 팬데믹이 제기한 질문을 다루려고 할 때면, 겁먹은 성난 독자들은 '입 닥치고 빌어먹을 백신이나 맞아!'라고 소리치기 일쑤였다. 그들은 동료들에게 '음모론'으로 기운다고 비난받기도 했다. 결국 과학의 이름으로 해야 할 일을 결정하고, 더 이상의 대화는 차단할 수 있었다.

이런 전개는 기존의 사회, 정치, 경제 관련 단체들이 기후 변화 문제에 대응하는 새로운 방식과 일치했다. 그 상징적 사건은 조 바이든 대통령의 당선과 미국의 파리기후협약 복귀였다. 그들의 표현에 따르면, 우리 사회의 주요 단체들은 대부분 기후 변화를 진지하게 받아들이고 있다. 그들은 기후 변화가 제기하는 더 큰 질문의 답을 찾기 위해 계속 노력했지만 그것은 주로 통상적인 기본값에 가까운 답이었다. 따라서 대화가 과학의 틀 안에만 머무는 한, 이를 기반으로 기후 변화에 대한 대응책을 결정할 수밖에 없을 것이다.

여기서 내가 주목하는 것이 있다. 코로나 팬데믹에서 비롯한 정치 지형이 기후 변화에 관한 정치 지형의 갈림길을 예고한다는 것이다. 우리는 항상 이런저런 갈림길을 맞닥뜨릴 것이다. 기후 변화를 진지하게 받아들이는 것이 목표라면, 그것이 무슨 의미인지 이해하는 방식은 다를지라도 우리를 단결시킬 수는 있을 것이다. 하지만 그 목표에 다가갈수록 목표를 이해하는 시각의 차이가 더 날카롭게 부각될 것이다. 우리는 이제 과학의 권위가 지나치게 강조된 상태에서 이미 그 지점, 또는 그와 비슷한 지점에 이르렀다.

여기서부터 넓은 길과 좁은 길이 나타난다. 넓은 길은 많은 차선이 합류하는 밝게 빛나는 고속도로다. 이 길은 좌파와 우파, 실리콘밸리의 야심가와 월스트리트의 투자자, 폭넓은 진보적 견해, '완전히 자동화된 화려한 공산주의(Fully Automated Luxury Communism)'와 같은 거친 비주류 의견을 통합하며, 어떤 형태로든 2020년대의 정치적 정설이 될 것이다. 이 길은 대규모 관리, 통제, 감시, 혁신을 통해 기후 변화의 피해를 줄이고, 기술 진보와 경제 성장의 기존 노선을 유지하는 방향으로 나아갈 것이다.

반면, 좁은 길은 다양한 경로로 갈라진다. 이 길은 땅과 더 가까워지기 위해 회복력을 키우고 지구의 역량과 관계성을 강화하길 바라는 사람들이 만드는 길이다. 그들은 기술 진보, 경제 성장과 발전의 기존 노선이 지속되지 않더라도 '헌신할 가치가 있는 세계'의 가능성이 여전히 존재하는 미래를 추구할 것이다. 좁은 길이 비록 소박해 보일지라도, 우리가 제대로만 응시한다면 얼마나 많은 발걸음이 이 길을 걸어갔으며, 지금도 얼마나 많은 사람이 계속 이 길을 걷고 있는지 알 수 있다.

넓은 길과 좁은 길 중 내가 선택하고 싶은 쪽은 명확하다. 넓은 길은 빠르긴 하지만 목적지에는 결코 이르지 못하는 길이다. 우리는 공항의 광고에서 약속하듯 화석연료를 사용하지 않는 점보제트기의 세상에 이르지 못할 것이다. 근대 문화에서 당연하게 여기는 권리들은 유한한 지구의 생명들이 직면한 현실과 양립할 수 없으며, 우리를 행복하게 할 수도 없다. 그렇지만 우리는 아마 한동안 이 길을 향해 걸어갈 것이다. 이 길은 우리를 디스토피아로 더 깊이 빠지게 하고, 사람들이 대부분 이해하지도 못하는 취약한 기술 체계에 더 의존하게 만들고, 기술 없는 삶을 상상하지도 못하게 할 것이다. 지금 내가 아는 것은 기후 변화라는 용어마저도 넓은 길의 엔지니어나 마케터의 소유물이 될 것이라는 점이다. 우리가 처한 곤경에 관한 모든 대화가 새롭게 정치화된 과학의 틀 안에서 시작되는 한, 필연적으로 그에 맞는 해결책이 나올 것이다.

시대의 흐름에 대한 나의 예측이 대체로 옳다면, 코로나 팬데믹으로 인한 새로운 과학의 정치가 지금과 비슷한 모습으로 고착될 것이다. 따라서 좁은 길을 따르는 나와 같은 사람들은 이상한 위치에 서게 될 것이다. 이 위치는 우리의 정치적 뿌리와는 거리가 멀긴 하지만, 우리는 기후 변화에 관해 지금까지 역사의 옳은 편에 있었다고 주장하는 주류 진보파들보다 다양한 보수주의자, 반체제 운동가, 회의론자(회의주의를 기후 과학에까지 확대한 사람들을 포함한다)와 공통점이 더 많다. '과학'의 권위 아래서 기후 변화에 관한 논의는 넓은 길을 지지하는 사람들의 몫이 될 것이다. 이런 미래에 헌신하고 싶지 않은 사람들은 세계가 처한 곤경의 깊이에 대해 분명하게 말하기 위해 또 다른 출발점을 찾아야 할 것이다.

3장

나를 멈추게 한 네 개의 경험

앞서 짧은 지면에 많은 내용을 다루었으니 잠시 숨을 고르자. 나는 이 책을 쓸 것이라고 예상하지 못했고, 앞서 언급한 내용은 지금의 내 생각과 완전히 일치하지도 않는다. 이 책은 내가 예상하지 못했던 곳으로 나를 데리고 갔다. 그러니 내 말을 끝까지 들어주기를 바란다. 나는 우선 기후 변화를 바라보는 과학적 틀을 넘어서는 질문들부터 시작해 지금까지 개략적으로 소개한 내용을 최선을 다해 설명하려 한다. 하지만 먼저 기억을 되돌려, 이런 생각이 확고해지기 시작한 2012년 9월의 어느 지점으로 돌아가 보자. 내가 전달하려는 내용은 그 주에 몇몇 사람들과 나눴던 대화 속에서 더 잘 이해할 수 있기 때문이다. 당시 나는 대화를 끝낸 후, 더는 기후 변화에 관해 말하지 않겠다고 결심했다. 그리고 그 순간, 왜 이런 생각을 하게 된 것인지 언젠가는 설명할 때가 오리라는 사실을 깨달았다.

인간의 끝없는 충동을 느끼게 한 대화

내가 처음으로 대화를 나눈 사람은 과학과 예술, 디자인과 기술의 경계선에서 일하는 덴마크 출신의 한 연구원이었다. 우리는 여섯 번 정도 만나 대화를 나눴지만, 마지막 만남 후로 몇 년이 흘렀다. 우리는 오랜만에 만나 그동안의 소식을 주고받았다. 나는 팬데믹 이전에 새로운 기후 운동에 자극받아서 썼던 몇 편의 에세이 이야기를 꺼냈다. 그는 자신의 팀이 과학자들과 함께 '기후 변화가 특정 서식지에 미치는 영향을 모델링하는 프로젝트'를 시작했다고 했다.

그들은 이 모델링 자료를 모아 미술품을 제작했는데, 이 서식지의 미래에 생명을 불어넣는 몰입적 경험이었으며 그와 과학자들은 흥분을 감출 수 없었다고 했다. 그는 이런 예술품이 서식지가 왜 중요한지 느끼게 해줄 뿐만 아니라, 이와 비슷한 7천 개의 다른 서식지를 같은 방식으로 모델링하면, 2050년에는 각 지역을 관리하는 방법을 찾아내고, 계획을 수립할 수 있을 거라고 설명했다.

그는 흥분해서 설명을 이어 나갔지만 나는 냉담한 기분만 들었다. 문득 호르헤 루이스 보르헤스Jorge Luis Borges의 책 《과학의 정확성에 관하여(On Exactitude in Science)》에 나오는 유명한 이야기가 떠올랐다. 유명한 지도 제작자들이 일대일 축적으로 지도를 만든 제국에 관한 내용이다.

"서부 지역 사막은 이 지도상으로는 오늘날까지도 동물과 거지들이 거주하는 피폐한 폐허 지역입니다."[1]

그것이 공정하든 그렇지 않든, 나는 이 거대한 모델링 프로젝트에서 '세상에 필요하지도 않은 지식을 만드는 인간의 끝없는 충동'만 보았을 뿐이다. 더 나쁘게 말하면, 세계를 인간의 총체적 관리 대상으로 구분하고, 인간을 지구를 지키는 유일한 생명 유지 시스템으로 여기는 오만을 보았다. 나의 마음을 우울하고 냉담하게 만드는 비전일 뿐이었다.

두 번째 대화는 실제로 이뤄지지 않았다. 사정은 이랬다. 내 오랜 동료가 자신의 팔레스타인 친구와 통화할 시간이 있는지 묻는 메일을 보냈다. 기후 변화에 관해 누군가와 대화하기를 원했던 친구는 옥스팜(Oxfam International, 1942년 빈곤 문제를 해결하기 위해 설립한 국제 구호개발기구-편집자) 소속 팀을 안내받았지만, 그녀는 나와 대화를 나누고 싶어 했다. 나는 전화를 연결해달라고 말했다. 몇 분 뒤 통화에서 그녀는 자신을 소개하며 매사추세츠주 케임브리지에서 글을 쓰고 있다고 했다. 그녀는 정책 분야에서 일을 시작해 이스라엘-팔레스타인 협상과 경제개발에 관해 자문했다. 그 후 '헬스케어 중심'의 스타트업에 진출했고, 지금은 하이브리드 정책과 기업가적 소질을 바탕으로 기후 변화 분야로 직장을 옮기려 했다.

나는 즉시 두 가지를 깨달았다. 첫째, 나는 이 사람과 아무것도 나눌 것이 없었다. 내 생각이 어떻게 바뀌었는지나 기후 변화 분야의 흐름을 알려줄 강연 링크를 소개할 마음조차 생기지 않았다. 둘째, 나는 기후 변화가 이제 이 사람과 같은 사람들의 몫이 되었다는 사실을 다시 한번 깨닫고 절망감에 휩싸였다.

의미 없는 대화를 그만두기로 결심한 순간

세 번째 대화는 매우 흥미로웠지만 나를 슬프게 했다. 에스토니아 출신의 한 기자가 기후 정치의 소용돌이에 휘말린 한 지역을 다룬 자신의 기사에 관해 의견을 나누고 싶어 했다. 그곳은 러시아어를 사용하는 에스토니아 동부지역의 소도시였으며, 지역 경제의 중심은 셰일 석유산업(셰일 오일Shale Oil은 암석에서 채취한 물질로, 전통적인 원유를 대체할 수 있지만 추출하는 비용이나 환경에 미치는 영향으로 볼 때 가치가 낮다.-편집자)이었다.

이미 쇠퇴기에 접어든 셰일 석유산업은 EU의 배출가스 목표를 위해 곧 완전히 중단될 예정이었다. 나는 이 지역을 방문한 적이 없지만, 20년 전 기자로 일했던 사우스요크셔 탄광지역의 소도시와 마을을 떠올렸다. 이 지역 출신의 친구들, 예술가들, 운동가들은 수십 년 동안 탄광 폐쇄로 피폐해진 지역에서 작은 희망이라도 되살리기 위해 분투했다.

기자는 정치가 어떻게 흘러가고 있는지 설명했다. 포퓰리즘 성향의 거물 정치인들은 이 지역의 일자리를 지켜줄 것이며, '개똥 같은 기후 문제는 EU의 엉덩이에 처넣겠다'고 약속했다. 기자의 질문은 '이런 지역을 위해 달리 무엇을 할 수 있는가?'였다. 우리는 한 지역이 어떻게 자신의 힘을 발견하고 무력감을 떨치고 변화를 일으킬 수 있는지, 그리고 이미 상황이 충분히 나빠진 지역에서 어떻게 새로운 협력 방식을 발견할 수 있는지 논의했다. 또한 우리는 어떤 정책이 실질적인 도움이 될 수 있을지 토론했다. 나는 정치 불신이 있는 경우라면 이런 불신마저도 탄탄한 기초로 삼아야 한다고 말했다. 마지막으로 그는 나를 자신이 아는 정치인들에게 소개해도 되는지 물었고, 나는 그의 제안을 거절하지 않았다.

하지만 얼마 후 슬픈 일들이 발생했다. 나는 이곳뿐만 아니라 비슷한 대부분의 지역에서 기후 위기를 빙자한 정치적 권력을 행사해 마거릿 대처가 한 것처럼 탄광지역을 파괴하는 것을 목격했다. '이들은 우리의 유권자가 아니다'라는 암묵적인 계산에 진보적인 미덕이 가득 덧칠해진 결과였다. 나는 보리스 존슨의 약삭빠른 책략을 생각했다. 그는 마거릿 대처를, 탄광노동조합을 이긴 덕분에 온실가스 배출량 감축에 가장 많이 기여한 지도자로 묘사해 노동당을 기후 논쟁에서 잘못된 방향에 서게 만들었다. 역사적으로 승리한 자들의 편에 선 정치 세력에게는 탄광 폐쇄로 피해를 본 사람들이 개탄스러운 소수 집단으로만 보일 것이다. 또한 기후 위기 문제와는 상관없이 자신들의 이익만을 좇으려는 사회복지 프로그램의 소극적인 수혜자일 뿐이었을 것이다.

네 번째 대화는 가장 익숙한 방식이었다. 인근 도시의 한 행사에 토론자로 참여해 달라는 메일을 받았다. 나는 일 년 남짓 화가와 작가로 구성된 단체의 일원으로 활동했는데, 어느 지방 정부가 탄소 제로 사회로의 변화를 모색하는 프로젝트를 위해 만든 것이었다. 이 단체의 모든 참여자는 친절하고 열정적이었지만, 몇몇은 우리가 어디로 향하는지 두려움에 사로잡힌 것 같았다. 나는 우리의 대화가 계속 표류한다고 느꼈다. 이 모임의 회의는 모두 화상으로 진행되어 소통이 다소 어려웠다. 내가 이 프로젝트에 처음 참여할 때 느낀 가장 큰 매력은 나와 가까운 곳에 있는 사람들과 함께 활동할 수 있다는 것이 었지만, 점차 이런 장점도 퇴색했다.

우리는 '디스토피아를 극복한 미래'라는 주제로 이틀간의 회의를 시립 박물관에서 개최하기로 계획을 잡았다. 회의 주최자는 나를 두 명의 과학 전문 기자들과 함께 토론자로 앉힐 계획이라고 말했다. 그들의 이력을 살펴보니 한 사람은 열광적인 바이오테크 지지자였고, 다른 사람은 에너지 신기술에 관한 글을 쓴 사람이었다. 곰곰이 생각해 보니, 나는 이 초대를 거절해야 할 뿐만 아니라, 이런 종류의 의미 없는 토론을 이제는 그만둬야 한다는 사실을 깨달았다.

나는 달갑지 않은 질문을 하며 형식적인 경고의 목소리를 내는 일에 완전히 지쳐버렸다. 왜 그런지는 모르겠지만, 가치 있는 역할을 하고, 가치 있는 목표를 추구할 기회를 제공하는 공간이 이미 모두 닫혔다는 사실을 깨달았다.

뒷걸음질 치는 순간 발견한 희망

나는 그동안의 발자취를 되짚어보기 시작했다. 그 후로 오랜 기후 변화 논의 과정에서 나눴던 가장 중요한 대화가 무엇이었는지 되돌아보았다. 또한 우리의 논의가 가장 진실하다고 느꼈던 순간에는 알아차리지 못한 실마리를 찾기 시작했다. 나도 모르는 사이 내가 어떤 이야기들을 전하고 있었다는 사실을 깨달았다. 어떤 이야기들은 더 폭넓은 범위의 사건들 안으로 통합되었고, 어떤 이야기들은 나를 가르쳤던 사람들이 나에게 전한 것이었다.

나는 일상의 단편적인 사건들을 통해 더 큰 질문에 초점을 맞췄다. 이런 패턴 속에서 아직 열려 있는 경로를 따라갈 수 있는 방법, 이 낯설고 어두운 시대에도 시도해 볼 만한 가치가 있는 일, 추구할 만한 가치가 있는 '희망의 길'을 발견하기에 이르렀다.

2부

과학이 감당하기에
지나친 요구

At Work in the Ruins

4장
내가 예측할 수 있는 유일한 미래

역에서 시작된 길이 현대식 쇼핑 거리를 지나 운하를 가로질러 나 있고, 강의 양쪽 언덕에는 앞면에 오래된 그림이 그려진 빌딩들이 줄지어 서 있었다. 오후의 하늘은 구름 한 점 없이 푸르렀지만 공기에서는 몇 주 전까지 느낄 수 없었던 서늘한 기운이 묻어났다. 성을 지나 위로 뻗은 가파른 길에서는 반대편에서 빠르게 달려오는 자전거 이용자들 때문에 계속 긴장해야 했다. 9월은 이 오래된 도시의 대학에서 새로운 학년이 시작되는 시기다. 내가 강의하는 계단식 강의실은 넓은 계단 아래 동굴 같은 지하 강의실로, 최신 건물 안에 있었다. 이 곳에는 밝은 형광등과 에어컨이 설치되어 있었다. 문턱까지 놓인 좌석에는 학생들이 사용할 수많은 노트북과 무음으로 설정된 휴대폰이 놓여 있었다.

나는 환경 및 개발 연구 센터(Centre for Environment and Development

Studies)로부터 그해 첫 강의를 맡아달라는 요청을 받았다. 이 강의를 수강하는 학생들은 대부분 인류세의 최전선에서 활동하는 지구과학자, 생태학자, 윤리학자, 엔지니어, 정치경제학자, 경제인류학자 등 박사학위를 받고 학술서를 발간한 사람들의 수업을 들을 것이다. 나는 이런 부류에 속하지 않기 때문에 강의를 시작하기 전 몇 주 동안 학생들에게 도움이 될 만한 것들이 무엇인지 내내 생각했다. 나는 학생들 앞에 서서 다음과 같은 말로 강의를 시작했다.

"나는 미래에 관해 말하고 싶습니다. 하지만 여러분에게 어떤 도표나 예측도 제시하지 못할 것입니다. 내게는 2050년의 세계가 어떤 모습일지 예상하는 네 개의 시나리오를 보여줄 자료도 없습니다. 나는 우리가 실천할 수 있는 일 몇 가지로 모든 것이 잘될 거라는 식의 이야기는 하지 않겠습니다. 사실, 내가 여러분에게 제시할 수 있는 예측은 단 한 가지뿐입니다. 나는 기후 문제와 관련해 우리가 할 수 있는 일은 아무것도 없다고 생각합니다."

리모컨을 클릭하자 첫 번째 슬라이드가 내 뒤의 대형 스크린에 나타났고, 큰 글자도 함께 떠올랐다.

'우리는 모두 죽을 것이다!'

스크린을 본 학생들의 웃음소리가 강의실에 퍼지고 이내 안도하는 분위기가 흘렀다. 낯선 강사와 처음 대면한 학생들은 수업이 너무 딱딱하고 지루하지 않을까 걱정했을 것이다. 강사가 이런 걱정을 빨리 가라앉히고, 다양한 경험을 솔직하게 공유할수록 학생들과 함께 어디로든 떠날 수 있는 가능성이 높아진다. 강의실 같은 장소에서는 잘 드러나기 힘든 '삶의 민낯' 같은 부분이 이 여정에서 충분히 환영

받는다고 느낀다면, 그럴 가능성은 더욱 높아질 것이다.

죽음에 대한 공포와 기후 변화를 다루는 태도

우리는 모두 죽는다. 당신과 나, 우리가 사랑했던 모든 사람, 가장 가까운 가족, 우리의 얼굴이나 이름을 기억하는 모든 사람은 죽는다. 이것은 종말론적 예언이 아니다. 우리가 '필사의 존재'라는 단순한 사실, 이르든 늦든 언젠가 죽음이 우리를 기다린다는 평범한 현실을 말하는 것뿐이다. 하지만 죽음과 관련된 일을 하거나 연구하는 사람들 대다수가 이런 현실을 다루는 현대 서구 사회의 방식에 이상한 점이 있다는 결론에 도달했다. 캐나다 작가로 수십 년 동안 죽음이 임박한 환자를 연구한 스티븐 젠킨슨은 북미 지역이 일종의 '죽음 공포' 문화를 갖게 되었다고 말한다.[1]

기후 변화 위기 앞에서 막다른 상황에 몰려 필사적인 움직임을 보이거나 암울한 확실성 또는 근거 없는 장밋빛 낙관주의에 빠져 있는 상황을 살펴볼 때, 나는 죽음에 대한 문화적 곤경과 기후 변화를 다루는 태도가 연결되어 있다는 생각을 떨칠 수가 없다. 우리는 살면서 외면하고 싶은 블랙홀 같은 문제들을 직접 대면하기보다는 그 주변을 맴돌며 회피하려 한다. 속도를 늦추고 차분히 앉아서 우리의 눈을 어둠에 서서히 적응시키기를 한사코 거부한다.

사람들에게 경종을 울리기 위해 많은 일을 해온 사람들도 이런 상황에서 절대 자유롭지 않다. 서구 환경주의에도 죽음 공포 문화와 같은 유령들이 똑같이 따라붙는다. 어떻게 벗어날 수 있겠는가? 우주에서 지구를 찍은 유명한 사진을 보며 지구가 생각보다 작고 취약하다고 느낀다면, 여기에는 죽음이나 종말에 대한 감당할 수 없는 두려움도 투영되어 있을 것이다. 멸종에 관해 말할 때 우리는 다른 개체의 종말은 물론 우리 자신의 종말도 떠올리지 않을 수 없다. 아인 랜드Ayn Rand(러시아계 미국인 소설가이자 극작가. 소설 《파운틴헤드》와 《아틀라스:지구를 떠받치기를 거부한 신》이 유명하며, '객관주의'라는 철학적 시스템을 발전시켰다.-편집자)가 이를 매우 적절하게 표현했다.

'내가 죽으면 세계도 끝난다.'

나는 환경운동에 참여하는 내 친구들을 랜드식 관점(Randian Solipsism, 자아와 개인의 이익을 극도로 강조하는 아인 랜드식 철학이 타인과 사회적 맥락을 무시할 수도 있다는 비판적 시각-편집자)을 갖고 있다고 비난할 마음은 없다. 다만 우리 문화에 나타난 죽음에 대한 태도가 이런 주장을 할 만큼 왜곡되어 있다고 말하려는 것뿐이다. 지금의 상황을 분명히 보고 말하기 위해서는 일단 죽음에서 시작할 필요가 있다. 이를테면 나의 필멸을 불편한 사실이나 생각하고 싶지 않은 일, 세계 종말의 사건이 아니라 내가 누구이며 어떤 존재인지 깨닫기 위한 친숙한 지식으로 받아들이는 것이다. 우리의 육체는 언젠가 화장 또는 매장될 것이며, 이것은 삶의 평범한 과정일 뿐이다. 내 삶이 영원히 이어지지 않는다는 것을 인정하고, 나를 취약하고 의존적인 상태로 놓아주고, 내가 광대한 시간의 일부일 뿐이라는 것을 받아들여야 한다.

12년 전 트라팔가 광장에서 한 블록 떨어진, 밝게 불이 켜진 사무실에서 나는 한 남자를 소개받았다. 그는 지갑에 넣고 다니는 카드를 자랑스럽게 꺼냈는데, 냉동인간연구소(Cryonics Institute)의 평생 회원증이었다. 그는 흔히 중년의 위기 때 충동적으로 구입할 수 있는 번쩍이는 비싼 차의 가격과 비슷한 금액을 지불하고, 사망 시 극저온으로 자신의 시신을 냉동한다는 계약에 서명한 전 세계의 2천 명 중 하나였다. 그는 아직 발명되지는 않았지만 언젠가 사람을 다시 살릴 수 있는 혁신적인 의학 기술을 이용하고 싶어 했다.

카드 한쪽 면에는 사망 시 즉시 전화를 걸어 시신 운반 팀을 부를 수 있는 전화번호가 있었다. 다른 면에는 시신을 처리하는 지침이 적혀 있었다. 주로 머리를 얼음으로 감싸는 방법과 관련한 내용이었다. 나는 이런 종류의 투자가 불러오는 새로운 차원의 불안을 떠올렸다. 이 카드를 아무도 발견하지 못하면 어떻게 될까? 주변에 얼음이 없으면 어떻게 될까? 이 연구소가 파산하여 필요한 기술이 개발되기 전에 냉동장치 플러그가 뽑히면 어떻게 될까? 우리는 헤어지며 악수를 나눴는데, 마치 냉동 과정이 벌써 진행되어 천천히 산 채로 그 사람을 냉동시키기라도 하는 듯 그의 손은 정말 차가웠다.

이와 같은 죽음 회피 행위에 대해 우리는 미국의 수필가이자 드루이드교 대사제인 존 마이클 그리어John Michael Greer가 강조했듯이, '문제와 곤경의 차이'를 생각해야 한다. 문제라면 해결책이 있다. 문제를 해결하면 상황은 이전 상태로 돌아간다. 하지만 곤경에는 해결책이 없다. 곤경은 함께 살아갈 수밖에 없는 것이다. 우리는 곤경과 더 잘 지낼 수도, 그렇지 않을 수도 있다. 하지만 곤경을 사라지게 할 수는 없다. 따라서 죽음을 곤경이 아닌 문제로 다루는 사람을 만나면 그가 범주 오류를 범하고 있다는 사실을 깨달아야 한다.

그리어의 말을 떠올린다면, 우리가 문제라고 분류하는 많은 일이 사실은 곤경일 뿐이며, 문제는 생각보다 적을지도 모른다는 의구심을 갖게 된다. 그리어는 자신의 책《기나긴 하강(The Long Descent)》에서 사고 실험을 통해 이 차이를 분명하게 보여준다. 당신이 곧 닥칠 산업혁명에 관한 정보를 가진 채 18세기 초 영국 미드랜드의 한 부유한 농촌 마을로 돌아간다고 가정해 보자. 그리고 마을 사람들을 만나 그들에게 일어날 변화의 크기와 속도, 파장을 설명한다고 가정해 보자.

◇◇◇ 한 세기 안에 마을의 모든 건물이 철거되고, 농지는 양 목초지로 바뀔 겁니다. 의회가 영국의 의류산업에 필요한 양모를 공급하기 위해 앤클로저법을 통과시킬 거니까요. 농부들과 소작인들은 자신의 땅에서 쫓겨나고, 새로운 산업 계급이 엄청난 이익을 얻을 겁니다. 영국이 세계 제국으로 탈바꿈하기 위해 유럽의 경쟁 국가나 해외 원주민과 끊임없이 전쟁을 벌이는 탓에 마을의 청년들은 강제 징집되어 전 세계의 전장에서 전사할 것입니다. 다수의 주민들은 황량한 도시 빈민가에서 기아에 허덕이는 수준의 임금을 받으며 공장 노동자 생활을 할지, 미국으로 떠나 불확실한 운명을 맞이할지 선택을 강요당할 것입니다. 그동안 소수의 행운아는 아무도 상상하지 못한 방법으로 엄청난 부를 쌓을 것입니다.[2]

청중이 이 말을 듣고 앞으로 어떻게 해야 하는지 당신에게 묻는다고 가정해 보자. 그들에게 어떻게 대답할 것인가? 그리어가 말했듯이 이것은 답이 없는 질문이다. 그들이 직면할 상황은 문제가 아니라 곤경이기 때문이다. 실행할 만한 행동 방침이 없진 않지만, 어느 것도 해결책은 아니다. 사람들은 여러 방식으로 대응할 것이다. 어떤 방법은 다른 방법보다 현명하겠지만, 그 무엇도 확실한 결과를 보장하지 않는다. 분명한 것은 이 마을 주민들이 기존의 생활방식을 지속하지는 못할 것이라는 점이다.

이 마을의 종말을 알리는 '산업 사회'는 그 이전의 모든 생활방식보다 문제 해결 능력에서 큰 자신감을 보일 것이다. 산업 사회는 세계를 퍼즐, 즉 '해결해야 할 문제의 집합'으로 본다. 하지만 시간이 흐르면서 이 해결책은 산업 사회가 직면하게 될 새로운 문제를 일으킨다. 그 과정에서 곤경을 인식하거나, 곤경에 직면했을 때 어떤 행동이 타당한지 이해하는 능력이 사라질 것이다. 이 마을을 파괴했던 힘과 같은 압도적인 붕괴에 직면한 우리 사회가 상상할 수 있는 유일한 대응책은 이전의 진보나 성장, 또는 발전의 궤도를 재개할 수 있는 혁신을 추구하는 것이며, 그 과정에서 고작 태양 전지와 배양육을 해결책으로 제시할 뿐이다.

산업 사회의 시각으로 보면 죽음조차도 곤경으로 인식할 수 없다. 우리는 죽음을 문제로 받아들이는 범주 오류를 범하여 극저온학 같은 기술을 받아들이지만, 비슷한 논리는 더 광범위하게 현대 의학에 그림자처럼 따라다닌다. 현대 의학은 죽음을 실패로 보고 임종 상태에 이른 환자의 몸을 온갖 장비에 연결한 채 필사적으로 환자의 생명을 연장하려 한다. 한편, 우리는 죽음이라는 곤경과 마주하는 시간을 최대한 늦추려고 한다. 끔찍한 소식을 전하는 전화벨 소리를 모른척 하거나, 병원 대기실의 잡지와 포스터 사이에서 애써 주의를 다른 쪽으로 돌리다가 준비되지 않은 상태로 죽음을 맞이할지도 모른다. 죽음을 당연한 삶의 수순으로 받아들이는 문화에서 살아가는 사람들의 눈에는 죽음과의 대면을 무슨 수를 써서라도 최대한 미루려는 현대 서구의 방식이 매우 이상하게 느껴질 것이다.

죽음을 동력으로 이용하는 사회

소설가 앨런 가너는 1934년 농촌 지역인 체셔에서 태어났다. 전쟁 시기 그의 어린 시절을 기록한 회고록 《우리는 어디로 달려가야 하나?(Where Shall We Run To?)》는 너무나 쉽게 낭만적으로 묘사했던 세계에 대한 생생한 현실을 보여준다.[3]

이 책을 읽으며 가장 인상적이었던 것은 죽음을 대수롭지 않게 다룬 부분이었다. 어린 앨런이 장난감 총을 갖고 노는데 미군 병사들이 마침 앨런의 집 앞을 행진한다. 미군 장교는 부하들에게 아이들을 향해 경례하라고 명령한다. 그 장의 끝부분에 나오는 한 문장에서 우리는 미군 병사들이 탄 귀국선이 침몰해 모두 바다에 빠져 죽었다는 사실을 알 수 있다. 이 마을에 죽음을 몰고 온 것은 전쟁뿐만이 아니었다. 다른 장에서는 피난민의 이야기를 들려준다. 전쟁 시절, 적군의 공격을 피해 도시 아이들을 농촌 가정으로 보냈는데, 앨런은 한 영리한 도시 소녀와 친구가 된다. 또다시 이야기가 끝날 무렵, 우리는 이 소녀가 그 시절 흔히 유행하던 질병을 앓다 죽었다는 사실을 알 수 있다. 페니실린이 아직 대량 생산되지 않은 세상에서는 일상적인 일이었다. 어린 시절 기억을 떠올려 보면, 친구들 중 누군가가 아파서 휴학한 다음 돌아오지 못한 일도 드물지 않았다.

　죽음의 지연 또는 죽음과 거리 두기는 인간 문명만큼이나 오래된 질병과의 사투 끝에 이루어낸 놀라운 결과이다. 20세기 동안 기대 수명의 변화에 가장 큰 영향을 미친 것은 첨단 의학이 아닌 공공 보건이었다. 21세기 우리 사회가 당면한 곤경에 대한 올바른 대응은 이런 지식과 실천 방안을 앞으로 다가올 세계에 적용하는 것이다.

　아르헨티나의 탈식민주의 사상가 왈테르 미뇰로Walter Mignolo는 '근대성이 동전의 양면처럼 두 얼굴을 갖고 있다'고 말한다. 그는 이것을 '밝은 면'과 '어두운 면'이라고 부른다.[4] 아동기에 생존할 가능성이 높아진 것이 근대 산업 시대에 죽음에 관한 인식 변화 중 가장 밝은 측면이라면, 이 밝은 면이 이야기의 전부는 아니다. 다른 측면에서 보면 이 시대를 규정하는 것은 죽음에 대한 승리라기보다 '죽음의 체계적 아웃소싱'일 것이다. 산업 사회를 가능하게 한 시스템은 영국의 농촌은 물론 더 야만적인 방식으로 파괴된 세계 여러 지역 위에 설립되었다. 아메리카 대륙의 정복으로 원주민 인구의 80~90퍼센트가 소멸했는데, 이와 같은 다세대 집단 학살은 새로 유입된 질병과 함께 군사적, 경제적, 생물학적 전쟁의 복합적인 결과물이었다.[5]

　흑인을 매매하고 마음대로 처분하는 산업적 노예무역의 희생자들이 재배하고 채굴한 원재료는 새로운 산업 경제에 제공되었다. 이러한 체계적인 노예제는 철저히 백인들의 역사였으며, 산업 경제 실현에 필수 조건이었다. 또한 오늘날까지도 다양한 형태로 지속되는 프로세스다.

산업 활동의 결과는 심각한 상황을 초래했다. 20년 전 네덜란드 화학자이자 노벨상 수상자인 파울 크뤼천Paul Crutzen은 인간의 행동이 초래한 새로운 지질학적 시대를 일컫는 '인류세(Anthropocene)'라는 용어를 처음 사용했다. 이 용어는 과학 실험실을 뛰어넘어 예술과 인문학으로도 퍼지더니 유럽과 북미 대도시의 갤러리와 박물관으로 확산되었고, 이와 관련한 회의, 출판, 전시회도 활발하게 이루어졌다. 하지만 한편에서는 인류세에 관한 논의의 양상이 다소 달랐다. 그들은 200년 동안의 산업화를 통해 가장 큰 혜택을 입은 사람들이 아웃소싱한 죽음이 곧 자신에게 되돌아올 수 있다고 의심하기 시작했다. 《많은 세계 중 하나의 세계(A World of Many Worlds)》라는 책에 다음과 같은 구절이 있다.

◇◇◇ 강자의 세계는 이제 자기 파괴의 잠재적 가능성을 민감하게 느낄 것이다. 적어도 어떤 면에서는 진보, 문명화, 발전, 진보적 포용과 같은 공동선의 이름으로 소멸 선고를 받은 다른 세계가 느꼈던 것과 비슷한 위협을 받고 있다.[6]

니시나베그Nishnaabeg 부족 출신의 작가 리안 베타사모사케 심슨Leanne Betasamosake Simpson은 진보 운동가인 나오미 클라인Naomi Klein에게 이렇게 말했다.

"근대성은 누군가에게는 세계의 종말과도 같았습니다."[7]

또 다른 측면에서 보면, 근대 산업 사회는 인간이 함께 살아가는 모든 생활방식 밖에 존재한다. 이를테면 유일하게 죽음을 동력으로 이용하는 사회이며, 화석연료의 기반 위에서 작동한다. 모든 생명은 죽음을 먹고 생존한다. 미국의 식물학자이자 생태학자이며 인디언 원주민인 포타와토미 부족 출신의 로빈 월 키머러Robin Wall Kimmerer는 자신의 책《땋은 사료용풀(Braiding Sweetgrass)》에서 원주민 문화에서 때로 '명예로운 수확'으로 알려진 '생명과 생명의 교환'을 지배하는 원리와 행동 규칙을 설명한다.

키머러는 식물학자이자, 시티즌 포타와토미 네이션Citizen Potawatomi Nation(미국 중부의 원주민 부족 중 하나인 포타와토미 부족의 공식적인 정부와 조직-편집자)의 회원 입장에서 글을 쓴다. 이 책에서 그녀는 대학에서 학생들을 가르칠 때 경험한 일을 이야기한다. 강의를 마친 후한 여학생이 다가오더니 그녀에게 말한다.

"교수님은 터키 고향 마을에 계신 우리 할머니처럼 말씀하시네요. 할머니의 집에서는 우리 입에 들어오는 모든 것, 우리를 살게 하는 모든 것은 다른 생명이 베푼 선물이라고 배웠습니다."[8]

인간이 세상 속에서 자신의 위치를 찾는 과정을 다룬 여러 종교의 식과 이야기의 대부분은 주로 우리에게 생명을 내어주는 동물과 식물에 대한 이해와 감사를 불러일으킨다. 인간은 이런 사이클의 일부가 되어 다른 생명체와 상호 관계를 맺거나, 아니면 생명을 고갈시키는 엔진이 되어 피할 수 없는 파괴와 황폐를 일으킨다. 수많은 신화는 인간이 어떻게 사이클을 파괴했는지, 망가진 사이클을 수습하려는 노력을 무산시킨 기억은 무엇인지 전한다. 고대 세계의 숲과 바다에 수백만 년 동안 쌓인 죽음이 현재의 생활방식을 유지하는 데 얼마나 많이 소비되는가? 우리의 삶이 그렇게 많은 죽음에 합당한 가치가 있을까? 우리는 그들에게 무엇을 돌려줄 수 있을까? 이 모든 죽음이 아주 먼 과거에 일어났다는 사실을 고려할 때 돌려준다는 것은 어떤 의미일까? 이렇게 지하에 매장된 막대한 죽음에만 의존할 때 우리에게 남아 있는 유일한 대응책은 이런 질문을 막고, 이런 질문을 표현하는 문화를 없애고, 누구도 깊이 생각하지 못하게 하는 것이다.

죽음에 기반한 경제에 관한 지질학적 이야기는 죽음 자체를 아웃소싱하는 이야기와 합쳐진다. 예컨대, 원주민 문화를 없애고 흑인의 육체를 생산 요소로 축소하는 것이다. 환경인문학과 환경정치학 분야에서 활동하는 학자 캐서린 유소프Kathryn Yusoff는 《수많은 흑인 인류세 또는 무(A Billion Black Anthropocenes or None)》라는 책에서 이런 점을 강조한다.

플랜테이션 농장에서 일하는 노예의 신체, 갓 수확한 농작물, 오래전에 화석화된 식물과 노동 사이의 에너지 이동은 지구화학적 차원에서 잉여 에너지를 추출하여 전환하는 과정이다.[9] 우리가 직면한 곤경은 이러한 폭력적인 연관성, 그리고 이것들을 잇는 경제적 동력을 인식하지 않고는 제대로 설명할 수 없을 것이다.

5장
과학으로는 설명할 수 없는 것들

몇 년 전 내가 극단에서 일할 때 순록을 키우는 한 사미족 여성에게서 메시지를 받았다. 며칠 후 그녀와 나는 스톡홀름의 회의실에 앉아 함께 커피를 마셨다. 그녀는 매년 여름 스웨덴에서 노르웨이까지 펼쳐진 산맥에서 순록을 따라 이동했던 경험을 이야기했다. 우리의 대화는 자연스럽게 기후 변화로까지 이어졌다. 그녀는 차를 타고 삼촌의 오두막을 고치러 갔다고 했다. 그곳에 가기 위해 늘 얼어붙은 강을 가로지르는 도로를 이용했는데, 그 강은 최소한 5월 셋째 주까지는 항상 얼어 있다고 한다.

하지만 올해에는 강이 예정일보다 훨씬 일찍 녹아 강을 건널 수 없었다. 같은 해 여름, 그들은 북쪽으로 이동해 항상 음식을 저장해 두는 산기슭 빙하로 향했다. 그런데 올해는 빙하가 완전히 사라졌다. 7월 기온이 3주 연속으로 30℃ 이상을 기록했고, 더위 때문에 순록들이 몹시 고생했다고 한다.

이처럼 기후 변화는 지금도 일어나는 일이다. 우리가 실패하면 발생할 사태에 대한 경고가 아니라 이미 우리 곁에서 벌어지고 있는 일이다. 인간의 삶은 계절과 밀접하게 연결되기 때문에 조금만 주의를 기울인다면 이런 신호를 쉽게 알아챌 수 있다. 하지만 우리의 삶은 다른 것들과도 밀접하게 연결된다. 우리는 TV 채널을 휙휙 바꾸듯 쉽게 계절을 바꿀 수 있는 세상을 산다. 여름이나 겨울은 장거리 항공 티켓만 가지고 있다면 언제든 바뀔 수 있다. 우리는 한 겨울에 진열대에 놓인 딸기를 보고도 이상하다고 생각하지 않는다.

누군가는 계절의 제약에서 해방된 일상을 진보로 생각하지만, 착각이라고 부르는 것이 오히려 더 현명할지도 모른다. 슈퍼마켓에 진열된 모든 식료품은 여전히 계절에 의존하는 지역에서 생산된 후 우리에게로 온다. 우리는 여전히 땅과 태양, 비와 바람에 의지해서 살아간다. 우리는 땅을 떠난 적이 없기에 '땅으로 돌아가자'라는 말은 애초부터 타당하지 않다. 인간과 땅을 연결하는 줄이 너무 길게 늘어나 다른 쪽에 무엇이 있는지에 대한 감각을 잃어버렸을 뿐이다.

그날 오후 이 아름다운 도시의 한복판, 에어컨이 있는 회의실에서 나는 내가 첨단 과학에 의존해서 살아간다는 사실을 이전보다 명확히 깨달았다. 겹겹이 깔린 자동 시설, 기계화 시스템, 계절을 한낱 배경 장식으로 만드는 물질적 진보의 달콤한 열매들은, 유명한 기후 변화 연구소의 책임자가 파워포인트 앞에서 차트의 숫자를 일일이 제시하며 무언가 심각하게 잘못되고 있다는 점을 사람들에게 알려야 할 이유처럼 보였다.

과학이 답할 수 없는 질문에서 시작할 때

과학은 지식과 동의어로, '과학'이란 곧 '아는 것'을 뜻한다. 하지만 우리가 근대 과학의 창시자로 생각하는 역사적 인물들은 자신의 활동을 '자연철학 연구'라고 불렀다. 과학은 19세기 초에야 비로소 지금과 같은 의미를 얻었고, 과학자들은 그들의 활동이 표방했던 권위를 획득했다. 현대 사회에서 과학은 우리에게 무엇이 진짜인지 말해준다. 또한 과학은 인류가 진지하게 받아들여야 마땅한 지식을 생산하며, 역사의 형성 과정을 이야기하고, 사회의 거대 담론에서 중요한 역할을 담당한다.

기후 변화의 방식과 이유에 대해 우리가 아는 내용은 대부분 과학으로 밝혀진 것들이다. 기후 변화에 대한 시각은 과학의 권위에 기반한다. 하지만 기후 과학자들과 대화를 나눌 때면 나는 종종 무기력한 분위기를 느낀다. 기후 변화에 관한 논의 자체가 과학의 권위가 얼마나 가치가 없는지를 보여주기 때문이다. 노골적으로 기후 변화를 부정하는 부유한 세력들뿐만 아니라 올바른 의견을 말하는 단체나 정부, 리더들조차 마찬가지다. 이들은 상황의 심각성을 분명하게 말하지만 그에 맞는 행동은 따라주지 않는다.

기후 변화는 우리 사회에 질문을 던지고 우리가 말하기 좋아하는 이야기의 허점을 드러낸다. 이를테면 지도와 실제 지형이 일치하지 않는 지점과 지도에 표시되지 않은 지점을 보여준다. 그중 가장 중요한 질문은 세계를 이해하고자 할 때 과학이 얼마나 큰 역할을 차지하느냐에 관한 것이다. 하지만 이 문제를 다루려면 먼저 과학이 답할 수 없는 질문에서 시작해야 하며, 이 질문을 발견하는 한 가지 유용한 방법은 기후 과학자들의 메시지와는 전혀 다른 세계를 상상하는 것이다. 이때 타당한 질문은 무엇이며, 우리의 대답은 어떻게 달라질 수 있을까?

IPCC가 제네바 본부에서 기자회견을 연다고 가정해 보자. 한 대변인이 전 세계 수많은 언론의 카메라 앞에서 마이크를 두드리고, 서류를 정리하고, 목소리를 가다듬은 다음 이렇게 말한다.

"오늘은 매우 당혹스러운 날입니다. 우리의 계산에 근본적인 오류가 있었다는 점을 말씀드립니다."

그는 계속해서 자세한 내용을 지루하게 설명하지만 결론은 명확하다. 우리가 이제껏 알고 있던 사실과는 달리, 우리가 마음껏 석탄과 석유를 사용해서 온실가스를 배출해도 지구의 대기가 알아서 감당할 수 있다는 것이다. 물론 실제로 이런 일은 일어나지 않을 것이다. 계산 오류를 발견해도 기후 과학은 큰 영향을 받지 않기 때문이다. 하지만 만약 정말 그렇다고 가정하면 어떻게 될까? 얼마나 많은 것이 바뀔까? 막연한 공포는 막을 내리고, 한스 로슬링과 스티븐 핑커와 같은 사람들이 말했던 '인류의 편안한 진보 궤도'로 돌아갈 수 있을까?

나는 지금 한 지역의 과거와 현재를 찍은 두 장의 사진을 보고 있다. 첫 번째 사진은 냉대림이 끝없이 푸르게 펼쳐진 20세기 말의 모습이다. 두 번째 사진은 현재의 모습을 보여주는데, 산림이 완전히 파괴되어 맨땅이 드러나거나 움푹 파여 있고, 거대한 기계가 지나다니는 도로가 숲을 관통하고 있다. 저 멀리에는 원재료를 처리하는 광

업소의 탑들이 보인다. 이곳은 아타바스카 타르 모래 지역이다. 작은 국가 크기의 오래된 숲이 몇 년 만에 모두 황폐한 땅이 되어버렸다. 이곳의 파괴 흔적은 우주에서 찍은 사진에서도 보일 정도다. 이 숲은 석유를 채굴하기 위해 파괴되었다. 이곳은 한때 벼락부자를 꿈꾸던 사람들을 텍사스나 오클라호마로 끌어들였던 석유가 분출하는 매력적인 유전이 아니라 노천에서 채굴한 흙에서 기름을 억지로 짜내야 하는 슬러지Sluge에 가깝다. 지구온난화 수준을 2℃ 이내로 유지하는 이른바 '안전지대'를 확보하기 위해서는 절대 개발해서는 안 되는 곳이었다. 아타바스카의 모래에서 짜낸 석유나 오늘날 브라질 열대우림에서 사육한 소들이 기후 위기를 불러오지 않는다면, 우리는 이렇게 확산되는 파괴의 현장을 생존의 대가로 받아들일 수 있을까?

기후 변화를 연구하는 사람 중 내가 아는 학자들이 이 두 사진을 본다면 아마도 나와 같은 반응을 보일 것이다. 그들은 대기에 미치는 영향이 어떻든 이런 행위 자체가 '인간이 지구에서 계속 살 수 없게 만드는 어리석고 자기 파괴적인 방식'이라고 생각할 것이다. 하지만 정말 놀라운 점은 오랫동안 이런 질문조차 하지 않은 채 기후 변화에 관해 안일하게 말해왔다는 것이다. 여기에는 '규모의 역설'이 있다. 기후 변화라는 주제 자체가 균형 있는 시각을 방해한다. 이를테면 기후 변화는 우리가 말하는 방식에 비해 너무 큰 주제이면서, 동시에 우리가 말해야 할 내용에 비해 너무 작은 주제다.

'너무 큰 주제'라는 말은 이 주제를 다른 여러 주제 중 하나로 취급한다는 뜻이다. 듀이 십진 분류표의 표제어나 다음 달에 이슈가 될 잠재적 주제처럼 말이다. 이것은 범주의 오류이며, 기후 변화에 대한 부정 역시 마찬가지다. 우리는 지금까지 거의 인식하지 못했던 근본적 변화를 시사하는 문제를 다루고 있다. 정말 어려운 것은 우리가 아는 세계, 인류의 정체성, 세계의 지향점이 파괴된 상태에서도 계속 살아갈 수 있는 '가치 있는 삶'을 상상하는 일이다.

기후 변화는 우리가 직면한 위기를 나타내기에 너무 협소한 표현이다. 기후 변화에 관해 논의할 때면 흔히 과학적 근거에 기반한 위기의식과 불안감에 휩싸여 이 문제가 우리가 직면한 곤경의 전부이거나 결정적인 도전 과제라고 여긴다. 또한 인류의 운명을 결정할 하나의 문제인 것처럼 인식한다. 우리가 당면한 위기를 이렇게 정의한다면 그에 따른 결론이 나올 것이다. 만약 아타바스카 타르 모래에서 석유를 짜내는 행위가 아니라 전기차 배터리 제조용 리튬을 추출하는 행위가 이런 파괴를 불러온다고 말한다면 어떻게 될까?

과학만으로는 불가능한 답

계속 처음으로 돌아갈 수밖에 없는 핵심 질문은 이것이다. 우리가 처한 위기가 대기 화학의 한 가지 불운(화석연료에서 발생하는 이산화탄소는 예측할 수 없는 부작용을 낳았다) 때문인지, 아니면 우리가 모든 것을 이해하고 다루는 방식, 즉 기후 시스템이 산업 사회가 배출한 가스에 영향을 받지 않는다 해도 결국 이런 사태를 유발할 수 있는 세계관에서 비롯된 것인가이다.

기후 변화에 대한 다양한 대응은 이 질문에 대한 선택을 반영하며, 여기에 어떻게 답하는지에 따라 우리가 추구해야 할 행동이 결정될 것이다. 지금의 위기를 하나의 불운으로만 여긴다면 늘 임기응변식 수단으로 문제를 보완하면서 기존의 방식을 지속할 것이다. 위기의 원인을 우리의 사고방식에서 찾는다면 똑같은 수단을 이용해 당면 문제를 해결하는 동시에 지금의 길이 막다른 방향임을 인정하고 다른 길을 찾을 것이다.

이 질문에 대한 답은 과학에 기반할 수 있지만, 과학만으로는 부족하다. 이 질문은 관찰이나 측정, 계산을 통해 명확하게 답할 수 있는 문제가 아니기 때문이다. 그보다는 우리의 판단력이 필요하다. 이 질문을 회피하는 것 역시 불가능하다. 기후 변화에 대한 모든 대응은 암묵적으로 이 답에서 시작하기 때문이다. 이 질문을 명시적으로 제기하지 않는다면(상위 질문, 즉 과학이 말할 수 있는 경계를 넘어선 질문을 인식하지 않는다면) 기후 위기를 단순히 불운으로만 여기고, 기술적인 해결책을 찾거나 생활방식을 조정하는 방식으로만 대응할 것이다.

문제는 과학의 신뢰성에 비해 인간의 판단력이 매우 취약하고 실수할 가능성이 크다는 점이다. 사실 근대 과학의 발전 초기부터, 심지어 과학이라는 이름을 얻기 전부터 사람들은 세계를 관찰하고 이해하는 과학적 방식이 인간의 판단력과 그에 따른 논란에서 우리를 자유롭게 해주길 바랐다. 이런 희망은 환경결정론과 그에 기반한 기후 운동의 역사에서도 찾아볼 수 있다. 하지만 과학적 지식이 인간의 판단력을 대체하길 기대하는 것은 과학에 너무 많은 것을 요구하는 것이다. 앞으로도 계속 살펴보겠지만 과학에 기대를 걸었던 사람들은 결국 실망하고 말 것이다.

6장

20세기 환경운동의 흐름

근대 서구의 환경운동은 과학과 밀접한 관련이 있다는 점에서 20세기 후반에 등장한 다른 사회운동과는 달랐다. 1960년대 초기 환경운동의 촉매제로 널리 인정받은 《침묵의 봄》을 쓴 레이첼 카슨Rachel Carson은 정식 교육을 받은 해양 생물학자이며, 그녀의 직업은 '살충제가 생태계와 인간에 미치는 영향'을 밝히는 데에 큰 도움이 되었다.

환경 파괴를 우려한 과학자들은 인간의 활동이 생물계에 미치는 영향을 연구하여 환경운동의 발전에 크고 강력한 역할을 했다. 또한 이것은 지금까지의 세계관에 의문을 제기하는 운동이기도 했다. 대부분 당연한 것으로 받아들여 간과했지만, 이 시기의 환경운동은 세상에 대한 우리의 인식을 형성하는 배경 지도와 잘 알려진 이야기에 의문을 제기했다.

환경운동과 지속 가능한 개발

환경운동은 산업 사회의 발자취를 추적했다. 특히 정치 활동이 산업 사회의 생산 조직과 배분을 중심으로 이루어졌던 19세기 중반 이후 사라졌던 질문들을 다시 수면 위로 떠오르게 했다. 환경운동은 산업 사회가 간과한 부정적 결과물에 주목함으로써, 산업 사회의 핵심적인 가정에 의문을 제기했다. 환경운동은 과학이 만들어낸 일부 이야기에 상위 질문을 한 뒤, 인류의 생활방식을 형성하는 습관에 관해서도 질문했다. 이어서 모든 생명체가 함께 살아갈 수 있는 방식이 무엇인지 대화를 나누기 시작했다.

당시 상황을 기억할 만큼 나이 든 사람들의 말에 따르면, 이런 유형의 환경운동은 1970년 무렵 전성기를 누렸다고 한다. 나의 초기 기억은 1980년대 후반의 '녹색 물결'과 맞닿아 있다. 내가 여덟 살이 되던 해 봄, 체르노빌의 원자로에 화재가 발생해 방사능 낙진이 북유럽 전역으로 퍼졌다. 우리 가족은 매일 밤 '6시 뉴스'를 보며 이 소식에 귀를 기울였다. 그 후 몇 년 동안 환경 문제에 대한 인식이 크게 확산되었다. 내가 열한 살이 되었을 무렵에는 역사의 바람이 희망적인 방향으로 부는 듯했다. 녹색당이 갑자기 등장해 1989년 유럽의회 선거에서 영국 유권자들의 전체 표 중에서 15퍼센트를 얻었다. 다른 곳에서는 독일 자매 정당이 이미 의회 세력으로 진출해 있었다. 철의 장막 붕괴 역시 이런 추세를 반영하는 것 같았다. 이를테면 변화는 불가능하지 않으며, 아무도 예상하지 못했던 일이 빠르게 일어난다는 것이다.

1987년 브룬틀란 보고서(Brundtland Report)는 국제사회가 지구의 상황을 논의하는 기본적인 틀로 '지속 가능한 개발'을 제시했다. 기본적인 틀은 경제적, 기술적 발전의 궤도에 생태적 지속가능성의 목표를 추가하는 것이었다. 하지만 이 두 가지 목표가 같은 방향으로 나아간다는 증거는 없었다. 지금 돌이켜보면, 이 보고서가 발표되고 난 후 1992년 리우 지구정상회의가 열리기까지 5년이란 기간은 오늘날까지 유례를 찾기 어려울 정도로 환경에 관한 국제적 관심과 정부 간의 협력이 활발했던 시기다. 또한 이 기간은 환경운동이 문화적 영역에서 벗어나 과학과 새로운 관계를 확립한 시기였다. 이때만 해도 과학적 증거는 사회에 더 큰 의문을 제기하거나 정치적 주장을 내세우는 시발점이 되지는 못했다.

녹색당 정치인이 의회에 진출한 국가에서는 기존 제도 내에서 변화를 추구해야 하는 부담 탓에 '현실주의'가 대두되었다. 한편 BBC 스포츠 방송 진행자에서 녹색당의 주요 대변자가 된 데이비드 아이크David Icke(영국의 작가이자 강연가로 음모이론계의 대표 인물이다. 세계를 순회하는 강연을 통해 인류를 지배하려는 글로벌 엘리트들과 일루미나티에 관해 경종을 울리고 있다.-편집자)의 여정은 기존 문화 전체에 의문을 제기하려는 시도가 어떻게 무너졌는지를 보여주었다.

논리는 매우 명확했다. 산업 활동의 결과에 대한 과학적 증거는 점점 늘어나는데 세계관과 가치관에 관한 논쟁에 복잡하게 얽힐 필요가 있을까? 우리가 앞으로 나아갈 길은 이런 유형의 정치는 피하고 대대적인 사회 변화의 필요성을 입증하는 수치를 제시하는 것이 아닐까? 이것은 우리 사회에서 성숙한 정책 토론에 초대받고 싶을 때 사회가 우리에게 기대하는 종류의 언어라는 점에서도 도움이 된다. 그러나 인간이 내리는 판단의 취약성과 불완전성, 그리고 그로 인한 갈등을 피하려는 시도는 근대 역사가 반복해 온 패턴이었다. 때로는 이성의 힘과 투명성이 상충하는 이야기들이 충돌할 가능성을 미뤄주는 것 같지만 그 의도가 무엇이든 이런 변화는 문제를 근본부터 해결하지 못했다.

과학을 종교에 적용하는 과제

우리 시대의 새로운 무신론자(New Atheists)들에게는 17세기 유럽에서 시작된 과학 혁명이 신의 폐위를 선언한 것처럼 느껴질지도 모르겠다. 하지만 당시 과학 혁명이 종교에 미친 영향은 사뭇 달랐다. 뉴턴은 보이지 않는 중력의 힘을 입증했고, 중력의 작용을 수학의 도구로 설명할 수 있다는 것을 보여주었다. 이 소식을 접한 유럽의 학자들은 이렇게 생각했다. 세계에 작용하는 또 다른 숨겨진 힘을 추적하고, 태초에 이르기까지 원인과 결과의 연쇄 고리를 밝힐 수 있다면 어떻게 될까? 그들이 생각한 가능성은 신을 제거하는 것이 아니라 신의 작품을 명확하게 설명하는 것이었다.

이 프로젝트는 신을 '제1 운동자'로 믿는 극단적인 이신론(Deism, 18세기 계몽주의 시대의 대표적인 그리스도교 사상이다. 성서를 비판적으로 연구하고 계시를 부정하는 등 그리스도교 신앙을 이성적인 진리에 한정시킨 합리주의 신학의 종교관이다.-편집자)을 탄생시켰다. 제1 운동자는 시계

장치처럼 우주를 움직이는 첫 번째 원인이다. 종교사를 살펴볼 때, 이신론은 교회의 부흥에는 도움이 되지 않았다. 이신론은 사랑, 희생, 용서의 가능성을 배제한 차갑고 기계적인 관점만을 제시한다. 하지만 이신론은 이성과 지성을 중시하는 사람들에게 강력한 영향을 미쳤고, 그 후 200년 동안의 종교 논쟁은 유럽의 왕들이 유혈 전쟁을 일으키는 원인을 제공했기에 이신론은 오히려 평화를 위한 토대를 제공하는 것 같았다.

결과적으로 이신론의 극단적인 흐름은 새로운 정치 형성과 혁명적 갈등에 반영되었다. 토마스 페인Thomas Paine(영국의 정치론자로 군주제를 신랄하게 비판하고, 민주적 공화제를 강력히 주장했다.-편집자)은 공개적인 이신론자이며, 미국 건국에 중요한 역할을 한 몇몇 인물들은 이신론적 사상에서 강하게 영향을 받았다. 프랑스 혁명에서는 이신론을 최고 존재에 대한 숭배 형태로 국가 종교로 도입하려고 시도하기도 했다.

지성적, 정치적 전위 사상(Avant-garde, 기존의 인식이나 가치를 부정하고 새로운 흐름을 추구하는 사상-편집자)을 넘어 더 폭넓은 변화가 일어났다. 과학의 관점에서 신의 존재를 설명하는 더 온건한 프로젝트인 자연 신학 덕분에 기성 교회는 가장 최근의 과학적 발견을 교리로 수용할 수 있었다. 신화, 미스터리, 이야기, 상징, 제의의 역할이 '이성적인' 기독교로 대체되면서 종교는 일련의 법칙으로 정리되었다. 그 결과 신앙 체계는 자연과학이 제공하는 이중의 충격에 특히 취약해졌다. 바위의 장구한 시간에 관한 지질학적 발견이 힌두교 우주론의 거대한 사이클에 기반한 문화권에 전해지고, 종의 기원에 관한 뉴스가 변덕스러운 신들을 가진 고대 그리스인들에게 전해졌다 해도, 19세기 유럽에 충격을 줄 정도의 신앙적 위기는 발생하지 않았을 것이다.

이런 파열의 유산으로 생긴 과학적 무신론과 그에 반대하는 소수파인 근본주의 기독교 간의 갈등은 여전히 존재한다. 근본주의 기독교는 신앙을 과학의 이미지로 재창조하고, 이것을 근거로 다른 정보들을 제공한다. 이들을 통합하는 것은 창세기 초반부의 내용이 물리학과 생물학 교과서인 것처럼 접근해야 한다는 신념이다. 17세기의 신학적, 정치적 갈등을 완화하기 위해 과학을 종교에 적용하는 과제의 종착점은 결국 우리 시대의 가장 극심한 분열을 낳는 토대가 되었다.

신자유주의적 현실주의 시대의 개막

단층선(Fault Line, 단층면이 지표면과 만나는 선-편집자)의 이름은 세기마다 바뀐다. 지형은 이동하고, 상충하는 세계관의 등고선은 다시 그어진다. 하지만 판단하기 혼란스러운 개념을 명료한 계산으로 대체하겠다는 신념은 새로운 형태로 다시 등장한다. 1970년대 초, 서유럽과 북미에서 전후 수십 년 동안 산업 성장을 이끌었던 케인스식 경제학 모델이 무너졌다. 경제가 해마다 꾸준히 성장하고 부의 폭넓은 확장이 지속되던 시대는 끝났다. 1973년 석유 파동으로 '성장의 한계'에 관한 논의가 전면에 등장했다. 석유 가격 상승으로 '에너지의 미래'가 긴급한 현안으로 떠올랐다. 이런 위기를 배경으로 환경운동은 활발하게 전개되었다. 환경운동은 세계 지도자들의 주목을 받았고, 한동안은 그들이 세계가 나아가야 할 방향을 제시하는 것처럼 보였다. 하지만 신기하게도 변방에서 제기한 다른 사상이 20세기의 마지막 수십 년을 지배했다.

1970년, 신자유주의(Neoliberalism, 국가 권력의 개입을 비판하고 시장과 민간의 자유로운 활동을 중시하는 이론-편집자) 경제 이론은 정치 논쟁의 주류에서 상당히 벗어나 있던 특정 학문과 미국의 싱크 탱크 사이에서 틈새 공간을 발견했다. 70년대 말, 마거릿 대처와 로널드 레이건이 당선되면서 이 이론은 새로운 주류로 떠올랐다. 자유시장 개혁과 통화 공급에 대한 엄격한 통제가 신자유주의 경제 정책의 원칙이었다. 하지만 신자유주의가 통치 방식으로 굳어지면서 시장 경쟁의 논리를 조직 문화와 개인의 활동 속에 구현하려는 움직임이 일어났다. 대처 총리는 한 인터뷰에서 이렇게 말했다.

"경제학은 수단일 뿐입니다. 우리의 목표는 마음과 영혼을 바꾸는 것입니다."[1]

이 프로젝트의 뿌리가 20세기 중반 유럽의 정치 갈등 속에 있었다는 사실은 자주 언급되지 않는다. 초기 신자유주의 이론가들은 1930년대와 40년대에 많은 글을 남겼다. 당시 그들은 여러 사건 때문에 정치를 매우 비관적으로 바라보았다. 사회학자 윌리엄 데이비스William Davies가 설명한 것처럼, 신자유주의자들의 시각에 따르면 '신중한 숙고는 언쟁으로 이어지고 결국 폭력으로 붕괴된다.'[2]

이에 대한 대안으로 그들은 '경제적 계산'을 신뢰했다. 시장 메커니즘을 통해 사회 구성원들의 욕구와 이익을 계량화하고 최적의 결과를 달성할 수 있기 때문이다. 데이비스에 따르면, 신자유주의의 궁극적 목표는 '경제학을 통해 정치의 환상에서 깨어나는 것'이었다.[31] 이 목표는 한때 이신론이 종교적 영역에서 주장했던 약속이 현실에 그대로 반영된 것이었다.

모든 새로운 정치 이념과 마찬가지로, 신자유주의 또한 저항 세력으로 등장했다. 1980년대 우파 정당들이 신자유주의를 옹호했을 때 그들의 주장은 맹렬한 논쟁의 대상이 되었다. 신자유주의의 등장으로 전통적인 중도 좌파 정당들은 입장을 바꿔 신자유주의 사상가들이 예상했던 것과 비슷한 탈정치화한 시장 사회를 추구했다. 빌 클린턴의 새로운 민주당과 토니 블레어의 새로운 노동당은 신자유주의적 현실주의 시대의 막을 열었다. 정책 입안 참여자들은 스스로를 실용적 기술 관료로 여기고, 시장 메커니즘이 적용되지 않은 모든 분야에서 효율성과 경쟁력을 최우선 기준으로 정책을 평가했다. 그들에게 신자유주의 같은 이론은 존재하지 않았다. 그들에게는 그저 '현실'만 존재할 뿐이었다.

이 논리는 2016년 민주주의의 지진으로 그 한계에 직면했다. 브렉시트 국민투표 캠페인 기간 동안 영국의 모든 주요 정당 지도급 인사들이 '영국이 유럽 연합에 잔류해야 한다'고 주장했다. 그들은 경제학자들의 증언에 근거해 유럽 연합 탈퇴가 영국의 전망경제에 막대한 피해를 줄 것이라고 주장했다. 대다수 유권자들이 전문가의 조언을 무시하면서 신자유주의적 현실주의 질서에 타격을 가했고, 영국은 이때의 선택 이후 여전히 타격에서 회복하지 못하고 있다. 비록 매우 혼란스러운 방식이고 그 결말이 어떻든 간에, 브렉시트 투표는

'정책의 복귀'를 보여준다.

　정치는 추악하게 전개될 수 있다. 우리는 정권의 종말을 바랄 수 있지만, 때로는 그 과정에서 이전보다 더 나쁜 것이 다가올 수도 있다. 2010년대 중반에 등장한 포퓰리즘Populism(대중과 엘리트라는 서로 적대하는 진영을 나눠 대중을 선동하는 정치 형태-편집자) 운동의 과제는 기득권층 비판자들이 끝없이 지적하듯이 '비현실적이고 진실에서 벗어난 것'이었다. 하지만 유권자들이 포퓰리즘을 수용하려는 의지는 신자유주의의 '현실적이고 진실한' 세계관에는 무언가 빠져 있다는 의식이 반영된 결과이다. 우리는 숫자에 따라 방향을 잡고 현실을 그저 계산의 문제로 축소하려는 과정에서 너무 많은 것을 잃는다.

본질에서 멀어진 환경운동

1990년대 초, 주류 환경운동은 주변 문화에 관한 질문을 그만두고 과학과의 관계에 집중했다. 이런 변화는 환경논쟁에서 기후 변화가 등장한 시기와 일치했다. 1988년에 '기후 변화에 관한 정부 간 협의체(IPCC)'가 설립될 당시에도 지구온난화를 잠재적으로 불길한 수많은 위협 중 하나로 간주했다. 그 후 데이터가 쌓이고, 예측 모델이 더욱 탄탄해지면서 기후 변화의 위상이 점차 올라가기 시작했다. 결국 기후 변화의 위협은 그동안 환경운동가들이 언급했던 다른 모든 형태의 피해를 능가하는 것처럼 보였다. 기후 변화가 중대한 문제로 떠오른 것은 기후 변화를 경고하는 과학적 근거가 늘어나고, 위기의 긴

급성과 그 영향의 크기가 어느 정도 반영되었기 때문이다. 하지만 나는 또 다른 요인이 있다고 생각한다.

기후 변화와 이것을 표현하는 방식은 계량적인 분석으로 쉽게 계산할 수 있다. 모든 구체적인 요인과 지역적인 영향을 종합하여 이산화탄소 ppm 농도 수치, 2100년까지 평균 기온 상승율 등 지구적 차원의 수치로 나타낼 수 있다. 이처럼 계산과 수치로 제시할 수 있는 가능성은 다른 생태학적 관심사까지 포괄하는 방향으로 확대되어 위기를 표현하는 핵심 도구가 되었다. 예컨대, 고래를 구하자는 주장 대신 고래의 탄소 격리 기여도를 입증하는 논문이 더 많이 발표된 것만 봐도 상황을 짐작할 수 있다.

그러나 측정과 계산이 정치의 얽힌 매듭을 끊을 것이라는 약속은 기대에 미치지 못했다. 기후 변화는 매우 중요한 쟁점으로 부상했다가 다시 추락하고 말았다. 사회 활동가들은 유엔의 연례 기후 변화 협약 당사국 회의장 밖에서 시위를 조직했다. 반면, 비정부 기구들(NGO)은 이 협상이 올바른 방향으로 움직이도록 노력했다. 하지만 어떤 합의서가 마련되었는지와 상관없이 과학적 증거가 요구하는 규모의 행동으로는 이어지지 못했다. 이런 사이클이 반복되면서 환경운동은 점차 그 뿌리부터 단절되었고, 환경운동을 탄생시킨 위기의 본질과 영향에 관해서는 더 이상 말할 수 없게 되었다.

이십 대 후반 기후 행동주의에서 길을 찾을 무렵, 나는 무언가를 놓치고 있다는 느낌이 들었다. 환경론자들의 말을 들을 때, 과학 용어를 설명하는 상세한 각주까지 달린 뉴스 칼럼을 읽을 때, 나는 우리가 수치나 예측, 전략이라는 말에 지나치게 집착해 세계가 당면한 곤경을 설명하려는 것 같았다. 분명히 이런 표현 방식도 필요하다. 하지만 그 자체만으로는 우리가 말하려는 것의 무게를 전달하지 못한다. 인간의 경험에 관해 말하는 목소리는 어디에 있을까? 상실과 동경의 언어, 미묘한 언어, 거칠고 직설적인 언어를 쓸 수 있는 사람들은 어디에 있을까?

2018년 가을, 현실을 두려워하는 사람들과 현실에 환멸을 느낀 사람들로 이루어진 이상한 동맹이 기후 변화를 중심으로 만들어졌고, 1990년대 초반 이후 볼 수 없었던 규모로 상상력을 전달하기 시작했다. 그들의 언어는 새로웠다. 그들은 두려움은 물론, 희망을 초월한 곳에서 오는 용기에 대해 고백했다. 그들의 목소리는 사람들이 예상한 것보다 훨씬 멀리 퍼졌다. 그들이 시작한 움직임에 이끌린 많은 사람에게 이 경험은 '견디기 힘든 과정을 통해 새로운 시각을 열어주는 입회식'과도 같았다.

7장
변화를 위한 새로운 움직임

그레타 툰베리가 의회 밖 거리에서 시위를 시작했을 때, 스웨덴에는 여러 달 동안 이렇다 할 비가 내리지 않았다. 라디오에서는 2018년 5월이 250년 만에 가장 더웠으며, 7월도 같은 수준일 거라고 예측했다. 1750년대에 지어진 스톡홀름의 오래된 천문관측소는 가장 오래된 일일 기상관측 자료를 보유하고 있는데, 그 앞머리에 이번 해를 추가할 수도 있겠다는 예감이 들었다.

한겨울의 혹독한 추위를 생각하면 파란 하늘과 따뜻한 공기가 마치 위안처럼 다가왔다. 하지만 몇 주가 지나면서 낮이 점점 길어지고 기온이 계속 상승하자, 화창한 날씨가 불길한 기운처럼 느껴졌다. 아니나 다를까 스웨덴 곳곳에서 산불이 발생했다. 연기가 바람을 타고 퍼지면서 멀리 떨어진 해변 도시에서도 나무 타는 냄새를 맡을 수 있었다. 비는 여전히 내리지 않았다. 7월이 되자 나는 차를 빌려 북쪽으로 향했다. 정부는 이탈리아에서 소방용 항공기를 도입하려 했다. 이 무렵 내가 머물렀던 한 농장은 화재가 난 지역과는 멀리 떨어진 곳이었지만, 다른 교외 지역은 여전히 높은 경계 태세를 유지하고 있었다.

어느 날 농장 주인이 걱정스러운 얼굴로 문제가 생겼다고 했다. 양들이 더위 때문에 전기 철조망의 충격을 감지하지 못한 채 울타리를 벗어나 사방으로 뛰어다닌다는 것이다. 이 농장은 그나마 여분의 사료가 있어 다행이었지만, 다른 지역 농부들은 사료가 부족해 어쩔 수 없이 가축들을 도축장으로 보내야 했다. 도축장은 도축장대로 모든 가축을 처리할 수 없어 골머리를 앓았다.

가을도 오기 전에 사료 부족으로 가축을 도살한다는 것은 농가에서는 상상조차 할 수 없는 일이다. 몇 세대 동안 우리는 특정 지역의 위기가 전체 시스템에 영향을 미치는 세상 속에서 살아왔다. 미국 밀벨트 지역에서 수확량이 줄면 시카고보다 카이로 거리에서 빵을 요구하는 폭동이 일어날 가능성이 더 크다. 시스템이 유지되는 동안에는 그 시스템을 가장 크게 압박하는 생활방식을 가진 사람들이 위기를 가장 늦게 알아차리며 영향도 가장 적게 받는다는 뜻이다.

무더운 밤이 연일 이어지자 사람들은 다시 비가 내리기는 할지 의심스럽다며 입을 모았다. 결국 오랜 가뭄이 끝나고 가을이 왔다. 10월 중순, 나는 스트라우드에서 열릴 강연회 때문에 영국으로 떠났다. 강연을 주최한 이가 무대로 나와 의견을 말하고 싶은 사람이 없는지 묻자, 한 여성이 이렇게 말했다.

"우리 중 몇 명이 기후 위기에 대한 저항을 준비하고 있어요."

그날 밤에 들으리라고는 생각지도 못한 말이었다.

집으로 돌아온 첫날 아침, 나는 스웨덴 국영 라디오 방송국과의 인터뷰 녹화 때문에 일찍 집을 나섰다. 유럽 전역을 여행하느라 매우 지쳐 있었지만, 진행자와 함께 기차역 건너편 공원 벤치에 자리를 잡고 인터뷰를 시작했다. 그는 먼저 그해 여름의 화재에 관해 물었다. 화재로 인해 무엇이 달라졌는지 설명해 주기를 기대하는 눈치였다. 하지만 내 머릿속에 떠오른 생각은 비가 내리지 않은 7월과 8월 동안 미용실이나 슈퍼마켓, 장모님 댁의 식탁에서 우연히 들은 이야기들이었다.

"요즘 날씨가 정말 놀랍지 않나요? 농부들이 불만이 많겠어요. 정부는 이탈리아에서 항공기를 빌리지만 말고 소방용 항공기를 더 많이 들여와야 해요."

하지만 나는 사람들의 의식 속에서 이미 어떤 변화가 시작되었다고 느꼈다. 이를테면, 기후 변화에 관해 이야기하는 사람들이 많아지고, 대화의 주제가 바뀌고, 암울한 현실주의가 대두하고, 논의할 수 있는 범위 안에서 어떤 새로운 움직임이 일어난 것이다.

새로운 기후 운동의 불꽃

그해 가을 여러 기관에 속한 사람들과 대화를 나눴다. 그들은 기후 위기로 인한 혼란을 관리할 통상적인 방법에는 큰 기대가 없는 것 같았다. 그해 마지막 몇 주 동안 기후 운동을 위한 새로운 문화적 동력이 구축되어 가는 느낌이었다. 학교 동맹 파업이 벨기에, 호주, 독일로 확산되었다. 환경운동가들은 영국 정부에 대한 저항을 선언했고, 런던 중심부의 많은 가게가 문을 닫았다. 2018년 가을부터 2020년 봄 사이 처음으로 코로나 봉쇄가 시작되자, 새로운 기후 운동의 불꽃이 온라인 네트워크를 비롯한 여러 곳에서 일어났다. '미래를 위한 금요일'과 '멸종저항'을 중심으로 모인 사람들은 자신들이 속한 단체의 정체성을 유지하면서도 서로를 수용하려는 움직임을 보였다.

그레타 툰베리가 2019년 8월 배를 타고 대서양을 건넜을 때, 이 운동은 '선라이즈 무브먼트Sunrise Movement(미국 내에서 환경과 기후 변화에 대한 행동을 주장하는 비영리 조직으로, 특히 젊은 세대를 중심으로 활동한다.-편집자)', '제로 아워Zero Hour(기후 변화와 관련된 문제를 중심으로 활동하는 국제적인 청소년 단체-편집자)', '그린 뉴딜Green New Deal(친환경 신재생에너지 산업 인프라를 구축하고 관련 산업을 육성함으로써 일자리를 창출하려는 정책 프로그램-편집자)'을 중심으로 뭉친 북미 활동가들과도 연결되었다. 하지만 이들 간에는 분명한 차이점이 있었다. 미국의 기후 운동은 정치적 이념과 밀접한 관련이 있었다. 반면, 유럽의 운동은 '멸종저항'의 선언문에 나오는 표현처럼 '정치를 넘어서(Go Beyond Politcs)'는 대응을 외쳤다.

이 시기의 기후 운동과 그 이전의 기후 운동을 아우르는 공통점도 있다. 첫 신호는 미국의 작가이자 저널리스트 데이비드 월리스 웰스David Wallis Wells가 2017년 7월 〈뉴욕〉에 기고한 글 '거주할 수 없는 지구(The Uninhabitable Earth)'에 대한 엄청난 반응에서 확인할 수 있었다. 이 글은 빠르게 확산되어 우리가 느끼는 두려움에 관해 말할 기회를 달라는 요구를 수면으로 드러내는 데에 큰 역할을 했다.

내가 '다크 마운틴 선언문' 이전에 오랫동안 몸담았던 기후 운동에서는 마치 두 가지 감정을 느끼는 공간만 존재하는 것 같았다. 이를테면 '지구를 파괴하는 사람들에 대한 분노'와 '정상회의장에 모여 끊임없이 압박하면 모든 문제를 해결할 수 있다고 믿고 서로를 격려하는 낙관주의'였다. 나는 새로운 기후 운동에서, 분노를 조장하거나 반드시 낙관주의를 선택해야 한다고 강요하지 않는 자유로운 정신을 목격했다. 내가 본 것 중 많은 부분은 '다크 마운틴 선언문'의 경험, 그리고 우리의 두려움과 환멸을 직시함으로써 발견한 이상한 희망과 맞닿아 있었다.

이제 그 희망이 계속 확장되면서 문화적 주류를 이루었고, 사람들에게 활력을 불어넣어 실제로 행동할 수 있도록 이끌었다. 그들 중 일부는 늘 그랬던 것처럼 우리가 해야 할 일에 관한 대규모 집회 연설을 여는 대신, '불타는 집과 영혼의 어두운 밤'이라는 예언적 이미지를 제시하기도 했다. 주로 백인 중산층 회원들이 예복을 입고 얼굴을 흰색으로 칠한 채 조용한 장례 행렬을 이어 나가는 모습을 모두가 편안하게 느낀 것은 아니었다. 그렇다면 왜 이런 방식의 애도 행렬이 필요할까? 사실 새로운 것들 중 많은 것은 지나간 것에 대한 애도에서부터 시작된다. 이제껏 수많은 생명과 자연경관을 잃었다.(너무 많은 것이 소멸했고, 훨씬 더 많은 것이 파괴된 것으로 집계되었다.) 이런 공적인 애도 행위는 무슨 수를 써서라도 현재의 생활방식을 유지하려고 싸우는 대신, 기꺼이 상실감을 받아들이고 우리가 당연하게 여겼던 많은 것을 내려놓겠다는 의지의 표현이기도 했다.

2019년 여름, 한 행사에서 만난 여성의 말이 생각난다. 그녀는 사람들이 오랫동안 무거운 짐처럼 짊어졌던 트라우마를 내려놓을 수 있도록 돕는 일을 했다. 그녀는 누군가가 자신의 이야기를 시작하면 그 사람의 말을 한 사람이라도 끝까지 들어주는 것이 중요하다고 말했다. 두 번째 만남에서는 이야기를 언제 멈춰야 할지 아는 것도 중요하다고 강조했다. 그렇지 않으면 자신의 처지에 관해 반복해서 말하는 것이 하나의 정체성으로 굳어져 새로운 도피처가 될 수 있다는 뜻이었다.

기후 비상사태는 끝날 수 있을까?

2019년 11월, 옥스퍼드 영어사전의 편집자들은 '기후 비상(Climate Emergency)'을 올해의 단어로 선정했다. 이 단어의 사용 빈도는 12개월 동안 100배나 증가했다. '멸종저항'의 런던 시위가 영국과 다른 국가에서 여론을 환기시킨 4월 마지막 날에는 구글 트렌드에서 이 용어의 검색 횟수가 급증한 사실도 확인할 수 있다. 그해 말, 5억 명 이상을 대변하는 전 세계 1,195개의 관할구역과 지방 정부가 법적 구속력이 있는 '기후 비상사태 선언'을 채택했다.

이 시기와 그 이전의 기후 운동을 가르는 두 가지 특징 중 하나는 '어둠 속으로 기꺼이 들어가려는 의지'와 활동가들이 체계적인 조직을 이뤄 국가에 기후 비상 선언을 요구하는 낯설고 놀라운 광경이었다. 미국의 심리학자 마가렛 클레인 살라몬Margaret Klein Salamon은 《2050

거주 불능 지구》라는 책을 리뷰하면서 '기후 비상 운동'에 관한 글을 썼다.[1]

이 모든 활동을 지켜보면서 나는 '비상'이란 용어가 정치권에서 통상적으로 사용하는 의미와 다르게 쓰이는 것에 놀라움을 감출 수 없었다. 정부가 비상 선언을 한다는 것은 일반적으로 민주적 절차와 개인의 권리 및 법치주의를 중지한다는 뜻이다. 이런 의미를 이끌어 내기까지 가장 많은 일을 한 사상가는 독일의 법학자 카를 슈미트Karl Schmidt였다. 그는 국가사회주의당의 열성적인 당원이기도 했다. 슈미트에 따르면, 통치권은 법적 규범을 적용할 수 없을 때 의사결정을 내릴 수 있는 권한으로 정의할 수 있다. 이때 통치권자는 '예외적 상태'를 선언할 수 있는 개인이나 기관이다. 비상 선언을 정당화할 정도로 외부 위협이 클 경우, 외부의 적에 맞서는 조치를 방해하는 모든 개인이나 집단은 내부의 적으로 간주하며, 그들과 맞서는 데에 필요한 모든 행동을 취하는 것은 공공의 이익에 부합한다.

슈미트의 이론은 그의 정치적 동지들이 실행에 옮겼다. 오늘날 국제법의 틀은 대량살상무기가 주는 극단적인 공포와 그런 공포가 반복되는 것을 예방하기 위한 결의에 따라 만들어졌다. 시민적, 정치적 권리에 관한 국제 규약 설계자들은 다른 상황에서는 불법일 수 있는 조치가 정당화되는 '이례적인 사건(자연재해, 시민폭동 또는 무장 전투)'에 직면할 수 있다고 본다. 이 규약의 해결책은 비상사태의 이름으로 할 수 있는 것과 할 수 없는 것의 경계, 곧 외부적 틀을 정하는 것이었다. 그중 하나는 법적 규범을 중지할 수 있는 기간에 관한 것이다. 국제법에 따르면, 비상사태를 선포하는 정부는 유엔 사무총장에게 비상사태 예상 종료일을 반드시 통보해야 한다. 내가 생각하기에, 이 제한조건 때문에 기후 선언과 관련해서는 큰 고민에 빠질 수도 있을 것이다. 일단 기후 비상사태를 선언한다 해도 이 사태가 도대체 언제 끝날 것이란 말인가.

실패를 인정하는 것도 중요하다

새로운 기후 운동이 갑자기 등장했을 때 어떤 일이 벌어졌는지 언급하기는 쉽지 않다. 첫째, 이 운동에 관해 질문을 받는다면 나는 안락의자에 앉아서 비평만 하는 사람들과는 더 이상 이야기하고 싶지 않다. 그들은 종종 '멸종저항', '인설레이트 브리튼Insulate Britain(영국 내에서 기후 변화 대응을 위한 활동을 주장하는 단체로, 에너지 소비를 줄이고 온실가스 배출을 감소시키는 것을 중요한 목표로 삼는다.-편집자)', '저스트 스톱 오일Just Stop Oil'의 이름으로 교량이나 차로에 드러눕는 활동가들보다 더 많은 권리와 높은 위상을 차지하는 것처럼 보인다. 하지만 활동가들의 용기는 우리가 쉽게 흉내 낼 수 없다. 무엇보다 이 운동은 우리 뒤를 따르는 사람들에게 우리가 모든 흐름에 맹목적으로 환호하지는 않았다는 인식을 남길 것이다.

하지만 이 운동이 다른 측면에서도 중요한 의미가 있는지 의문이 생긴다. 이 운동의 결과가 완전히 드러나지는 않았기 때문이다. 따라서 우리가 간과할 수 있는 결과뿐 아니라 해결책이 나오는지 조명하는 것도 중요하다. '비상'이라는 단어가 일반적으로 민주주의의 제한을 의미한다면, 이것은 우리가 원하는 방향이 아닐 것이다. '비상 민주주의'가 무엇을 뜻하는지 대화하려면, '멸종저항'이 요구한 시민의회가 그 출발점이 될 것이다.

이에 대한 글을 쓸 때 또 다른 도전 과제는 코로나 이전 몇 해 동안의 사건들이 달력에 적힌 숫자가 암시하는 것보다 훨씬 멀게 느껴진다는 것이다. 그 사건들은 우리가 거의 예상하지 못했던 파열로 단절된 세계에서 일어났다. 코로나 기간에 발생한 사건들은 이 파열 이전에 우리가 언급했던 것들의 의미를 완전히 바꿔 놓았다. 비상 정치에 대해 사람들은 더 날카로운 인식을 갖게 되었고, 이전과는 다른 결론에 이르게 되었다.

2018년, 기후 운동의 중심에 있었던 사람들 중 내가 대화를 나눈 몇몇 사람들은 변화를 일으키는 방법으로 '공포'를 활용하는 전략에 의구심을 가졌다. 하지만 이 운동이 팬데믹을 맞아 인위적으로 단축되었다고 추정하는 것은 잘못일 것이다. 그들의 동력은 어떤 식으로든 사라졌을 것이며, 이미 쇠퇴하기 시작했다는 신호도 여럿 있었다. 2020년 초, 영국의 여론조사에 따르면 '멸종저항'에 대한 대중적 지지율이 최고치 기준으로 30퍼센트 정도 추락해 5퍼센트 대에 머물렀다.

우리는 이 운동을 실패라고 말할 수 있어야 한다. 어떤 면에서는 이렇게 인정하는 것이 중요하다. 툰베리가 2019년 마드리드에서 열린 유엔기후변화협약 당사국 총회(COP) 회의에서 했던 연설 중 한 대목이 생각난다. 툰베리는 기자들에게 이렇게 말했다.

"특정 관점에서 기후 운동을 바라본다면, 사실 우리는 아무것도 이루지 못했습니다."

탄소배출량은 계속 증가했다. 사실, 금융업이나 해운업과 같은 산업에 종사하는 고위층 인사들과 대화해 보면 그들은 과거 5년 동안 모든 것이 변했다고 말할 것이다. 우리는 기후 변화를 진지하게 받아들이지 않는 사람들을 더 이상 의식 있는 사람으로 여기지 않는다. 나는 그들 중 일부가 언젠가는 현재의 생활방식을 지속할 수 있다는 환상에서 벗어나 기후 위기가 우리에게 던진 더 어려운 질문에 직면할 것이라고 생각한다. 이런 상황에 이르렀을 때 그들과 어떤 대화를 나눌 수 있을지 궁금하다.

여러 기후 운동이 모여 작은 출구를 만들었고, 그곳에서 갑자기 터져 나왔던 강력한 힘이 지금은 더 이상 강력하게 작용하지 않는다면, 이 힘이 더 멀리 그리고 더 넓게 확산되었기 때문일 것이다. 여러 해 동안 새롭게 출현한 패닉 상태에 계속 머물 수는 없지만, 코로나 이전으로 돌아가기도 쉽지 않다. 내가 코로나 첫 해 무렵 알게 된 것은, 많은 사람이 자신이 살아온 세계를 잃어버렸고, 더 끔찍한 상실이 다가올 가능성을 대면했다는 것이다. 이것은 다음으로 넘어가는 단계처럼 느껴지거나, 더 이상 기술을 담을 수 없는 상태에 봉착한 것처럼 보이기도 한다.

기후 운동을 통해 사람들은 달라졌고, 종종 잘못된 방향으로 나아가기도 했다. 여전히 방향을 찾는 중이지만 그들과 대화를 나눠 보면, 기후 운동을 통해 공유한 경험들이 없었다면 절대 생각하지 못했을 일들을 하기 위해 애쓴다는 것을 알 수 있다. 이전의 기후 운동에 비해 새로운 기후 운동에는 이상한 모습이 한 가지 더 있다. 참여자 중 다수가 이 경험을 성인 입회식에 비유한다는 것이다. 흔히 명백한 영적 용어로 사용하는 입회식 경험은 과학에 대한 호소에서 비롯했다. 이 새로운 운동이 곤경에 빠진 것은 과학과의 관계 때문이었다. 그 이유를 알기 위해 이 책의 핵심에 해당하는 질문들을 더 깊이 살펴볼 것이다.

8장

환경운동과 과학의 관계에 관한 진실

2019년 2월, 〈바이스 뉴스VICE News〉는 '심리치료가 필요할 정도로 매우 우울한 기후 변화 논문(The Climate Change Paper So Depressing It's Sending People to Therapy)'[1]이라는 제목의 기사를 보도했다. 이 기사에서 소개한 논문의 저자는 컴브리아 대학의 지속 가능한 비즈니스 담당 교수 젬 벤델Jem Bendel이었다.[2]

이 논문은 기후 변화의 영향으로 10년 내로 임박한 사회 붕괴에 대한 예측으로 시작한다. 학생들의 등교 거부가 각국으로 확산되고 '멸종저항'이 런던 거리에서 주목받으면서 벤델의 논문은 순식간에 널리 퍼져나갔다. 〈바이스 뉴스〉가 이에 관한 기사를 쓸 무렵, 이 논문의 PDF 파일은 전 세계적으로 10만 번 이상 다운로드 되었다고 한다. 몇 달 뒤 내가 벤델을 직접 만났을 때는 다운로드 횟수가 무려 50만 회에 가까웠다.

벤델은 기후 과학자는 아니지만, 그의 학문적 위상 덕분에 청중들은 그의 주장을 무게감 있게 받아들였다. 이 논문은 사람들이 혼자 간직하려던 두려움을 밖으로 드러낼 수 있는 기회를 주었다. 독자들의 편지가 메일함을 가득 채우자, 그는 그들과 지속적으로 연락하며 독려할 수 있는 온라인 포럼을 개설했다. 그의 글을 중심으로 여러 온라인 커뮤니티가 형성되기 시작했다.

한편, 해외특파원에서부터 솔라펑크Solarpunk 해커(지속 가능하고 친환경적인 기술과 자연의 공존을 추구하는 솔라펑크 운동을 지지하는 해커들-편집자)까지 모든 집단에서 이 논문이 기후 변화에 관한 대화를 어떻게 바꾸는지 지켜봤다. 〈바이스 뉴스〉 기사를 신뢰하는 단체들은 더욱 극적인 영향력을 행사했다. 이런 상황을 지켜보면서 나는 일말의 책임감을 느꼈다. 이 논문이 나올 수 있도록 내가 여러 사람을 연결했기 때문이다. 이 논문이 바탕 삼은 '기후 과학에 대한 접근법'이 잘못되었다는 생각이 들자 마음이 점점 불편해졌다.

젬 벤델과의 첫 만남

젬 벤델과 나의 첫 만남은 스웨덴 숲속에서 열린 한 축제에서 이뤄졌다. '퓨처 퍼펙트Future Perfect'라는 행사의 주최자들은 지속가능성을 연구하는 사상가와 생태적 사고를 지닌 설계자, 식물 기반 식품을 개발하는 기업가 외에도 다양한 분야의 전문가들을 불러 모았다. 나는 여러 지점에서 이의를 제기하며 그들을 도발했다. 그래서 그들은 나를

'상황을 힘들게 만드는 사람', '원활한 진행을 방해하는 사람' 또는 '우리를 끈질기게 괴롭히는 사람'이라 부르기도 했다. 몇 년 후에도 나는 이런 역할을 맡았다.

2011년 여름이었다. 벤델은 당시 교수 신분이 아니라 제네바에 기반을 둔 컨설턴트로서 유엔과 함께 일했다. 1990년대에 성인이 된 세대의 환경운동가인 그는 기업의 사회적 책임 분야에 참여해 대기업이 지속가능성을 추진할 수 있도록 도왔다. 그는 그밖에도 다양한 일을 했다. 슈퍼마켓 냉장고에 진열된 생선 포장지에 부착된 해양관리협의회(Marine Stewardship Council) 배지도 그가 진행한 프로젝트 중 하나이며, '유엔 글로벌 컴팩트UN Global Compact'라는 유엔 산하 전문기구에서 초기 멤버로 여러 활동을 펼치기도 했다.

우리는 7월의 뜨거운 햇살 아래서 잠시 대화를 나누었다. 그는 주도적이고 야심 있으면서도 친절했지만, 인류가 처한 곤경의 실존적 함의를 두고 굳이 씨름하려는 사람 같지는 않았다. 달리 말하자면 그런 일을 하기에는 너무 바빠 보였다. 우리는 각자 다른 길을 걸어가고 있었다. 그래서 몇 년 뒤 우리의 경로가 다시 교차했을 때는 놀라지 않을 수 없었다. 그는 나에게 "당신과 폴이 '다크 마운틴 선언문'을 썼을 때 나도 그곳에 함께 있는 것만 같았어요."라고 말했다.

2012년, 그는 컴브리아 대학에서 '리더십과 지속가능성 연구소(Institute for Leadership and Sustainability)'를 설립했다. 신임 교수로서 그는 교수 취임을 기념한 강연회를 지역 문학 축제에서 열기로 결심했다. 강연회는 그의 최근 연구 활동을 돌아보는 자리였고, 그는 그 자리에서 기업의 지속가능성 분야를 지배하는 변화에 대한 점진적 접근법에 작별을 고하려고 했다. 그에게는 좀 더 근본적인 접근법이 필요했고, 그가 맡은 새로운 역할은 소통이 가능한 플랫폼을 만들어 대중들에게 제공하는 것이었다.

강연회 당일, 그는 지독한 독감에 걸렸지만 예정대로 행사를 진행했고, 일정을 마친 뒤에는 집으로 돌아가 휴식을 취했다고 한다. 하지만 다음 주가 되자 몸이 너무 아파 집 밖으로 나설 수 없었다. 그는 고열에 시달리며 침대에 누워 수많은 과학 논문을 읽고 북극 메탄과 기후 재앙 시나리오를 다룬 유튜브 영상을 시청했다. 그 무렵 그는 인류가 어떤 한계점에 이르렀다고 느낀 듯하다. 그가 내게 털어놓은 이야기를 생각하던 중 나는 두 가지를 깨달았다.

첫째, 나는 언젠가 책에서 읽었던 '주술적 질병'에 관한 이야기를 잊을 수 없었다. 인류학자들은 많은 시간과 장소에서 영혼의 어두운 통로로 인식되는 육체적 질병을 언급한다. 이것은 옛 자아의 해체, 현실과 죽음의 격렬한 만남, 붕괴 또는 돌파, 사고방식이 완전히 바뀌는 경험이다. 여러 부족 문화에서 이런 변화는 인간과 인간을 초월한 세계 사이의 중재자 역할을 시작한다는 의미이다. 하지만 서구의 문화에는 이런 경험을 이해할 수 있는 틀이 거의 없다. 내가 깨달은 두 번째 사실은 좀 더 평범했다. 북극 메탄이나 기후 재앙 시나리오에 관해 더 탄탄한 과학적 지식을 원한다면 유튜브에만 의존해서는 안 된다는 것이다.

그로부터 몇 년 후, 벤델은 대기업의 사회적 책임과 지속가능성 운동에 평생 함께 몸담아 온 전문가들과 함께 '우리가 기존의 시스템이 지속되지 않는 세계로 향할 가능성'을 보여주는 일련의 체계를 만들기 시작했다. 젬 벤델의 방식으로 미래를 바라볼 때 우리의 시간을 바칠 만한 가치가 있는 일은 무엇일까? 우리가 다시 만났을 때 그는 이미 '심층 적응 체계'란 이름의 첫 비전을 발표했다. 이것은 꽤나 유용한 도구였으며, 회복력(Resilience), 포기(Relinquishment), 복원(Restoration)의 '세 가지 R'로 구성된 편리한 지도였다. 각 요소는 다음과 같은 질문으로 요약할 수 있었다. '우리가 진정으로 유지하고 싶은 것을 어떻게 유지할 것인가?', '상황이 악화하는 것을 막기 위해 포기할 것은 무엇인가?', '다가오는 곤경과 비극을 막기 위해 무엇을 다시 회복할 것인가?' 등이다.

나는 내가 속한 네트워크에서도 이 질문들이 여러 차례 회람되는 것을 보았고, 분명히 많은 이에게 도움이 되는 질문이었다. 내 동료들은 '다크 마운틴 선언문'을 인용한 책 중 한 곳에서 독자 의견을 요청할 때마다 이 질문을 활용했다. 내가 일했던 재단은 이 질문을 일련의 예술 작품과 행사를 의뢰하는 출발점으로 삼았다. 이것은 벤델에게도 새로운 소식이었다. 나는 그를 재단에 소개했고, 재단은 그에게 소액의 연구 보조금을 제공했다.

그는 막 안식년을 시작했기 때문에 학계에서 계속 일할 수 있을지는 확실하지 않았다. 이 보조금은 '심층 적응'의 의미와 필요성에 관해 더욱 완성도 있는 논문을 쓸 수 있는 시간과 책임감을 부여했다. 그 결과로 나온 충격적인 논문이 세계적으로 큰 반응을 불러일으키며 널리 알려진 것이다.

벤델의 충격적인 미래 예측

'심층 적응:기후 비극을 탐색하기 위한 지도'의 서문에서 벤델은 두 달 동안 기후 과학의 최근 연구 문헌을 분석한 뒤, '기후 위기로 가까운 시일 내 사회가 붕괴되는 것을 피할 수 없다는 결론을 내렸다.'고 밝혔다. 그는 과학을 재검토해야 한다고 주장했다. IPCC가 기후 변화를 연구하면서 변화의 속도를 상당히 과소평가한 전력이 있기 때문이다.

나는 이 주장을 몇몇 기후 과학자와 함께 확인했다. 그들은 IPCC가 특정 프로세스를 통해 기후 변화를 평가할 때 다소 소극적으로 예측하긴 했지만, 이 문제는 시간이 지나면서 개선되었다고 분명히 언급했다. 또한 이 보고서의 전반적인 예측치가 지금까지 진행된 실제 지구온난화의 속도와 비슷하다고 강조했다. 그렇다고 이런 주장이 이들 과학자가 지금의 모델에 충분히 만족한다는 의미는 아닐 것이다. 과학자들 중 한 사람은 나에게 이렇게 말했다.

"나는 벤델이 '심층 적응'을 주장할 수 있다고 생각합니다. 아마도 더 폭넓게 합의된 과학에 근거해 좀 더 효과적으로 주장할 수 있을 겁니다."

달리 말하면, 비전문가인 벤델이 2개월 동안 과학 문헌을 읽고 발표한 논문이 세계의 선도적인 기후학자들로 구성된 단체보다 좀 더 정확한 그림을 제공했다는 것이다. 벤델은 같은 논문에서 통제할 수 없는 기후 변화가 이미 진행 중이라는 과학적 근거를 제시한다. 그는 '우리 앞에 놓인 증거는 기후 변화가 파괴적이고 통제할 수 없는 수준에 이르러 틀림없이 기아, 파괴, 이주, 질병, 전쟁을 불어올 거라고 말해준다.'라고 결론을 내렸다. 그런 다음 무대와 관객 사이를 분리하는 제4의 벽을 깨부수는 배우처럼 사람들에게 이렇게 조언했다.

◈◈◈ 내가 말하는 기아, 파괴, 이주, 질병, 전쟁은 이 시대에 일어날 것이다. 전기가 나가면 곧바로 물이 나오지 않을 것이다. 음식과 온기를 남에게 의존하고, 많은 이가 영양실조에 걸릴 것이다. 우리는 계속 머무를지, 떠날지 판단할 수 없을 것이다. 굶어 죽기 전에 폭력적인 죽음을 당할까 봐 두려움에 떨 것이다.

무모한 예언자들이 아니라, 저명한 사회과학 교수가 과학적 증거를 근거로 제시한 갑작스러운 종말적 붕괴 시나리오는 이 논문이 끼친 영향력의 대부분을 설명한다. 많은 사람이 그의 주장을 부인하는 전략적 논의를 거쳤지만, 이미 너무 충격을 받은 상태였기 때문에 과학적 증거 분석에서 결론에 이르기까지 중요한 검증 과정을 놓친 것 같았다. 벤델은 이렇게 덧붙였다.

◈◈◈ 나는 사람들이 자료와 분석이 제시하는 것이 아니라 자신이 원하는 삶에 따라 시나리오와 가능성을 선택한다는 것을 깨달았다. 이런 과정에 영향을 받지 않는 사람은 아무도 없다. 이제 나는 관련 자료를 피할 수 없는 붕괴, 대재앙의 개연성, 멸종 가능성으로 해석하기로 했다.

벤델은 자신의 논문을 〈지속 가능한 회계·관리·정책 저널(Sustainability Accounting, Management and Policy Journal)〉에 발표하고 동료 연구자들과 대화를 시작할 수 있기를 바랐다. 하지만 동료 검토자들이 '중대한 수정'을 요구하자(학계 논문 발표 과정에서 흔히 있는 일이다.), 그는 자신의 결론을 철회하라는 요구라고 느꼈다. 그래서 이 논문을 자신의 블로그를 통해 '수시 논문'으로 발표하고, 이 논문이 세계에 널리 확산하는 데에 도움이 되도록 약간의 의견을 추가했다. 그는 이 논문을 '과학자들이 우리가 읽으면 안 된다고 생각하는 붕괴에 관한 연구'라고 주장했다.

핵심적인 부분이 빠졌다는 좌절감

젬 벤델이 논문을 발표한 지 2년 뒤, 오픈데모크라시OpenDemocracy 웹사이트에 '결함이 있는 과학, 종말론, 심층 적응의 결함이 있는 결론(The faulty science, doomism, and flawed conclusions of Deep Adaptation)'이라는 제목으로 매우 논쟁적인 반응이 실렸다.[3] 젊은 기후 과학자인 토머스 니콜라스, 갈렌 홀, 콜린 슈미트가 쓴 논문이었다. 세 사람은 '멸종저항'에 활발하게 참여했지만, 다른 활동가들이 과학이 증명하는 내용을 벗어난 주장을 반복하는 상황을 보며 우려를 감출 수 없었다고 했다. 그들은 이런 상황을 벤델의 논문 탓으로 보았다.

저자들은 벤델의 과학 문헌 검토 내용을 살펴보고, 여러 문제점을 지적했다. 우선, 벤델에게는 자신의 주장에 유리한 연구만 선별하는 습관이 있었다. 그의 논문은 북극 얼음에 관한 수백 개의 연구 논문 중에서도 가장 파격적이고 놀라운 예측을 제시한 연구를 인용하고, 이를 이용해 IPCC의 전체적인 평가를 무시했다. 또한 이 논문은 어떤 프로세스가 '비선형적(결과를 예측할 수 없는 것-편집자)'이라는 증거를 비약해서 이것을 '통제 불가능한 기후 변화'의 증거라고 주장하기도 했다. 마치 이 두 가지가 같은 것처럼 말이다. 하지만 많은 종류의 변화는 입력과 출력 사이에서 직접적이고 일관된 관계를 보이지 않는다는 의미에서 비선형적이다. 오픈데모크라시 저자들이 말하듯이, 40세의 키가 20세의 두 배가 되는 경우는 거의 없다.

"인간 생물학에 관한 지식이 없는 사람은 신생아의 빠른 성장 속도만 보고 80세가 될 때 인간의 키가 30미터에 이를 것이라고 결론내릴지도 모른다. 하지만 우리는 실제로 그렇지 않다는 사실을 이미 알고 있다."

기후 과학자들은 기후 모델에서 비선형 프로세스를 실제로 고려하지만, 비선형이라는 말이 '억제할 수 없을 만큼 폭발적으로 증가한다'는 뜻은 아니다. 벤델의 논문 중 몇 곳에서는 단순히 특이한 논문 정도가 아니라 기후 변화와 그 영향에 관한 과학적 문헌이라고 인정할 수 없는 논문을 인용하기도 한다. 벤델은 이렇게 주장했다.

"몇몇 분석자들은 기후 변화가 통제 불가능한 상태임을 보여주는 자료를 제시한다. 해저 메탄 방출로 사회가 급격히 붕괴해 전 세계 400개 핵발전소 중 일부 원자로가 녹아내릴 것이다."

이 주장의 출처는 2018년 '문명의 종말'과 2020년 대량 인구 사망을 조기에 예측한 생태학 교수 가이 맥퍼슨Guy McPherson의 논문이다.

또 다른 출처는 과학자들이 〈북극 뉴스(Arctic News)〉에 발표한 자료에서 인용한 것인데, 〈북극 뉴스〉는 과학적인 근거가 거의 또는 전혀 없는 극단적인 주장을 발표하기로 유명하다.

오픈데모크라시 웹사이트에 이 논문이 공개되자 기후 과학 분야의 지도자급 인물들이 지지를 선언했고, 아울러 이전에 벤델의 심층 적응 논문과 관련 있던 사람들도 지지 의사를 밝혔다. 여기에는 아덴 대학 부총장인 앨리슨 그린도 포함되었다. 그는 최근까지 〈바이스 뉴스〉 기사에서 '도피처'를 찾았지만, 이제는 '과학자들의 경고(Scientists' Warning)'라는 단체의 실행 이사로 재직 중이다. 벤델이 자신의 트위터를 이용해 기득권에 관해 추측하고 비평가들이 기후 변화를 부인한다고 말했을 때 상황은 더욱 악화했다. 이 모든 상황을 바라보며 내 마음이 내려앉은 것은, 벤델이 과학을 이용하는 방식에 대해 다른 과학자와 마찬가지로 좌절감을 느꼈기 때문이다. 또한 이 상황을 지켜보며 무언가 핵심적인 부분이 빠졌다는 것을 절실히 느낄 수 있었다.

과학적 연구가 닿지 못하는 영역

이 책의 서두를 '우리가 세계 종말의 시대를 살고 있다'는 주장으로 시작한 것이 다소 과장되고 이상하게 느껴질지도 모른다. 하지만 벤델의 과학 문헌 활용 방식에 대해서만은 나 역시 오픈데모크라시의 저자들과 같은 입장이다. 벤델은 혼자서 IPCC에 맞서는 대안을 마련하려고 시도하며 기후 과학자들과 불필요하게 대립하는 과정에서 결국 심층 적응의 출발점인 '회복력, 포기, 복원의 틀'이란 개념을 약화했다. 하지만 사람들이 의심스러운 과학적 주장의 출처로 벤델을 지목한다면 다른 사람들(특히 '멸종저항'의 공동 설립자이자 유명인 중 한 명인 로저 할람Roger Hallam)이 한 역할을 간과한 것이다. 나는 많은 지지자를 기후 운동으로 끌어모은 '멸종을 향하여'의 초기 토론 영상을 지켜보았던 기억을 떠올렸다. 이 영상은 벤델이 논문을 발표하기 전에 촬영한 것이다.

로저 할람은 대학 강의실에서 자신의 주장이 확실한 기후 변화를 보여준다는 점을 알리려고 노력했다. 이를테면 모든 인간이 온실가스 배출을 내일 당장 중지해도 4.7℃ 기온 상승은 이미 바꿀 수 없다는 주장이다. 이런 주장은 적어도 벤델이 쓴 논문 못지않게 많은 이에게 전달되었다. 특히 할람은 TV에 출연해 60억 인구가 기후 변화로 죽음에 이를 것이라고 주장했다. 우리는 할람의 연구 결과를 오픈 데모크라시 저자들이 심층 적응 논문에 했던 방식 그대로 검증할 수 있다. 지금의 상황은 2018년 기후 운동의 핵심 인물들이 과학에 대해 이중적인 태도를 보인다는 것을 말해준다.

'멸종저항'의 세 가지 요구 중 첫 번째인 '진실을 말하라'를 생각해 보라. 이것은 매체와 정치가들에게 기후 위기의 심각성을 반영하는 표현을 사용해 이 주제에 대해 널리 알리라는 요구다. 하지만 때로 이런 요구가 지나쳐 편집증적인 경향을 보이기도 한다. 이를테면 주류 과학자들이 기후 변화의 숨은 진실이 있으니 심판자들이 나서서 감춰진 것들을 대중에게 폭로해야 한다고 요구하는 경우다. 2019

년 봄, '멸종저항'에 대한 지지가 절정에 이르렀을 때, 이 운동의 핵심 인물들은 이 프로젝트와 관련하여 위키리스트의 대변인 줄리언 어산지와 곧 협업을 시작할 예정이라는 것을 알리며 열변을 토했다.

'심층 적응' 팟캐스트에서 영국 철학자이자 기후 위기 관련 활동가인 루퍼트 리드Rupert Read는 기후 과학자들과 함께 술집에 가서 지금의 상황을 어떻게 생각하는지 묻는다면, 자신들의 논문에서 주장한 것보다 훨씬 심각하다고 말할 것이라고 전했다. 이것은 내가 직접 경험한 일이기도 하다. 하지만 이것은 과학이 나쁜 짓을 하고 있어서가 아니라, 과학자들이 사람들의 위협을 피하기 위해 연구 결과를 얼버무리기 때문이다.

전체적으로 보기에, 과학은 특정 유형의 지식을 생산하고 검증하고 개선하는 프로세스이며, 과학의 한계 안에서만은 올바르다. 우리가 기후 과학자와 술집에 가면 현재 진행 중인 프로세스에 참여한 그들의 판단에서 유익한 정보를 얻을 것이다. 그들이 술집에서 털어놓는 내용과 논문에서 말하는 내용의 간극은 더 큰 용기를 발휘한다고 해결할 수 있는 문제가 아니다. 이것은 그보다 더 깊고 어두운 문제다. 과학의 본질과 근대성 내에서 요구받은 '과학의 역할이 반영된 곤경'이다. 이 문제는 측정과 판단 사이의 차이나 둘 중 하나로는 이 모든 과제를 해결할 수 없다는 점을 상기시킨다.

'멸종저항'과 '심층 적응'의 행보를 지켜보며 나는 직감적으로 기후 변화에 관한 발표에서 무언가 빠졌다고 느꼈다. 과학에 근거한 주장들이 전체적인 진실을 포착하지 못한다는 것이다. 이런 직감은 틀리지 않았다. 하지만 기후 변화에 관한 진실이 '과학의 문제'라고 가정하는 한, 사람들은 여전히 길을 잃고 돈키호테식으로 대안적 사실을 추구할 것이다. 여기서 빠진 것은 진실이 대안적 사실을 능가할 수 있다는 의식이다. 기후 변화에 관해 진실을 말하려면 기후 과학 연구가 보여주는 이야기뿐만 아니라 과학의 틀 너머에 있는 질문도 언급해야 한다.

위대한 환경운동가이자 사상가 알라스테어 매킨토시Alastair McIntosh 는 의문을 제기했다. 기후 변화가 흔히 심리학자들이 말하는 '선택적 트라우마', 즉 '기후 변화가 유발하는 불안과 이 혼란한 시대에 느끼는 다른 불안들이 집중되는 피뢰침'[4] 역할을 하지는 않았는지 말이다. 나의 직감으로 이런 일은 기후 위기 상황에서 우리가 자신의 일부인 근대성(과학만이 실재가 무엇인지 말해줄 수 있다는 가르침)의 결과로 우리의 생활방식 전체를 의심하는 시기에 발생했다. 이 문제를 제대로 직면하려면 결국 과학 연구가 미치지 못하는 영역으로 가야한다.

9장

권력에 이용당하는 과학

기후 과학자 A를 처음 만났을 때, 그는 연구실을 보여주며 지금 연구 중인 장치를 설명했다. 밀봉된 금속 튜브에는 바다 역할을 하는 물이 들어 있으며, 이 물은 펌프를 통해 주입한 가스와 섞였다. 위쪽 선반에 설치된 고도 측정 키트는 이 과제를 위해 자체 제작한 새로운 부품을 기존 장비와 함께 조립한 것이었다. 그는 이 과제에 관해 설명하며 스위치를 켰고, 이때 그의 얼굴에는 오랜 시간 한 분야에 몸담은 장인의 얼굴에서 볼 수 있는 표정이 나타났다. 그의 표정에 드러난 감정은 복잡하고 어려운 물리적 과제에 독창적인 아이디어를 적용하고, 연구에 오랜 시간과 정성을 쏟아본 사람만 느낄 수 있는 깊은 만족감 같았다.

복도를 따라 사무실로 돌아온 후 그는 벽에 걸린 사진 한 장을 가리켰다. 30년 전 그가 박사과정 시절 현장 연구를 한 북극 연구소에서 찍은 사진이었다. 그는 그곳에서 아내를 만났다고 했다. 책상 위 선반에는 그의 연구팀이 90년대 중반에 러시아 군대에서 빌린 소련 정찰 항공기 모델이 놓여 있었다. 그들은 이 정찰 항공기를 이용해 대기권 바깥 영역을 측정할 수 있었다.

내가 그를 만난 이유는 네 명의 작가가 공동으로 대본을 쓰는 연극의 한 파트를 맡아 달라고 의뢰받았기 때문이다. 작가들은 각각 과학자 한 명과 짝을 이뤘다. 우리의 과학자 파트너들은 다양한 연구 분야와 배경, 각기 다른 단계의 경력을 가진 사람들이었다. 그들의 공통점은 연구를 위해 생태계 위기의 최전선에 서 있다는 것이었다. 우리의 과제는 그들의 삶을 배우고 인류세가 본격적으로 닥칠 때의 모습을 네 개의 이야기로 풀어내는 것이었다. 이를테면 기후 변화를 뉴스로만 전해 듣는 상황이 아니라, 매일 아침 현실로 직접 마주하는 상황이 올 때의 모습이다.

'온전한 앎'에 이르는 과정

A와 나는 그의 사무실에 앉아 차를 마셨다. 내가 녹음기 스위치를 켜자 그가 자신의 삶에 관한 이야기를 시작했다. 그동안 여러 기후 과학자들을 만나 종종 시간을 보냈지만 나는 이번 대본 작업을 통해 몇 가지 새로운 사실을 깨달았다. 첫 번째는 우리가 지구 파괴를 심각하게 우려한다고 해서 꼭 기후 과학자가 될 필요는 없다는 점이다. 이것은 특히 기후 변화에 관한 과학적 증거가 쌓이기 전에 경력을 시

작한 세대에 해당하는 말일 것이다. 우리는 먼저 특정 유형의 과제에 적합한 자세부터 가져야 한다. 우리의 가치관은 아동기의 영향에서 시작해 학교 교육을 거치며 다양하게 바뀐다. 우리는 자라며 진로를 선택하고, 만약 과학자가 되기로 선택했다면 박사학위 과정을 마친 후, 선배 과학자들과 함께 현장 연구를 시작할 것이다. 사람들을 만나고, 대륙을 옮겨 다니고, 도움이 필요한 이들을 돕기도 할 것이다. 하지만 시간이 흐른 후 갑자기 또는 천천히 지금까지 한 일들이 무의미할 뿐만 아니라 실존적으로도 끔찍하다는 사실을 알게 된다면 어떨까? 내가 깨달은 두 번째 사실은 우리가 이런 상태에 이른다면 그동안 과학자로서 받은 교육이나 과학 분야 안에서는 문제 해결에 도움이 될 만한 것을 찾을 수 없을 거라는 사실이다.

일상적인 대화에서 과학에 관해 말할 때나, 과학이라는 단어를 사용할 때면 우리는 늘 어떤 '연구 활동'의 모습을 떠올린다. 연구실에서 흰옷을 입은 사람들이 현미경을 들여다보거나, 방수복을 입고 야외에서 표본을 수집해 측정하고 자료를 분석하는 모습이다. 어떤 연구든 다양한 방법과 실행 단계가 존재한다. 연구를 실행할 때 한 가지 공통점은 객관적이고 초연한 자세가 필요하다는 것이다. 즉, 세상과 일정한 거리를 두고 관찰한 것을 객관적으로 보고 말할 수 있어야한다. 그러나 초연한 태도를 유지하는 것이 불가능하거나 바람직하지 않을 때 과학자들은 자신의 한계에 도달했다고 느낄 것이다.

미국의 사회학자 카리 노르가르드Kari Norgaard는 비그다비라는 노르웨이의 한 해안 마을에서 보낸 한 해 동안의 경험을 이야기하면서 기후 변화가 실시간으로 일어나는 장소(눈이 두 달 늦게 내리고, 스키 리조

트가 어려움을 겪고, 피오르드 빙하가 너무 얇아져서 사람이 빠져 익사하는 등)의 역설적인 모습을 묘사한다. 기후 과학에 대한 인식이 일상적인 대화의 주제가 될 때도 있지만, 이곳에서의 삶은 마치 기후 변화가 실제로 존재하지 않거나 일시적인 현상일 뿐인 것처럼 흘러간다.

"마을 사람들이 아이들을 학교에 데려다 줄 때면 라디오에서는 이례적인 홍수 소식이 들려왔다. 그들은 헤이그에서 열린 기후 회담이 실패로 끝났다는 저녁 뉴스를 시청한 뒤, 아무 일도 없었던 것처럼 곧장 미국 시트콤으로 채널을 돌렸다."[1]

비그다비는 지구의 다른 지역보다 기후 변화의 영향을 크게 받는 마을이며, 마을 사람들은 이런 사실에 대부분 익숙했다. 하지만 그들은 자신들이 곤경에 처했다는 사실을 알아차리지 못했다. 노르가르드가 관찰한 바에 따르면, 비그다비 사람들은 기후 변화의 증거를 '부정하는 태도'를 보였다. 그들이 보인 집단적인 초연함, 기후 변화의 여러 현상과 거리를 두는 태도로 판단할 때, 비그다비 사람들은 '과학이 그들에게 말하는 것들의 의미를 회피할 수 있다는 듯한 태도'를 재현하는 것 같았다. 노르가르드는 이렇게 말했다.

"어떤 의미에서 '알고 싶지 않다는 것'은 '아는 방법을 모르는 것'과 연결되어 있다."[2]

'아는 방법을 모르는 것'이란 말에 나는 충격을 받았다. 이전에 다른 상황에서 비슷하게 느낀 적이 있었기 때문이다. 극장에서 일할 당시, 내가 방향성을 찾는 데에 도움이 된 책 중 하나는 영국 연극 감독 크리스 구드Chris Goode의 《숲과 들판(The Forest and the Field)》이었다. 이 책에서 구드는 '인식을 재고하거나 정보를 공유하기 위해' 연극을 적

극적으로 활용하는 것에 의구심을 보이면서 연극의 다른 역할을 넌지시 언급했다.

◇◇◇ '지식이 없거나' 또는 '지식이 충분하지 못해서' 문제가 되는 경우는 거의 드물다. 진짜 문제는 '우리가 온전히 알 수 있는 공간이 존재하지 않는다'는 것이다. 두려움과 부정, 무기력에 곧장 빠지지 않고 지식을 똑바로 대면하고 정서적으로 반응할 수 있는 공간이 없다.[3]

구드는 노르가르드와 같은 것('아는 방법을 아는 것'과 '온전히 아는 것' 같은 어려운 문제)을 지적했다. 나는 '머리로만 아는 지식'에서 '온전한 앎'으로 변화하는 과정을 고민했다. 머리로만 아는 지식은 일정한 거리를 둔 채 아는 것(거리를 두고 인식한 사실이나 정보, 과학적 지식 생산의 결과)이며, 온전한 앎은 거리를 없애고 지식이나 정보를 완전히 내 것으로 받아들일 때 가능하다.

누군가의 실없는 농담이 무슨 뜻인지 모르다가, 숨은 의미를 깨닫는 순간을 생각해 보자. 우리는 조금 전과 똑같은 정보를 갖고 있지만 이미 아는 것을 다른 방식으로 경험하는 셈이다. 말의 의미가 완전히 바뀌고 그 효과가 즉시 몸과 감정, 정신에 나타난다. 표정이 바뀌고 큰 소리로 웃을 수도 있다. 이것은 앎의 문턱을 넘어갈 때 일어나는 모습을 보여주는 가장 단순한 예이다. '문턱을 넘는다'는 것은 우리가 취약해진 상태에서 영향을 받기 쉽다는 의미다. 우리는 앎을 통해 여러 방식으로 바뀔 수 있고, 변화는 상실의 모습으로 다가올 수도 있다. 또한 우리가 알고 있던 이전의 정체성을 잃어버릴 수도 있다. 예컨대, 성서의 '선악과' 또는 '알다'라는 의미의 히브리어 '야다yada'가 지혜와 성관계를 동시에 나타내는 말로 사용된다는 점을 생각해 보라. 거리가 먼 지식에서 온전한 앎으로 변화하는 과정에는 일종의 친밀함이 존재하며, 우리는 이것을 주의 깊게 살펴볼 필요가 있다.

우리의 표현 방식으로는 다가오는 기후 위기의 태풍을 극복하는 방법을 온전히 전달하기 어려울 뿐만 아니라, 앎의 친밀성과 취약성을 분명하게 구분해 진지하게 다루기도 어렵다. 우리는 지식(정식으로 발표한 연구 결과, 책으로 묶거나 색인으로 만들어 보관할 수 있는 정보)을 권위로 생각하는 문화의 상속자들이다. 나는 이것이 앞뒤가 바뀐 인식이라고 생각한다. 지식의 출발점은 분명히 '앎의 경험'이다. 저술을 통해 기록한 페이지의 단어나 숫자는 이런 경험의 파생물일 뿐이다. 단어의 힘은 독자들 속에 있는 앎의 경험을 얼마나 환기하느냐에 달려 있으며, 그 수준에 따라 작가는 자신의 경험과 호기심을 통해 독자에게 영향을 미친다. 앎이 처음이자 나중이다. 거리를 둔 형태의 지식은 중간 단계다. 때로는 중간 매개자로서의 지식도 필요하지만, 우리에게 깊이 와닿아 영향을 미치는 경험보다 소중하지는 않다.

근대 과학은 그 뿌리가 '경험에 대한 재평가'에 있다고 주장한다. '경험적 증거'를 추구하는 과학은 '경험'을 의미하는 고대 그리스어 단어 '엠피리아Empeiria'에서 왔다. 근대 서구 과학과 관련해 자주 듣는 이야기 중 하나는 '과학적 연구의 시작은 책에서 발견할 수 있는 지식의 권위에 도전하고, 앎의 우위성을 재확인하기 위한 것이다.'라는 말이다. 특정 과학 분야에서, 특히 자연과 환경을 둘러싼 과학 분야에서는 '경험을 통한 앎의 힘'이 분야의 발달에 매우 중요한 영향을 미쳤다. 그 결과가 곧 지식의 생산으로 이어지면서 뜻밖의 전환이 일어난다. 이런 연구에서 시작한 논문에는 친밀함의 언어를 사용할 여지가 거의 없다. 그래서 지식은 계속 발전하고, '대상과 거리를 두지 않는 앎의 경험적 측면'은 비밀스러운 것이 되어 과학에서 점점 멀어지고 만다.

과학적 접근방식을 교육받은 사람들이 대상과 거리를 둘 수 없는 현실과 마주할 때, 그들이 받은 교육은 별로 도움이 되지 않는다. 그러므로 우리 사회가 만든 권위의 지도에 명확하게 표시되지 않은 다른 접근방식이 필요하다.

과학의 위상이 허상일 뿐이라는 확신

기후 과학자들과 대화하면서 연극 대본을 쓸 때, 그리고 그 이후에 든 생각은 그들이 '과학의 권위가 실제로는 거의 의미가 없다는 것을 발견하고 큰 충격을 받았다.'는 사실이다. 한동안 나는 해커 활동가들의 연례 회의에서 강연을 해달라는 초대를 정기적으로 받았다. 그들은 네트워크 기술 내부의 깊숙한 곳에서 활동하는 사람들이었으며, 우리가 의존하는 네트워크 기술이 실제로 작동하는 방식을 이해하는 이들이었다. 그들은 자신들이 목격한 것에 큰 충격을 받아 정치에 참여하거나 위키리크스의 중심에서 일하거나, 해적당(Pirate Party,

디지털 권리와 개인 프라이버시 보호를 중시하는 정치 단체-편집자)을 만들었다.

에드워드 스노든Edward Snowden(미국의 전직 정보기관 직원이자 컴퓨터 전문가. 2013년 미국 정부의 대규모 감시 프로그램에 관한 내부 정보를 공개해 유명세를 얻었다.-편집자)의 문서들이 공개된 지 얼마 되지 않은 어느 해, 나는 해커 활동가들의 회의에 참석했다. 그들이 의심하고 경고했던 모든 내용에 대한 증거가 공개되었다. 이제 우리는 〈가디언〉과 〈워싱턴 포스트〉의 1면에서 미국 국가안보국이 우리를 어떻게 감시하는지 확인할 수 있다. 하지만 이런 폭로는 아무것도 바꾸지 못했다.

기후 변화에 관한 연구를 통해 IPCC 프로세스를 만든 과학자들을 여럿 만날 수 있었고, 나는 비슷한 일이 그들의 분야에서도 일어났다고 느꼈다. 스노든이 공개한 문서처럼 갑작스러운 충격이 아니라, COP 회의에서 한 번에 하나씩 여러 보고서가 점진적으로 충격을 안겨 주었다. 누군가는 나에게 이렇게 말했다.

"과학의 연구 결과를 곧장 정치적 협상에 반영하는 프로세스를 만들려는 시도는 지금까지 유례가 없었던 일이라는 사실을 알아야 합니다."

IPCC는 각국 정부가 모인 기구이며, 이 기구는 협상의 틀을 만들기 위해 1992년 지구 서밋(Earth Summit)에서 창설되었다. 매년 가을 열리는 COP 회의에서는 정치적 의사결정의 기준이 되는 'IPCC 보고서'를 채택한다.

나는 많은 과학자가 여전히 '이 프로세스의 정치적 결말을 받아들일 준비가 되지 않았다.'는 인상을 받았다. 과학자들은 확실한 자료를 바탕으로 강력하게 경고하면 그에 따라 행동이 뒤따를 것이라고 가정했다. 하지만 과학적 증거를 정치적 의사결정으로 바꾸는 시스템이 붕괴되는 것을 목격하고 기대감은 점차 실망감으로 바뀌었다. 2015년 한 세미나에서 기후 협상에 참석했던 어떤 사람은 이렇게 말했다.

"이제는 세계 각국을 기후 협상에 참여시켜 1990년대에 조인했던 합의서와 같은 문서에 서명하도록 만들 수 없을 겁니다. 그런 일은 이제 일어날 수 없어요."

이런 말을 들을 때마다 나는 과학의 위상이 대체로 허상일 뿐이라고 확신할 수밖에 없다. 우리는 기후 과학 연구가 매우 진실하고, 이 연구를 수행하는 사람들은 대부분 진실성 기준에 부합하며, 그들의 연구 결과를 진지하게 취급해야 한다고 말한다. 하지만 근대 서구 사회가 스스로 내세우는 이야기에 따르면, 과학적 지식에 부여된 높은 위상은 사실 이념적 허울에 가깝다. 과학자들은 산업 사회의 이념적 체계를 제공하고, 그들의 연구소가 GDP에 기여할 경우에만 유용한 취급을 받을 뿐이다. 하지만 그들의 연구 결과가 그와 같은 사회적 목표(또는 생존 가능성)에 의문을 제기할 때면 그들의 목소리는 정상 회의장 밖에 모인 시위대의 목소리보다 높은 권위를 갖지 못한다.

러시아 장관 그레고리 포템킨이 예카테리나 여제의 마을 방문을 앞두고 드네프르 강 언덕을 따라 세운 가짜 마을에 얽힌 유명한 이야기가 있다. 여제가 탄 바지선이 그 지점을 통과하자, 포템킨은 마치 연극 무대를 연출하는 것처럼 무대 장치를 다음 위치에 다시 세워 농촌 지역의 피폐함을 감췄다. 나에게 과학자들의 이미지는 '포템킨 마을 사람들'과 비슷하다. 과학자들은 지식 생산 분야에서 선한 신념으로 일하지만, 그들이 생산한 지식에 부여된 권위는 '권력의 추한 현실을 덮는 유용한 포장지'가 될 뿐이다. '과학을 바탕으로 단결하라'는 슬로건이 적힌 플래카드와 해시태그를 볼 때조차 이런 생각이 들기는 마찬가지다.

10장
과학은 우리를 도울 수 없다

과학의 한계를 언급할 때, 과학자들을 공격하는 말로 들리지 않게 주의를 기울이는 것은 생각만큼 쉽지 않다. '과학을 바탕으로 단결하라'는 슬로건이 정치인들의 '과학을 따르라'는 수사적 표현에 굴복한 이후에는 더욱 그렇다. 기후 변화와 관련해 과학의 역할을 축소해야 한다는 말은 대부분의 사람에게 아주 이상하고 삐딱하게 들릴 것이다. 하지만 '과학이 권위 있는 지식'이라는 기존의 믿음과 '과학의 무력한 현실' 사이의 간극이 기후 변화 분야에서 점차 고통스럽게 드러나고 있다는 점은 무시할 수 없는 현실이다.

예술가, 사회 활동가, 종교 지도자, 전통 지식 보유자와 기후 과학자들이 모인 회의에 참석하면 항상 정체를 알 수 없는 무기력한 분위기가 흐르곤 한다. 우리가 한자리에 모인 것은 기후 과학자들이 도움을 요청했기 때문이지만, 그들은 사실 무엇을 요구해야 할지 제대로 모르는 것 같았다. 나는 '다크 마운틴 시리즈'의 첫 번째 책, 첫 페이지에 영국 시인 로버트 루이스~Robert Lewis~가 쓴 시의 마지막 줄을 인용했다.

불쌍한 과학자는
숫자와 자료가 가득한 손으로
멸종을 붙들고
울부짖네.[1]

우리에게 필요한 것은 과학을 끌어내리는 것이 아니라 과학의 위상을 강화하고 도움을 요청하는 것이 아닐까? 하지만 나는 '과학이 기후 변화에 관한 지식의 무게를 모두 져야 한다'는 책임감을 내려놓게 하고, 앞으로 이 일에서 더 겸손한 역할을 맡도록 요청하는 순간에만 기후 과학이 많은 제약에서 벗어날 수 있다고 확신한다. 우리는 코로나19 바이러스가 전 세계로 퍼졌던 지난 2년간 기후 변화에 관한 논의가 어떤 영향을 받았는지도 숙고해야 한다. 하지만 그 전에 우리가 지금까지 은폐했던 일들을 돌아보고 과학의 친구가 된다는 것이 무엇을 의미하는지 확인해야 한다.

앞서 나는 기후 변화에 관한 진실이 사실 너머에 있을 것이라는 이상한 생각을 살펴보았다. 나의 주장은 과학이 기후 변화에 관한 이야기에서 일부에 불과하다는 것이다. 이것은 과학자가 술집의 친밀한 대화에서 꺼낼 수 있는 이야기와 과학 논문에서 밝힐 수 있는 프로세스나 확률적 증거 사이의 간극에서 드러난다. 또한 기후 변화가 무엇을 의미하는지, 우리가 어떻게 여기에 이르렀는지, 어떤 행동이 가치가 있는지를 묻는 상위 질문에서도 드러난다.

나는 과학에 너무 많은 것을 요구해 온 역사를 개략적으로 소개했다. 과학적 도구와 기법의 힘, 세계의 작동 원리를 설명하는 과학의 능력에 너무나 깊은 인상을 받은 인류는 그동안 과학이 질 수 있는 것보다 더 많은 무게를 감당해 주길 원했다. 이것은 환경주의자들 역시 마찬가지였으며, 이제 그들도 다른 분야에서 그랬던 것처럼 과학에 큰 실망감을 갖게 되었다.

과학자에게 듣고 싶은 말

2018년 말에 등장한 새로운 기후 운동에서 나는 숫자와 수치에 경도된 환경주의를 목격했다. 이 시기의 환경운동 역시 과학에 지나치게 몰두하는 경향을 보였다. 한편, 과학이 제시한 기후 변화 이야기에서 무언가 부족하다는 느낌을 받은 몇몇 유력 인사들은 과학적 사실을 다른 방식으로 구성해서 제시했다. 이것은 기후 과학자들에게서 정당하고 수긍할 만한 반응을 끌어냈다. 하지만 기존과 다른 사실을 주장하는 행상인들에게서 기후 변화 이야기를 되찾아 온다 해도 과학의 틀 안에 다시 갇히거나 우리가 처한 곤경에 관한 더 큰 진실을 계속 놓칠 위험이 있다.

우리가 만든 연극을 무대에 올렸을 때의 상황을 돌이켜보려 한다. 무대는 둥글게 배치되었고, 네 모서리에는 배우들이 관객들과 함께 앉았다. 배우들은 가끔 일어나 중앙 공간으로 이동했지만, 대부분은 앉은 자리에서 공연을 이어 나갔다. 공항에서 환승 중에 이상 기후로 무한정 지연되는 비행기를 기다리는 승객들이 이야기를 나누는 장면으로 시작한 이 연극도 노련한 네 명의 극작가가 쓴 대본을 한데 엮은 것이었다. 연극은 45분 동안 이어졌고, 공연이 끝난 후 우리는 관객들이 토론에 자연스럽게 참여할 수 있도록 분위기를 조성했다.

이 공연은 프로젝트에 참여한 과학자와 극장 직원을 관객으로 초대해 1일 행사의 일부로 진행한 것이었다. 과학자들은 연극을 칭찬하며 웃었지만 몇몇 사람들은 불편한 기색을 숨기지 않았다. 토론은 그날 남은 시간 내내 이어졌다. 기후 변화에 관한 연극을 보고, 과학자를 한 인간으로 만나고, 그들이 만든 지식의 결과를 놓고 씨름하는 것은 사실 불편하고 어색한 경험이었다. 공연을 관람한 관객은 이렇게 말했다.

"우리가 무엇을 해야 할지 과학자들에게 듣고 싶습니다. 우리는 해답을 원합니다."

이 패턴은 이후의 여정에서도 반복되었다. 도시로 가서 교수와 학생들을 상대로 낮과 밤 공연을 할 때도 그랬다. 내가 참석한 공연에서 한 관객은 최근 기후 변화를 쉽게 해결할 수 있다고 설명하는 경제학자의 강연을 봤는데, 왜 그런 사람의 의견을 포함하지 않았느냐고 질문했다. 내가 할 수 있는 대답은 우리가 함께 작업할 과학자들을 선택할 때 정해진 지침은 전혀 없었다는 것이었고, 실제로도 그랬다. 사실, 작가로서 우리는 선택 과정에 전혀 관여하지 않았다. 우리가 만든 등장인물은 과학자들의 정확한 모습을 보여준 것이 아니라 그들의 말을 기반으로 만든 가상의 인물이었다. 관객의 강한 반응을 돌이켜보면 '관객들이 과학자에게 듣고 싶었던 답은 만사가 잘될 것이라는 말이 아니었을까?'라는 생각이 들었다.

과학의 한계에 대한 지적

우리는 과학에 많은 것을 요구한다. 우리는 과학자들이 우리처럼 두려움과 의심과 취약성을 지닌 인간이라는 사실을 떠올리고 싶어 하지 않는다. 살면서 굳이 이런 사실을 상기하는 순간이 필요하다고 여기지도 않는다. 공연장에서 과학자들은 관객 앞에 앉았지만, 단상에서 공식적인 프레젠테이션을 하듯 딱딱하게 행동하지는 않았다. 그들은 우리가 술집에서 친구들과 대화를 나누듯 친근하게 행동했다.

과학은 지식과 동의어이지만, 과학이 제공하는 지식(모델과 확률과 예측)은 기후 변화와 같은 현상을 설명하기에는 부족하다. 앞서 나는 기후 변화가 우리가 말하는 방식에 비해 너무 크고, 우리가 말해야 하는 것에 비해 너무 작다고 언급했다. 과학의 한계는 이처럼 비율의 역설과 연결된다. 과학의 힘은 결국 우리가 세계를 보는 방식에 달려 있기 때문에 과학은 우리를 전적으로 도울 수 없다. 간단히 말하면, 과학은 모든 현상을 같은 크기로 바라봄으로써 힘을 발휘한다.

최초의 과학 도구인 망원경과 현미경이 우주의 광대한 공간과 크기를 축소 또는 확대하는 방식을 생각해 보라. 이 도구들은 평범한 인간의 경험 밖에서 특정한 거리를 만들고, 여기에는 정밀한 조사와 깔끔한 분리가 공존한다. 심리학 실험에서 반투명 거울 뒤에서 피험자를 관찰하는 것처럼, 모든 과학 연구도 철저히 렌즈 뒤에서 관찰하려고 한다. 이런 방식을 확보하기 위해 다른 모든 것을 포기할 수밖에 없으며, 그중에는 인간의 취약성도 포함된다. 인간으로서 과학자는 우리와 마찬가지로 여전히 취약하다. 하지만 과학자가 교육을 받고 생산하는 지식 영역에서는 그들의 취약성이 부정당한다. 기후 변화에 내포된 취약성을 인식하지 못하는 모든 인식 방법은 기후 변화 역시 제대로 파악하지 못하는 방법이 될 위험성이 있다. 우리가 이런 사실과 거리를 두는 한 아무것도 바뀌지 않을 것이다.

'과학에는 기후 변화와 같은 현상을 충분히 판단할 수 있는 능력이 없다.'고 말하는 것은 과학을 반대한다는 뜻이 아니다. 그보다는 우리가 짐을 나눠져야 한다고 말하는 것에 가깝다. 그러므로 다른 방식의 앎에 관여하는 우리 같은 사람들이 나서야 한다. 과학의 메시지를 전달하는 것을 돕고 유사 과학적(Quasi-scientific) 방식으로 대안적 사실을 제시하는 것이 아니라, 스스로의 능력과 한계를 인정하는 과학과 관계를 맺어야 한다.

과학과 친구가 되려면 단순한 응원자나 방관자 역할 이상이 필요하다. 당신이 환각제에 취해 건물 옥상에서 날 수 있다고 확신할 때, "자 어서 해 봐!"라고 말하는 사람은 절대 당신의 친구가 아니다. 그가 당신의 진짜 친구라면 당신의 어깨를 감싸고 이렇게 말할 것이다.

"잠깐! 일단 내려와. 우리 여기 앉아서 이야기 좀 나눠보자."

내가 아는 과학자들은 대부분 자신의 능력을 매우 냉정하게 평가한다. 과학에 대해 가장 단호한 신념을 가진 사람들은 실험실에서 그다지 많은 시간을 보내지 않는다. 받아들이기 불편하겠지만 과학자의 진정한 친구가 되려면 과학의 한계와 맹점도 기꺼이 말할 수 있어야 한다. 과학에 기후 변화와 같은 현상을 이해하는 모든 책임을 지라고 요구하는 것은 너무나 지나친 일이다. 과학은 연구를 통해 우리의 의사결정에 필요한 정보를 제공할 수 있고, 당연히 그렇게 해야 한다. 하지만, 과학에 지도자의 역할을 맡기고 나머지 사람들이 뒤를 따르게 하는 것은 과학이 감당할 범위를 넘어서는 일이다.

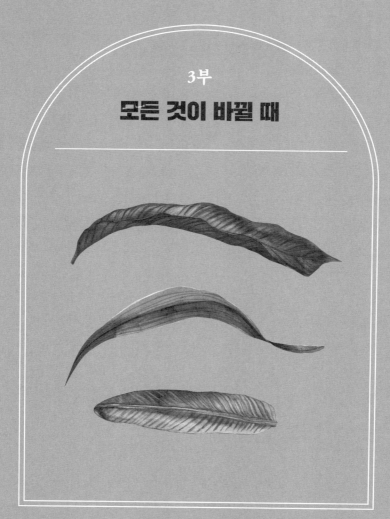

3부

모든 것이 바뀔 때

At Work in the Ruins

11장

팬데믹이라는 낯선 경험

외레순Öresundsbron 대교(스웨덴의 주요 교량 중 하나로, 스웨덴 말뫼Malmö와 덴마크 코펜하겐København을 연결하는 운송로이다.-편집자)는 말뫼 외곽에서 시작해 곡선 형태로 바다를 건너 코펜하겐으로 향한 후 유럽 대륙으로 이어진다. 스칸디나비아반도의 호수와 숲을 유럽 대륙의 인구 밀집 지역과 연결하는 이 교량은 여행자와 통근자는 물론, 단어와 이미지, 숫자를 이동시키는 역할도 한다. 스웨덴과 핀란드의 인터넷망을 연결하는 주요 케이블이 이 교량을 지나기 때문이다.

알파벳 에이치 형태의 교량 기둥은 북유럽을 배경으로 한 범죄 수사극 '노르딕 누아르Nordic Noir'의 상징이 되었다. '더 브리지The Bridge'(외레순 대교를 배경으로 한 범죄 스릴러 시리즈로, 스웨덴과 덴마크의 협력 수사를 다루며 국제적으로 큰 인기를 끌었다.-편집자)의 마지막 시리즈를 보면 교량의 가장 특이한 점 하나를 발견할 수 있을 것이다. 바다를 횡단하는 도로의 3분의 2지점에서 지상 도로는 끝이 난다. 인공섬인 페파르홀름에서 도로는 지하로 이어지고, 해저터널을 통해 드로그든 해협까지 연결된다. 하늘에서 바라보면 이 웅장한 구조물은 어디와도 연결되지 않은 다리처럼 보일 것이다.

내가 외레순 해협을 처음 건넌 것은 십 대 시절 누군가의 차를 얻어 타며 유럽 지역을 여행할 때였다. 당시에는 페리를 이용했기 때문에 한창 건설 중인 대교의 기둥을 볼 수 있었다. 삼십 대 중반 스웨덴으로 이주한 후, 몇 차례 영국에 거주하는 친구들과 가족들을 방문하거나 유럽의 다른 지역으로 업무 여행을 떠나면서 외레순 대교를 자주 이용했다. 하지만 2020년 10월 현재, 우리 가족의 생활 범위는 집과 근처 슈퍼마켓, 아들의 유치원을 오가는 작은 쳇바퀴 모양으로 축소되었다. 스웨덴의 제한 조치는 다른 국가보다 가벼운 편이지만, 덴마크의 소도시 에벨토프트에 가기 위해 외레순 해협을 건너는 일이 현실처럼 느껴지지 않았다. 에벨토프트의 유리 박물관 관장은 내게 편지를 보내 꼭 그곳에서 일해 주기를 요청했지만, 나로서는 그럴 수 있을지 확신할 수 없었다.

마침내 에벨토프트로 떠날 결심을 한 후, 우리가 탄 열차가 국경에 가까워지자 새로운 세상이 펼쳐졌다. 열차를 타고 내릴 때 우리는 모두 마스크를 꺼내 써야 했다. 나는 동료들이 마스크를 낀 채 환경과 정치를 주제로 한 연극 공연을 기념하는 셀카를 찍는 모습을 지켜보았다. 바이러스는 국경을 모르지만, 바이러스의 확산을 방지하는 조치는 정부의 일이다. 감염병에 대한 조치 수준은 국가마다 차이가 있다. 덴마크에서는 대중교통을 이용할 때 마스크 착용이 의무지만,

스웨덴에서는 그렇지 않았다. 코로나 시기 6개월 동안 나는 페이스북에 이런 경험에 관한 짧은 글을 쓰고, 마스크를 쓴 셀카 사진도 함께 올렸다. 내 오랜 친구는 이 사진을 보고 마스크 안쪽과 바깥쪽을 거꾸로 바꿔 썼다고 친절하게 알려주었다.

감염병에 대한 고전적인 대응 방식

얼마 후 이때의 국경 횡단 경험을 한 국제단체와의 줌 회의에서 언급하자, 북미에 거주하는 참가자 중 한 사람은 '과학이 보낸 경고장'에 저항하는 스웨덴 정치인들이 실망스럽다고 했다. 하지만 나는 외레순 해협 양쪽에 있는 두 정부 모두 각자의 방법으로 '과학을 따르고 있다'고 주장했다. 스웨덴의 코로나 대응 방식을 옹호하는 사람들은 이 대응책의 바탕에 스웨덴의 독특한 가치관이 깔려 있다고 생각한다. 스웨덴은 공중보건청(Public Healthy Agency)처럼 전문가가 주도하는 국가 기관에 상당히 큰 권한과 자율성을 부여해 왔다. 다른 국가의 정치인이 이 위기를 얼마나 진지하게 받아들이는지 입증하기 위해 경쟁하듯 유례없는 봉쇄 조치를 선언할 때, 스웨덴 정부는 '감염병에 대한 고전적인 대응 방식'을 따랐다.

페이스북 게시물로 인연을 맺은 친구들은 스웨덴에서는 왜 마스크를 의무적으로 착용하지 않는지 물었다. 어떤 사람은 이런 댓글을 남기기도 했다.

"스웨덴 사람들이 너무 안일하기 때문이지. 봉쇄 조치를 선택했다고 해서, 우리가 아무런 결정도 내릴 수 없다는 뜻은 절대 아닌데 말이야."

나는 그의 말을 이해했다. 나 역시 스웨덴의 조치가 멀리서 보는 사람들에게는 매우 느슨하고 부주의한 대처 방식으로 여겨질 것이라고 생각했기 때문이다. 자신이 태어나거나 자라지 않은 국가에 정착해서 살다 보면 항상 '두 세계 사이에서 살아간다'는 느낌을 은연중에 갖게 된다. 스웨덴으로 이주한 지 8년이 흘렀지만, 코로나19 바이러스가 유럽에 확산된 첫 몇 주처럼 이런 느낌이 선명했던 적은 없었다. 한 무리의 친구들이 바이러스의 심각성을 보여주는 자료를 내 피드에 공유했다. 반면, 다른 친구들은 스웨덴 정부의 조치에 의문을 제기한 사람들을 맹비난할 태세인 것 같았다.

나의 영국인 친구들과 미국인 친구들이 공유한 글에 따르면, 스웨덴은 곧 엄청난 재난에 처할 운명이었다. 성인이 된 다음 스웨덴으로 온 이주자인 나로서는 이곳에서 태어나고 자란 사람들이 국가의 제도와 대응 방식을 맹목적이고도 직관적으로 확신하는 것에 공감하기 어려웠다. 며칠 동안 나는 계속 머리와 마음이 긴장한 상태였다. 그러다가 문득 한 가지 질문이 떠올랐다. 내가 느끼는 감정 상태를 연극으로 만들어 무대에 올리면 얼마나 좋을까? 그렇게 해도 이 사태의 진로를 바꾸지는 못할 것이고, 나는 더욱 스트레스를 받을 것이다.

여러 나라에 한쪽 발과 머리의 절반을 걸치고 사는 것은 '이제는 이곳이 나의 고향'이라는 현실을 부정하는 생각이기도 하다. 어쨌든 나의 몸은 스웨덴 정부의 결정을 따라야 했다. 이 사실을 깨닫자, 지금까지 두 나라 사이에서 어정쩡하게 굴던 태도를 버리고, 이곳에서의 삶을 새롭게 받아들여야겠다는 결심이 섰다.

팬데믹 초기에는 나도 아들을 유치원에 보내지 않고 집에 데리고 있었다. 하지만 스웨덴이 이웃 국가들처럼 봉쇄를 선택하지 않을 거라는 사실이 명확해지자, 우리 가족은 다시 일상생활로 돌아갔다. 페이스북에서 대화를 나눴던 사람들이 자신의 집을 떠날 수 없을 때, 우리 가족은 집을 옮겼다. 내 친구 로니는 무거운 물건을 들어 올리고 책 상자들을 새 아파트 4층으로 나르는 일을 도왔다. 스웨덴 이민자 사회에서 만난 다른 많은 사람처럼 그는 시리아 전쟁을 피해 힘든 여정 끝에 이곳에 도착했다.

처음 몇 박스를 옮긴 후 우리는 숨을 고르려고 잠시 자리에 앉았다. 우리는 지난 몇 주 동안 주변에서 벌어진 일들과 뉴스를 통해 접한 세계 곳곳의 팬데믹 소식에 관해 이야기를 나눴다. 내가 유럽 여러 지역에서 발생한 사재기 현상과 화장지가 텅 빈 슈퍼마켓 진열대 이야기를 꺼내자 그는 웃음을 터뜨렸고, 유럽인들의 몰상식한 행동을 재미있게 생각하는 눈치였다. 전쟁터에서 생활하면서 늘 물품 부족에 시달렸던 사람에게 엉덩이를 닦는 화장지 따위는 그리 중요한 문제가 아닌 것 같았다.

새 아파트로 이사한 다음 날 아침, 나는 잉글랜드에 있는 가족들에게 근처 운동장에서 찍은 사진을 보냈다. 그러자 누이가 답장을 보냈다.

"이곳 운동장은 완전히 폐쇄됐어. 바이러스가 금속이나 플라스틱 표면에서 72시간 정도 생존할 수 있거든."

팬데믹 초기에 여러 국가가 추진한 정책은 사람들의 마음을 다양하게 조정했다. 하지만 나는 이미 스웨덴 사회에 깊이 통합되었다는 점에서 행운아였다. 다른 지역에서 스웨덴으로 이제 막 이주한 사람들은 대부분 여러 세상 사이의 간극을 극복하기 어려워했다. 한 미국인 친구는 4개월 동안 아이를 유치원에 보내지 않고 집에서 돌봤다고 한다.

뉴스에서는 한 이민자 가족이 세 자녀를 학교에 보내지 않고 집에 데리고 있으면서 아파트 밖으로도 나가지 않자 사회복지기관에서 아이들의 상태를 확인하기 위해 집을 방문했다는 소식을 전했다. 이 가족의 변호사는 이들이 스웨덴어를 전혀 하지 못해서 자신들의 고국에서 보도한 팬데믹 관련 기사만 확인했다고 설명했다. 하지만 법원은 결국 부모가 아닌 복지기관에서 일정 기간 아이들을 돌봐야 한다고 판결을 내렸다.

과학의 권위가 발생하는 순간

불과 몇 주 전까지만 해도 전혀 생각할 수 없었던 선택지에 직면한 정치인들의 입장에서 보면, '과학을 따르라'는 표현이 지닌 호소력을 쉽게 이해할 수 있다. 그들은 스웨덴이 한 것처럼 자율적인 독립 기관에 의사결정을 맡길 수 없을지도 모른다. 기자 회견장에서 내 옆에 나란히 앉은 과학 전문가들은 '과학의 이면에도 우리가 판단력을 발휘할 여지가 존재한다'는 주장을 옹호했다. 하지만 과학은 우리가 판단을 내리는 근거가 되는 정보만을 제공할 뿐이다. 무엇인가를 판단한다는 것은 결과에 책임을 진다는 뜻이며, '과학을 따르라'는 그동안의 주장 안에서는 대체로 '책임'이라는 단어를 찾아볼 수 없었다.

앞서 나는 우리가 거리를 두고 초연하게 세계를 바라볼 수 있을 때, 과학의 권위가 발생한다고 했다. 과학이란 이름의 렌즈로는 아주 멀리 있는 대상이나 보이지 않을 정도로 미세한 대상을 정밀하게 관찰할 수 있다. 관찰 대상은 늘 렌즈 반대편에 멀리 떨어져서 존재한다. 이런 특성 때문에 우리는 '과학이 오류를 범할 가능성이 없다'거나, '과학에는 취약성이 없다'는 환상을 품을 수 있다. 하지만 '취약성이 없다'는 것은 우리가 살아가는 세계와는 전혀 어울리지 않는 말이다. 과학에도 반드시 취약한 면이 있다는 생각이 우리 사회에 널리 퍼진다면, 일반인들뿐만 아니라 정치 지도자들이 어떻게 '과학'을 수용하면 좋을지 이해하는 데에도 도움이 될 것이다.

12장

과학에 관해 질문할 수 있는 공간

페르 요한슨Per Johansson은 사상사(History of Ideas)를 연구하는 학자이자, 룬트 대학의 인간생태학(Human Ecologe) 강사이다. 내가 스웨덴으로 이주하고 1년쯤 지나서 우리는 처음 만났다. 그는 유명 방송인 에릭 슐트와 함께 진행하던 공영 라디오 프로그램을 막 끝낸 참이었다. 이 방송에서 그들은 인류와 기술의 관계를 탐구했다. 두 사람은 계속해서 10부작의 팟캐스트 시리즈물인 '지식의 나무'를 공동 작업하며 지식의 역사를 탐색했다. 이어서 '신화와 미스터리'라는 팟캐스트 방송을 통해 철학과 신학을 깊이 있게 다뤘다. 나는 몇 년간 그를 직접 만나 나눈 대화는 물론, 페르와 에릭이 방송에서 나눈 대화에도 귀를 기울이며 많은 것을 배웠다. 그런데 2012년 여름, 누군가가 보낸 페이스북 메시지를 확인하다가 깜짝 놀라고 말았다.

"백신 접종이 파시스트 국가 건설을 향한 첫 단계라는 페르 요한 슨의 '코로나 음모론'을 어떻게 생각하세요?"

누군가가 당신의 생각을 묻는다면 그 질문 안에는 다양한 의미가 담겨 있을 것이다. 자신의 신념을 확정하려고 시도하는 것이거나, 다른 관점들과 대립하는 생각을 시험하는 것일 수도 있다. 하지만 이 경우에는 질문자가 이미 생각을 명확하게 정리한 후, 자신의 의견에 동의를 구하는 것 같았다. 아마도 페르에 대한 공개적인 비난에 나를 끌어들이거나, 나를 비난의 대상으로 삼으려는 것 같았다. 이 질문을 생각하면 생각할수록 소름이 끼쳤다. 이것이야말로 '사상 단속'이라고 말하고 싶을 정도였다. 팬데믹 기간 동안 '사상적 자경주의'(Thought Vigilantism, 다른 사람의 생각과 의견, 행동에 대해 강하게 비판하거나 공격적인 반응을 보이는 현상-편집자)가 성행하는 것은 알고 있었지만, 소셜 미디어에서는 이미 일상이 되어버린 현실을 반영하는 것 같았다.

팬데믹 정책들에 대한 의문

나는 코로나 팬데믹에 대한 정치적 대응을 우려한 페르의 게시글들을 다시 읽었다. 나는 이미 백신을 맞았지만, 뉴욕시 지하철에 등장한 '빌어먹을 백신이나 접종하라'는 포스터를 보고 충격받거나, 백신 접종 증명서 없이는 도시를 떠날 수 없는 친구들의 상황을 걱정하는 페르의 심정에 충분히 공감할 수 있었다. 하지만 진짜 주의를 끈 것은 페르가 처한 상황이 캐나다의 방송인 데이비드 케일리David Kelly에게도 그대로 일어났다는 것이다.

CBC의 장수 프로그램 '아이디어스Ideas'를 30년 동안 진행한 데이비드 케일리는 24부작 시리즈 '과학을 생각하는 방법'[1]을 포함해 그동안 매번 놀라운 다큐멘터리 작품을 맡아 왔다. 그의 프로그램에는 여러 분야의 과학자와 사상가가 출연했다. 1시간 분량의 프로그램에는 매 회마다 한두 명의 전문가가 출연해 몇 시간 동안 서로의 질문에 답하거나 대화를 나누었다. 그중에는 과학이 우리에게 말할 수 있는 것이 무엇인지 확인하는 질문도 포함되었다. 오랜 세월 동안 나는 주변 사람들에게 이 시리즈를 추천해 왔다.

2020년 4월, 케일리는 코로나 팬데믹과 이에 대한 세계 각국의 대응 조치에 주목했다. 그의 목적은 어떤 정책을 비판하려는 것이 아니라, 현재의 정책이 전혀 반박의 여지가 없는 것처럼 보이게 하는 '익숙한 확실성'[2]을 조명하려는 것이었다. 어떻게 거의 하룻밤 사이에 '봉쇄'라는 개념(코로나 이전까지만 해도 '봉쇄'라는 말은 재소자의 폭동에 맞서 교도소가 취했던 조치를 의미했다.)이 전 세계에서 가장 확고한 제제로 자리 잡고, 국민들에게 수용하라고 당당히 요구할 수 있는 개념이 되었을까? 그는 정부가 기껏해야 몇몇 전문가들의 추측에만 근거해, 새로운 질병의 확산을 모델링할 수 있도록 쉽게 허락했다는 사실에 큰 충격을 받았다. 우리 사회를 이해하는 수준이 대체 어느 정도이기에 이런 대응 방식이 나왔을까? 이런 흐름은 앞으로 우리를 어디로 데려갈까?

케일리가 말했듯이, 우리는 쉽게 빠져나오기 힘든 터널 속으로 들어가고 있다. 왜냐하면 너무 빨리 터널을 벗어나면 터널에 들어가기로 한 결정에 의문을 제기하는 꼴이 될 테고, 너무 나중에 벗어나면 처음 경험하는 감시 수준에 익숙해질 것이며, 서로의 몸을 생물학적 위협을 전달하는 매개체로 인식하는 법을 학습할 것이기 때문이다.

한 조간신문에 '패닉'이라는 헤드라인까지 등장한 지금, 우리는 안정적인 심리 상태를 유지할 수 있는 적절한 환경(사회학자 한나 아렌트Hannah Arendt가 사고의 표지이며 판단력을 발휘할 조건이라고 말한 '나 자신과의 내적 대화'를 하기 좋은 상황)을 기대할 수 없다. 케일리의 차분하고 사려 깊고 꼼꼼한 에세이는 많은 이의 비난을 샀지만, 그는 계속 질문했다. 다른 글에서는 의학 치료에 대해 강요하지 않는 '자발적 동의 원칙'이 왜 코로나 백신 접종에서만큼은 완전히 무시당하는지 의문을 제기했다. 이 조치에 대한 공개 토론 과정도 없었을 뿐 아니라, 이런 태도가 너무 당연해서 논쟁의 여지조차 없다는 것이 신기했던 것이다. 그렇다면 그와 다르게 생각하는 사람들은 모두 '극우주의자'일까?[3]

생각을 차단하는 새로운 체제의 출범

코로나 팬데믹이 막 시작될 당시, 몇 주 전만 해도 상상할 수 없었던 제한 조치가 전 세계로 확산되는 상황을 지켜보며 나는 노트북에 '지금은 이 사태를 언급하기에 너무 이르다.'라고 썼다. 며칠 후, 나는 '너무 늦었다고 생각하기 시작할 때에도 여전히 너무 이를 것이다.'

라고 덧붙였다. 내가 말할 수 있는 시점에 이르렀지만 몇몇 사람들이 궁지에 몰린 상황에서 말을 꺼내기가 쉽지 않은 것은 마찬가지였다. 케일리 역시 팬데믹에 관한 자신의 에세이 첫 줄에 '이 사태의 의미가 무엇인지 이해하는 방식에 따라 많은 것이 달라질 것이다.'라고 썼다.

2021년 중반, 케일리와 페르 요한슨 그리고 몇몇 사람들이 의문을 제기할 때도 나는 여전히 팬데믹 사태와 그 연쇄적인 결과를 이해하기 위해 헤매고 있었다. 내가 확실히 이해했던 것은 호전적이고 격앙된 말은 전혀 득 될 것이 없다는 점이었다. 말에 격한 감정을 그대로 싣는다면 질문은 차단당하고 질문자는 비난받을 것이다.

내가 존경하고, 종종 사람들에게 소개하기도 했던 두 명의 사상가들(페르와 케일리)이 자신의 지식과 경험을 당시의 중요한 문제에 적용하려 했을 때, '위험한 바보' 취급이나 받는 모습을 보며 나는 큰 충격에 휩싸였다. 그들은 사람들이 잘 모르는 비주류 인사들이 아니었다. 그들은 전국 방송의 진행자가 몇 시간이나 할애해서 과학과 철학의 역사를 소개해달라고 요청할 만큼 뛰어난 사람들인데도, 이런 배경은 아무런 쓸모가 없는 듯했다. 그제야 나는 코로나 팬데믹이 생각의 경계를 폐쇄하는 새로운 체제를 출범시켰다는 사실을 깨닫기 시작했다. 사람들이 생각을 나눌 수 있는 공간 자체가 달라졌다.

새로운 체제를 이해하는 데에 도움을 준 것은 사상가 저스틴 스미스Justin Smith가 쓴 글이었다. 그는 케일리와 반대로 의무적인 백신 접종을 강력하게 찬성하는 입장이었다. 그는 미국인이지만 주로 파리에서 활동했다. 시베리아 구전 서사시를 번역하고, 서브스택Substack(개인 뉴스레터 및 구독 기반의 블로그 플랫폼으로, 저자들이 자신의 콘텐츠를 발행하고 구독자에게 직접 배달할 수 있다.-편집자)에 매주 에세이 시리즈를 연재했다.

2021년 9월, 스미스는 '코로나는 지겹다'[4]라는 제목의 에세이를 발표했다. 이 글은 그가 최근 런던 여행에서 경험한 불합리한 이야기로 시작했다. 그는 영국 체류 기간이 총 36시간인데도 집에서 8일간 코로나 감염 여부를 테스트한 결과를 기록해 체류할 영국 주소지로 보내라는 요구를 받았다고 한다. 관리자는 체류지 주소는 어디든 상관없다고 말했다. 그래서 스미스는 '런던 버킹엄 궁전'이라는 엉뚱한 주소를 쓰고 88파운드를 지불한 다음, 마침내 유로스타에 탑승할 수 있었다.

911테러 이후 유럽의 여러 공항에는 보여주기식 보안 조치가 도입되었고, 20년이 지난 후에도 여전히 그 잔재가 남아 있다. 이 우스운 촌극을 보면 우리가 맞서 싸우려는 바이러스의 위협에서 너무 멀리 와버린 것 같은 느낌을 지울 수가 없다. 의무적인 백신 접종을 찬성하는 스미스의 입장은 '우리가 지금 백신을 접종하지 않으면 현재의 보안 조치를 영구적인 체계로 만들기 위한 국가의 관심사만 부추기는 꼴이 되기 때문이다.'였다.

◈◈◈ 이것은 기술을 이용한 일종의 사회통제 체계다. 국가는 여러분에게 의무적인 백신 접종을 요구하지 않을지도 모르지만, 여러분이 하는 모든 일을 모니터링하는 앱만은 의무적으로 설치하도록 요구할 것이다. 이 앱은 가까운 미래에 명시적이든 또는 완곡한 방식이

든, 사회적 감시 시스템을 구축하기 위한 도구로 사용될 것이다.

그는 '앱을 통한 국가의 간접적인 중재'보다는 차라리 '국가 권력의 직접적인 사용'을 선호한다고 말한 후, 갑자기 자신의 동료들을 비난하기 시작했다. 그는 '예술가들은 백신 접종 반대 목소리를 내는 것에 너무 몰두한 나머지, 새로운 첨단기술 체계에 관한 그 어떤 우려도 인식하지 않으려 한다.'고 주장했다.

과학 기술(STEM)이 모든 분야를 통틀어 최고의 위상을 차지하고, 가장 많은 자원을 공급받는 현재의 시스템에서 예술이나 인문학은 단순한 모조품이자, 과학 기술을 뒤따라가는 모방품이 되고 만다. 그 결과 이 세대의 철학자나 사회 및 문화 사상가, 그리고 그들의 뒤를 이을 세대들은 '인간 중심의 탐구와 비판 전통'을 포기할 수밖에 없는 처지에 놓인다.

팬데믹이 발생하자 정치인들은 마땅히 해야 할 질문을 꺼내는 대신, 전염병학과 앨라배마의 델타 세율, 미아즈마Miasma(콜레라나 흑사병 등 감염병의 원인이 나쁜 공기라는 폐기된 학설-옮긴이) 확산에 관한 자발적인 정보기관 역할을 하는 것처럼 보였다. 이처럼 사람들이 집단적으로 사고하고, 판단력을 제대로 발휘하지 못하게 되면서 정당한 질문을 제기한 소수의 지식인들이 오히려 무시당하거나 조롱당하는 일들이 벌어졌다.

한편 스미스가 나중에 〈하퍼스Harper's〉에 기고한 글에도 썼듯이, 이와 같은 '고립된 저항의 근거지'에서 우리는 대중이 엘리트들을 감시하는 '균형자 역할'을 해야 한다는 원칙을 지키려는 사람들을 발견할 수 있다. 또한 과학 기술에 대해 느끼는 불편함을 솔직하게 표현할 수 있는 진보주의자들이 다소 거만하지만 지혜롭게 지적하듯, 종종 미친 음모론이 생겨나기도 했다.[5]

영국의 예술가이자 사상가인 제임스 브리들James Bridle이 자신의 책 《새로운 암흑시대(New Dark Age)》에서 말했듯이, '음모론은 흔히 일종의 대중적 지식이 된다. 이것은 상황에 대한 무의식적인 예감이며, 과학의 언어로는 정확히 설명하지 못하지만 현재 상황을 깊이 그리고 은밀히 인식한 사람들을 통해 세상 밖으로 나올 것이다.'[6]

기후 위기 속에서 예술의 역할

스미스가 자신의 동료들이 '자발적인 정보기관' 역할을 하는 것을 지켜본 이야기를 읽고, 나는 일종의 기시감을 느꼈다. 내가 다른 상황에서 알게 된 패턴과 비슷했기 때문이다. 코로나 팬데믹과 관련해 스미스의 동료들이 자발적으로 한 역할은, 예술가들이 기후 변화에 관한 프로젝트에 참여할 때마다 요청받는 역할과 매우 비슷했다. 사람들은 예술가들이 기후 변화 관련 프로젝트에 참여할 때마다 어떤 메시지를 전달하는 데에 도움이 되는 무언가를 만들어 줄 거라고 기대한다.

사람들은 시나 연극, 영화와 노래가 인류가 당면한 곤경의 깊이를 깨닫게 하고, '행동 변화'를 일으킬 것이라고 믿는다. 하지만 이런 요구를 그대로 받아들이면 예술은 대체로 예술 자체를 전달하는 일과 메시지를 전달하는 일 모두에 실패하고 만다. 예술은 절대 이런 식으로 작동하지 않기 때문이다. 스웨덴 극작가 안데르스 두우스Anders Duus는 예술의 본질을 이야기하며, "우리가 하는 일은 문제를 더 복잡하게 만드는 것입니다."라고 말했다.

예술의 목적은 상황을 쉽게 만드는 것이 아니라 삶의 낯섦과 혼란스러움을 충분히 다루고, 이야기가 더욱 활기를 띠는 공간을 창출하는 것이다. 메시지를 전달할 수단으로 예술을 찾는다면, 그 어느 쪽에도 도움이 되지 않을 것이다. 예술은 홍보회사의 값싼 대체물도, 커뮤니케이션 부서의 세련된 확장물도 아니다. 메시지의 내용이 아무리 긴급하다 해도 이 사실을 바꾸지는 못할 것이다.

이것은 예술이 마치 아무것도 모르는 것처럼 스튜디오의 열린 창문을 통해 떠다니는 연기를 무시하고, 세계가 불타고 있지 않은 것처럼 작품을 창조할 수 있다는 의미가 아니다. 기후 위기의 그늘 속에서 예술이 무엇을 해야 하는지를 묻는 질문에는 한 가지 답만 있는 것도 아니다. 게다가 예술이라는 이름을 붙일만한 모든 것은 '의무'나 '당위'와 같은 단어들을 싫어한다. 예술 작품이 살아나는 공간을 발견하려면 더 섬세한 대화와 간접적인 접근이 필요하다.

수십 년 동안 나는 탐구할 만한 가능성이 있는 과제 목록을 모았다. 우리가 해야 할 일이 '일을 복잡하게 만드는 것'이라면, 사람들이 지금까지 당연하게 받아들였던 것에서부터 시작할 수 있을 것이다. 일단 이런 메시지를 전달하려는 강력한 욕구가 필요하다. '사람들은 기후 변화에 대해 충분한 정보를 갖고 있는가?' 또는 '이런 정보가 의미하는 바를 깨닫기 위해 우리는 노력하고 있는가?'라고 질문해야 한다. 예술은 정보기술이 아니지만 특정한 사고체계에 주의를 집중하게 하고, 의문을 제기하며, 다른 사고체계의 가능성을 제안하는 특성을 지닌다. 예술은 우리가 놓친 것이나 당연하게 받아들이는 것에 주목하게 함으로써 우리를 더 높은 곳으로 데려간다.

　예술가들이 메시지를 전달하는 역할을 거부한 탓에, 대중적인 사상가들이 이런 역할을 감당하려고 자발적으로 줄을 서거나, 이런 역할을 제대로 하지 못해서 비난받는 상황이 너무 불편하고 기이하게 느껴진다.[7] 새로운 체계 아래에서 케일리의 라디오 시리즈 제목에 포함된 질문(과학을 어떻게 생각하는가?)에 대한 답은 "생각하지 마라!"는 단순한 한마디뿐일 것이다. 지식인의 역할은 이제 과학에 '관해' 생각하는 것이 아니라 과학을 '위해서' 생각하는 것이다. 과학에 관해 질문할 수 있는 적절한 공간은 없다. 이제 과학의 경계에는 전기가 흐르는 철선이 둘러쳐져 있다. 하지만 우리는 그동안 무슨 일이 벌어졌는지 파악조차 하지 못했다.

13장

기후 위기를 둘러싼 두 개의 세계관

인류를 괴롭히는 다른 실존적 위협들과는 달리 기후 변화를 주제로 소설을 쓰기는 쉽지 않다. 깔끔한 인과 관계도 없고, 손가락으로 누를 폭발 버튼도 없기 때문이다. 섬광과 폭발음, 버섯구름도 없다. 모든 것을 바꾸는 순간도 없다. 기후 재앙은 조금씩 우리의 삶 속으로 파고들며, 각각의 특별한 징후는 항상 다른 원인과 얽혀 있다.

나는 10년 동안 60명 정도의 작가가 쓴 글을 모아 시리즈로 구성했다. 그동안 출판한 책 중에서 몇몇 이야기만 '기후 위기 관련 소설'로 간주할 수 있을 것이다. 대체로 좋은 이야기들은 기후 변화를 직접 언급하지 않고, 우리의 상황을 간접적으로 다루는 것이었다. 고대 신화에 등장하는 괴물의 이야기처럼 기후 변화 문제를 직접 바라보면 상상력이 딱딱하게 굳어버리는 것 같다. 현대 영국 문학의 중요한 작가 중 한 명인 이언 매큐언Ian McKewan조차도 《솔라》라는 작품에서 기후 변화에 주목하며 주인공이 온실 효과에 관한 정보를 전달하는 장면을 넣지 않을 수 없었지만, 신체 기능에 비유한 익살극으로 이 장면을 보완하려 했다.[1]

인도 소설가 아미타브 고시Amitave Ghosh는 자신의 책《대혼란의 시대》에서 이런 어려움을 직접적으로 말했다.[2] 그는 인간 문화의 조각들로 엮은 매우 다양한 스토리텔링의 전통 중에서 근대 문학 소설이 기후 변화와 같은 주제를 다루기에 특히 미흡하다고 말한다. 예전의 스토리텔링 방식에는 신과 괴물들이 등장할 공간이 있었다. 이런 존재들은 우리와 비교할 수 없을 정도로 힘이 있고 우리의 이해를 초월하지만, 결국 인간의 삶과 희망, 절망과 얽혀 있다. 이와 대조적으로 우리가 진지하게 받아들이는 이야기에서 등장인물은 모두 인간이며 대부분의 행위는 실내에서 벌어진다.

기후 위기를 주제로 한 문학 작품들

문학 소설은 세계가 인간이 주도하는 사건의 수동적 배경 역할을 하는 '리얼리즘 양식'에 갇혀 있다. 게다가 독자들의 신뢰를 얻기 위해 문학 소설이 묘사하는 사건들은 '개연성'의 기준에 어느 정도 부합해야 한다. 이를테면 소설 안에서는 실제 삶에서 살짝 개연성이 없는 사건(가령, 오랫동안 보지 못한 어린 시절 친구와의 우연한 만남)이 일어날 가능성이 낮을 것이다. 작가는 이런 사건이 설득력을 얻을 수 있게 노력한다. 이런 전통에서 벗어나는 것은 문학의 저택에서 추방되어 저택 문 앞의 '장르 소설'이라는 판자촌으로 떨어지는 일을 자초하는 것이라고 고시는 덧붙인다.

고시는 에세이 형태로 자신의 주장을 펼친 후, 다음 책《군 아일랜드Gun Island》를 쓸 때 이 주장을 그대로 적용했다. 이 책은 기후 변화 문제를 성공적으로 다룬 몇 안 되는 문학 소설 중 하나다.[3] 그는 뱅갈리 전설과 오늘날 이주자의 여정을 중심으로 엮은 이야기에서 의도적으로 낮은 개연성을 선택했고, 심지어 기적을 추구하는 방식을 사용한다. 아니나 다를까 이 책의 일부 독자들은 이것이 진지한 작가의 작품인지, 아니면 댄 브라운식 스릴러물의 인도 버전인지 어리둥절해하는 것 같았다.

스웨덴 소설가 재스퍼 바이츠Jesper Weithz는《성장하지 않는 것들(Anything That Isn't Growing)》에서 다른 해결책을 찾았다. 이 책은 기후 변화의 초기 영향을 배경으로 전개되지만 중심인물들은 기후 변화를 거의 인식하지 못한 채 인간 중심의 드라마에만 매몰되어 있다. 이 드라마는 공교롭게도 인간이 처한 곤경을 보여주는 이미지들을 제공한다.[4]

세 번째 성공 사례는 리디아 밀레의《어린이 성경(A Children's Bible)》이다. 이 소설은 학교 동맹 파업에 대한 세대 간의 갈등을 담고 있다.[5] 십 대 청소년들과 그들의 X세대 부모가 긴 여름휴가를 즐기는 중에 갑자기 대재앙 수준의 폭풍이 몰아친다. 소설 속 부모들은 무책임하게 자신의 쾌락에만 탐닉하기 때문에 아이들은 그들을 포기한다. 화자의 어린 동생이 발견한 어린이 성경은 기후 위기 주제에 접근할 수 있는 '신화적 거울'을 제공한다. 하지만 이 책은 다소 곤란

한 제안을 핵심 내용으로 제시한다. 등장인물들은 '과학이 우리를 구원하려면 먼저 과학을 믿어야 한다'고 주장한다. 이런 말 자체가 너무나 진부하지만, 그 속에 담긴 의미에 주의할 필요가 있다. 과학이 일종의 신앙 같은 역할을 하면서 두 개념의 범주가 뒤섞인다는 점에 주목해야 한다.

사고와 감정의 분열과 두 개의 세계관

2017년 11월 어느 저녁에 열렸던 특별한 행사에서도 나는 비슷한 상황을 경험했다. 행사 장소는 스톡홀름 스베아베겐의 ABF 하우스였다. 이곳은 사회민주당 당사 도로 맞은편, 그리고 올로프 팔메 총리가 영화를 보다가 암살당한 극장에서 조금 떨어진 곳이었다. 이 푸른색 건물은 스웨덴이 보기에 그리고 종종 다른 나라에서 보기에도 '스웨덴을 세계 최고의 근대국가로 확신했던 시대'의 유적이다. 하지만 그 시대는 이미 오래전에 사라졌다(아직 정확한 범인과 배후를 파악하지 못한 '팔메 암살 사건'은 한 시대가 끝나는 순간을 의미한다).

내가 방문했던 날 밤의 ABF 하우스는 열띤 회의와 토론으로 분주했다. 나는 그곳에서 두 명의 저명한 교수가 '스웨덴 언론의 보도 내용'을 놓고 논쟁을 벌이는 모습을 지켜보았다. 데이비드 월리스 웰스David Wallace-Wells가 〈뉴욕〉에 기고한 '거주 불능 지구'에서 던진 경고에 대한 현지 반응을 두고 두 사람의 의견이 대립했다. 참가자들은 나무로 벽을 마감한 홀로 들어가 경사지게 배치된 좌석에 앉았다. 무대 뒤에 설치된 화면에는 '희망은 있는가?'라는 토론 주제가 나타났다. 이 질문은 기후 변화를 논의하기 위한 것이었지만, 도널드 트럼프의 당선 이후 1년이 지난 시점에서 다른 차원의 불안이 고조되는 것은 어쩔 수 없었다.

첫 번째 강연자는 이제 모든 것이 두 세계관의 충돌이 빚어내는 결과에 달렸다고 설명했다. 그는 오늘날 '과학과 이성, 기술과 진보를 믿는 사람들'과 '두려움 때문에 무너진 미래를 상상하는 사람들' 간의 분열이 존재한다고 말했다. 첫 번째 그룹, 즉 세계관 A를 따르는 집단은 인류세의 문제를 해결하기 위해 기꺼이 참여하려는 사람들이지만, 세계관 B를 추종하는 사람들은 강연자의 말에 따르면 '기후 변화가 일어나고 있다는 것조차 믿지 않는 사람들'이다.

그의 요점은 매우 분명했다. 이를테면 인류가 희망을 잃지 않으려면 첫 번째 그룹이 널리 확산되어야 한다는 것이다. 이것은 내가 지난 몇 년간 자주 들었던 이야기다. 하지만 그가 마치 팬터마임 배우처럼 단순하고 확신에 차서 의견을 말할 때, 나는 다른 무언가를 포착했다. 뜻밖에도 내가 오랫동안 숙고하지 않았던 부분과 관련 있는 내용이었다. 이것은 T.S. 엘리엇이 한때 영국 시의 역사에 관해 주장했던 부분과 일치했다. 근대 역사를 거슬러 올라가 영국 내전이 발생하고 왕립협회가 창립되던 시기, 엘리엇은 감수성의 분열, 즉 '머리와 마음이 단절됐다'고 생각했다.[6]

이런 주장이 문학적 또는 역사적으로 어떤 가치가 있든, 나는 사고와 감정의 분열이 그날 밤 강연자가 이야기한 두 세계관의 분열과 상당히 일치한다고 생각했다. 두 세계관을 설명하는 키워드를 보면

'과학과 이성, 기술과 진보의 사람들'과 '두려움과 위협의 사람들'로 나눌 수 있다. 이것은 이데올로기의 충돌이 아니라 단절된 사회를 반영하는 말이다. 사고 대 감정, 머리 대 마음의 단절이다. 과학과 이성을 신봉하는 입장에서 보면 사물은 거의 확실하게 감정 문제와 별개다. 신경생물학자가 우리가 특정 감정을 느낄 때 일어나는 화학적 변화의 원리를 알려줄 순 있지만, 그런 설명이 이해를 돕는다고 해도 우리는 삶을 물질적 인과 관계로 축소할 수 있는 것처럼 행동하지는 않는다.

첫 번째 세계관을 가진 사람들은 과학과 이성, 기술을 단순히 실행하는 사람들이 아니라, 이런 가치를 신뢰하고 그 지위를 신앙의 대상으로까지 올려놓은 사람들이다. 세계관 B를 믿는 사람들은 두려움을 느끼고 위협을 감지하는 사람들이다. 나는 "이것이 우리가 처한 곤경에 대한 적절한 반응이 아닌가? 우리가 데이비드 월리스 웰스의 글을 읽을 때 느끼는 감정이 아닌가?"라고 말하고 싶다. 만약 두려움을 이기고 용기를 내길 원한다면, 두려워하는 사람들을 조롱하거나, 두려움을 잘못으로 취급해서는 안 될 것이다.

미래를 두려워하는 사람들이 '기후 변화가 일어나고 있다는 사실을 믿지 않는 사람들'이라는 단순한 도식에 어떤 근거가 있다면, 이런 역설은 단순한 경멸 이상의 의미를 가질 것이다. 기후 위기를 부정한다는 의심은 독이 묻은 씨앗과도 같다. 자기 영속과 확장에 사로잡힌 산업 사회를 대신해 자신의 곤경에 대해 충분한 대가를 받은 사람들이 의도적으로 뿌린 씨앗이다. 하지만 이 씨앗은 폭넓은 문화의 홍수로 비옥해진 토양 속에서 자랐다. 과학과의 거리 두기와 과학을 향한 분노가 뿌리내릴 수 있는 조건들을 말할 때 그 책임의 일부는 과학의 실천, 이성의 능력, 기술의 약속을 한데 묶어 신앙 체계로 만든 사람들에게 있을 것이다. 그들의 신념에 기초한 세계관은 기후 변화를 부정하는 사람들이 늘어날 수 있는 조건을 조성하는 데에도 기여했다. 비록 선의에 기초해 낙관주의를 요구하고 두려움을 거부했더라도, 세계관 A는 결국 '단절'이라는 병적인 상황으로 이어지며, 심리학자들은 이것을 신체적, 정서적 경험과의 병리적인 거리 두기라고 진단한다.

권위주의의 징후가 나타나다

코로나 팬데믹은 과학과 정치, 신앙의 융합을 드러내고 가속화했다. 이미 양극화한 미국의 정치 지형에서 '과학'은 하나의 정당처럼 자리 잡았다. 2021년 9월 캘리포니아 주민소환투표 후, 나는 민주당 대변인이 "사람들은 과학에 투표했다!"라고 공표하는 것을 들었다.

우리가 팬데믹 시기의 과학을 어떻게 생각하든 '정치와 과학의 융합'은 매번 우리를 놀라게 한다. 과학의 이름으로 시행된 비상조치뿐 아니라 반대자에 대한 태도에서도 보듯이, 이것은 '민주적 규범을 중단시킬 근거'를 제공한다. 당신이 과학의 편에 속한다면 반대하는 사람들의 말을 경청하거나 이해하려고 노력할 이유가 없다. 그들을 위험하고 그릇된 정보의 출처로 취급하고 무관용을 보이면 되기 때문이다. 이렇게 되면 '과학에 대한 신뢰'는 초월적 신앙에 기초한 정치

운동과 비슷해지며, 사람들은 과학적 메시지는 진실하고 그 의도는 선하다고 확신한다.

과학은 정치화하는 과정에서 신정 정치(Theocracy, 신의 대리자가 지배권을 갖는 정치 형태-편집자)나 그와 비슷한 것을 지향하는 성향을 보여준다. 많은 사람이 정치를 바라볼 때 적용하는 이분법적 관점에서는 이런 특성을 이해하고 언급할 수 없다. 양극화한 정치 상황에서 내가 진보 진영의 전개 양상이 우려스럽다고 말하면, 사람들은 내가 반대 진영의 추악함보다 진보 진영의 문제점을 더 심각하게 보는지 물을 것이다. 내가 지금 진보 진영의 문제를 '유나이트 더 라이트 집회(Unite the Right rally, 2017년에 열린 극우 집회-편집자)'에서 횃불을 든 신나치주의자 또는 이 횃불에 불을 붙인 대통령의 인종차별적 선전 선동보다 더 큰 문제라고 주장하는가?

투표에서 제시하는 단순한 선택지는 정치를 '우리 대 그들의 과제'로 축소하도록 부추긴다. 우리가 계속 놓치는 부분은 지금 이 시대가 다양한 위험에 직면해 있다는 점이다. 선거일에 어쩔 수 없이 내리는 판단을 넘어, 여러 위험 중 어느 것이 가장 덜 나쁜가가 아닌, 위험 자체를 피하려면 어떤 노력을 해야 하는지 고민해야 한다. 어떤 경로로 이런 딜레마를 극복할 수 있을까?

당파주의의 양극화한 관점에는 어쩌면 다행스러운 면이 있다. 양 진영에서는 문제점을 분리해 반대하는 입장에 선 사람들을 비난하는 데에만 주의를 기울이게 만들어 우리가 직면한 혼란의 심각성을 덮는다. 전 월스트리트 임원 에이미 시스킨드Amy Siskind는 트럼프 대통령 재임 시기, 대통령이 미국 민주주의 규범을 파괴한 목록을 매주 발표했다. 그녀의 발표는 다음과 같은 말로 시작했다.

"권위주의 전문가들은 우리 주변에서 미묘하게 바뀌는 일들을 기록해 두면 매우 유용할 것이라고 조언합니다."[7]

시스킨드나 그녀의 협력자들은 2020년 봄 코로나에 대응하기 위해 시행한 규범 파괴를 목록에 포함하지 않았으며, 이 시기의 파괴 행위가 권위주의가 부상하는 신호일 수 있다는 점도 고려하지 않았다. 봉쇄 조치, 온라인 공간에서 의견 게시 제한 조치 확대, 생계 수단과 이동의 자유 상실 등은 타당한 이유로 도입되었기 때문에 어느 것도 기록할 필요가 없다는 의미였다. 이처럼 과학에는 막강한 힘이 있다. 때때로 과학의 이름으로 시행되는 조치가 권위주의의 징후에 해당하지는 않는지 의구심마저 들 정도다.

기후 변화에 관해 질문하기 어려운 이유

21세기 초 서구 후기 산업 사회의 이상한 정치에는 과학이 부정하고 회피하는 '인간의 취약성'이 계속 나타났다. 이 취약성은 지난 10년 동안의 포퓰리즘 운동은 물론, 팬데믹에서부터 기후 위기까지 우리가 세계의 종말이라고 여기는 모든 단층선을 연결한다. 인류학자 마리오 블레이저Mario Blaser와 마리솔 데 라 카데나Marisol de la Cadena가 인류세를 둘러싼 소란스러운 논란에서 깨달은 것들이 다시 생각난다. 인류세를 주제로 한 논의는 '세계의 권력자들이 자신의 세계를 파괴할 가능성을 발견한 과정'과도 비슷하다. '진보, 문명, 발전, 자유주의적 포용이라는 공공선의 이름으로' 다른 세계의 종말을 선고했기 때문이다. 어쩌면 갑자기 우리의 세계 역시 끝날 수 있다는 생각마저 든다. 이런 상황에서 우리는 두 가지 가능성을 제기할 수 있다. 첫째, 지금은 비서구인들이 여러 세대 동안 우리에게 말해왔던 것을 겸손히 경청할 수 있는 시기이다. 둘째, 서구 프로젝트 중 역사상 가장 원대한 계획을 자유롭게 시행할 수 있는 시기이기도 하다. 이를테면 '세상을 구하라'는 이름으로 지구를 바꾸는 노력을 할 수 있다. 우리 사회는 이미 두 번째 가능성을 지향하는 경향을 보였다. 하지만 2020년대 초 정치 영역에 나타난 과학의 과도한 영향으로 우리가 속도를 내며 달려가는 길에 의문을 제기하기는 점점 어려워졌다. 또한 기후 변화 논의와 관련된 변화에 관해서도 질문하기는 더 어려워졌다.

14장

책임감 있는 어른들이 나설 때

코로나19 바이러스가 세계 곳곳으로 확산하자, 기후 변화에 관한 공개토론에도 변화가 있었다. 변화의 중심축이 된 사건은 조 바이든의 대통령 당선이었다. 그는 미국이 파리협약에 복귀할 것임을 약속했다. 〈파이낸셜 타임스〉 편집자는 바이든의 대통령직 인수팀이 일을 시작하자, "어른이 다시 워싱턴을 맡게 되었다."라고 말했다. 4년 동안 미국 정치계의 최고위직은 종종 덩치만 큰 아이처럼 행동하는 늙은 사람(트럼프 전 대통령)이 차지했다. 이 시기는 아직 투표할 나이도 되지 않은 어린 운동가들만 유일한 도덕적 권리를 가진 것처럼 보이는 암울한 때이기도 했다. 그런 면에서 진정한 어른의 귀환은 힘의 균형 축을 한 개 이상으로 바꿔놓는 큰 변화를 기대하게 했다.

코로나 이전에 등장한 기후 운동에서 가장 강력한 목소리를 낸 사람들 중 하나는 그레타 툰베리였다. 그녀는 10년간의 활동 끝에 역대 가장 어린 '올해의 인물'로 선정되어 〈타임〉의 표지에 실렸다. 툰베리의 사례에 영감을 받은 전 세계의 학생들이 자신들의 정부에 '역사의 판단'을 미리 보여주는 역할을 자처했다. 그들의 시위는 오늘날 정치인들의 행동이 미래 세대에게 어떻게 비치는지를 여실히 드러냈다. 정치인들은 이런 사실을 짐짓 모르는 체하면서 시위자들에게 셀카 촬영을 요청하거나 반대로 무작정 화를 내기도 했다. 호주 총리 스콧 모리슨은 수업을 거부하는 학생들에게 "당장 교실로 돌아가라!"고 외쳤다. 벨기에의 기후 담당 장관은 '벨기에의 한 보안 기관이 학생 파업을 음모의 일부라고 보고했다.'라고 주장한 뒤 자리에서 물러나야 했다.

앞선 사람도, 뒤처진 사람도 없다

우리는 기후 위기에 관해 안내하는 여러 책에서 10년의 전환기 동안 일어난 '힘의 이동'을 추적할 수 있다. 데이비드 월리스 웰스의 《2050 거주 불능 지구》와 조너선 프랜즌Jonathan Franzen의 《가식을 멈춘다면 어떻게 될까(What If We Stopped Pretending?)》가 늦은 밤 부엌에서 맞닥뜨린 아버지가 어쩔 줄 모르고 당황하는 모습과 비슷하다면, 빌 게이츠의 《기후 재앙을 피하는 법》은 이전과는 다른 새로운 분위기를 압축적으로 보여주었다.

툰베리의 격렬한 연설이 끝나자 다보스(매년 스위스 다보스에서 열리는 세계경제포럼-편집자)의 엘리트들이 등장했다. 다보스의 가장 중요한 회원이며 원조 기술기업 창업자이자 자선사업가인 빌 게이츠가 등장해 이제 기후 문제는 자신과 자신의 친구들의 손에 달렸다고 설명했다. 게이츠 스스로도 인정했듯이 그는 최근에야 기후 위기를 중요한 문제로 다루기 시작했으며, 우선해서 이 문제에 관심을 두기 시작했다. 그는 독자들에게 이렇게 말했다.

"우리는 기후 위기 해결 문제가 실질적으로 진전이 있을 것이라고 낙관합니다. 세계가 그 어느 때보다 이 문제 해결을 위해 헌신하고 있기 때문입니다."[1]

게이츠의 말처럼 이제부터 어른들이 책임질 준비가 된 것일까? 게이츠의 측근인 스티븐 핑커는 툰베리와 비교할 것을 대비해 인터뷰 진행자에게 이렇게 말했다.

"사람들은 문제 해결 또는 갈등, 이 두 가지 방식 중 하나로 도전 과제에 접근하는 경향이 있습니다. 이를테면 빌 게이츠의 방식 대 그레타 툰베리의 방식으로 비교할 수 있습니다."[2]

자가 조립용 가구를 판매하는 스웨덴 기업 이케아Ikea는 고객들이 입구에서 출구까지 하나의 루트를 따라 이동하도록 매장을 설계한다. 교차점이나 의사결정 지점도 없고, 선택지도 없이 단 하나의 경로만 있을 뿐이다. 이와 비슷한 방식으로 논리를 전개하는 책들이 있다. 아일랜드 철학자 앤서니 맥칸Anthony McCann은 이것을 '이케아 콘셉트'라고 부른다. 이케아에서는 일단 입구 문턱을 넘어서면 그다음부터는 모든 것이 저절로 결정된다. 이케아의 세계에서는 교차로도, 갈림길도 없고 판단이 필요한 지점도 없다. 다만 극복해야 할 연속적인 장애물만 있을 뿐이다. 빌 게이츠의 책《기후 재앙을 피하는 법》에서 문턱은 첫 부분부터 등장한다. 게이츠는 우리에게 이렇게 알려준다.

"현대 생활의 모든 활동은 온실가스를 배출한다. 시간이 흐르면 더 많은 사람이 현대의 생활방식으로 살게 될 것이다."

이런 설명은 기후 변화 문제를 다룰 때, 현대적 생활방식을 바라보는 관점에 의문을 제기할 가능성을 처음부터 없앤다. 게이츠의 논리에 따르면 21세기 초 서구 중산층의 생활방식이 전 인류의 도착점이자, 과거 서구인들이 겪었고 지금은 다수가 겪고 있는 지옥에서 벗어날 유일한 구원책일 것이다. 세계 최고 부자 중 한 명인 빌 게이츠는 현대 생활의 토대가 되는 시스템을 소유해 부를 쌓았기 때문에 사람들이 이런 이야기를 믿게 하는 데 관심이 있다고 짐작할 수 있다. 하지만 그의 책을 읽어보면 그는 지속 가능한 제트기 연료를 사용하는 전용 제트기 창문으로 아프리카 도시들의 불 꺼진 거리를 잠시 내려다보며 아직 근대 문명을 누리지 못한 사람들의 삶에서 도덕적 권위를 잠시 빌려온다.

일단 우리가 빌 게이츠식 관점을 인정한다면 나머지는 당연히 기술적인 과제나 공학적인 과제가 된다. 게이츠와 그의 팀은 경제 분야별로 샅샅이 분석해 현대적인 생활방식을 탄소 배출량 제로 상태로 모두에게 제공할 수 있는 흥미로운 해결책과 혁신을 찾을 것이고, 이런 해결 과정에 필요한 기술 개발 목록을 만들 것이다.

그는 최근에야 기후 위기에 관심을 뒀는지 모르지만, 다른 선구자들은 그가 책에서 '우리가 걷길 바라는 길'이라고 이름 붙인 방법들을 이미 오래전부터 제시해 왔다. 이 책에는 '생태근대주의 선언(Ecomodernist Manifesto)'이라는 선언문이 등장한다. 이것은 2015년에

'좋은 인류세를 만들기 위해 인류의 탁월한 힘을 사용하려는 의도'를 밝힌 학자와 언론인, 기업가로 구성된 단체가 이미 발표한 것과 같은 내용이다.[3]

'다크 마운틴 선언문'에서 발간한 보고서 중 가장 광범위한 논쟁을 일으킨 것은 크리스 스마제Chris Smaje가 이 선언문에 응답하기 위해 쓴 '생태근대주의에 관한 어두운 생각들'이다.[4] 영국의 사회과학자인 스마제는 런던 골드스미스 칼리지의 교수직을 버리고 직접 농사를 지었다. 그는 자신의 실제 경험과 학문적 훈련을 통합해 '기후 변화가 일어난 미래에도 실행할 수 있는 방법'이라는 글을 썼다. 생태근대주의 문헌을 읽고 그가 느낀 실망감은 이 사상이 바탕 삼은 역사적 이야기에서 시작된다. 이 이야기(스티븐 핑커와 한스 로슬링 등 테드TED 강연자 다수가 말하는 익숙한 내용)에서 모든 인간은 단 하나의 발전 경로를 따라 행진하고 있다. 근대성의 수혜자들은 이 여정의 선두 주자일 뿐이다. 불우한 사람들은 늘 우리 뒤편에 있고, 그들의 현재 모습은 서구인들의 과거 모습이다. '브레이크스루 인스티튜트Breakthrough Institute'의 설립자이자 이 선언문의 공동 저자인 마이클 쉘렌버거Michael Shellenberger는 스마제의 보고서 이후 개최된 토론에서 이렇게 말했다.

"생태근대주의에서는 우리보다 뒤처진 사람들에게 기술과 근대성의 선물을 전할 도덕적 의무가 있다고 말합니다."

문제는 지금의 상황이 더 이상 이런 방식으로 돌아가지 않는다는 점이다. 전 세계의 분열은 우리 중 어떤 집단이 다른 집단보다 미래에 더 가까운가와 관련된 문제가 아니다. 아무도 앞서거나 뒤처져 있지 않다. 전 세계 사람들은 모두 근대성의 결과와 함께 살고 있으며,

그들의 삶은 근대성의 최대 수혜자들의 필요와 욕구에 따라 재형성된 것이다. 스마제가 지적하듯이 이것은 여러 세기 동안 거듭된 일이다.

◈◈◈ 노예들은 배를 타고 대서양을 건너 신세계의 플랜테이션 농장에서 피땀 흘려 일했다. 근대 노예들은 동남아시아 어선에서 일하고, 뭄바이 빈민가에서 쓰레기를 주웠다. 식민지 원주민들은 제국주의에 집단 학살당하고, 그 후손은 미국과 호주의 보호구역에서 근근이 살았다. 가난한 농부들과 시골 노동자들은 전 세계의 들판과 플랜테이션 농장에서 일했다. 방글라데시 증기선 노동자와 필리핀 출신의 하녀들은 근대성 측면에서 '뒤처진' 것이 아니다. 그들 역시 실리콘밸리의 백만장자와 샌프란시스코의 정책분석가과 같은 시대를 살았다.[5]

생태근대주의를 연구한 사람들의 책을 읽어보면 '근대성'이 생태근대주의자들이 말하는 것보다 훨씬 엉망진창이고 더 의문스러운 문제라는 점을 알 수 있다. 생태근대주의는 그동안 세계가 달성한 인상적인 통계에 주목하며, 그 통계 뒤에 어떤 삶의 과정이 얽혀 있는지 보지도 않고 단순한 이야기를 덧붙이는 접근방식을 취한다. 이후에 다시 살펴보겠지만, 핑커나 로슬링의 말에 진실성이 없지는 않다. 하지만 그 이야기를 타당한 것으로 만들기 위해 그들은 너무 많은 것을 간과했다. 이것을 지적하는 행동이 우리가 이전 상태로(마치 우리에게 선택지가 있는 것처럼) 돌아가야 한다고 말하는 것은 아니다. 우리는 어디에서 시작해야 하는지 알아야 한다. 그리고 최근까지 일부 사람들이 살아온 방식이 불가피하고 적절하며 장점도 있다는 것을 입증하기 위해 더 이상은 다른 사람들의 삶을 이용하지 말아야 한다. 그리고 모든 동시대인의 경험과 통찰에 겸손히 귀를 기울여야 한다.

근대성이 약속을 지키지 못한다면(물론 그 이유를 기후 변화가 보여주는 한계로 볼 수는 없지만, 한계 봉착과 분명히 관련 있다), 우리 앞에 놓인 과제는 어떤 대가를 치르더라도 근대적 생활방식을 유지하는 것이 아니다. 인류의 오랜 역사에서 경험한 다른 많은 생활방식을 배워 근대적 생활방식에서 우리 스스로를 구하는 일이다. 하지만 새로운 미래 경로를 탐구하자는 제안은 생태근대주의 신봉자들에게 순진하거나, 유치하거나, 그보다 더 나쁜 것으로 무시당할 것이다. 물론 이 제안의 타당성에는 의문의 여지가 있다. 하지만, 빌 게이츠가 아직 발명되지 않은 기술 목록에 기초해 그리는 미래도 불투명하기는 마찬가지다. 확실히 보장된 것은 아무것도 없다. 우리의 제안은 모두 성공할 가능성이 낮다. 문제는 우리가 어떤 기적을 일으키려고 노력할 것인가이다. 그리고 그런 기적을 통해 어떤 세계를 만들 것인가이다.

권력자들의 민낯을 마주하다

《기후 재앙을 피하는 법》의 내용이 돌파구라기보다 생태근대주의의 재탕이라고 해도 다른 측면에서는 이조차 의미심장하게 받아들여야 한다. 똑같은 말이라도 언급하는 사람이 다르면 새로운 의미를 띠기 때문이다. 게이츠는 '몇몇 발명가 친구들' '수십 명의 부유한 지인들'

을 대수롭지 않게 언급하고, 대통령과 총리에게 전화를 걸어 자신이 어떤 환경에서 활동하는지 우리에게 상기시킨다. 그의 책은 '책임 있는 사람들이 이제 기후 변화를 진지하게 다루고 있다.'는 신호이다.

《책임 있는 유력자들(Adult in the Room)》은 야니스 바루파키스Yanis Varoufakis가 그리스 재무장관으로 6개월 동안 경험한 일들을 기록한 책이다.[6] 바루파키스는 정치 경력은 짧았지만, 국가 위기 상황에서 급진 좌파 정부가 장관으로 발탁했다. 이 책은 정치 회고록 가운데 상당히 독특하다. 그리스가 국가 부채의 사슬에서 벗어나기 위해 협상할 때 바루파키스는 세계에서 가장 유력한 사람들을 만났다. 이 책의 제목은 국제통화기금(IMF) 총재 크리스틴 라가르드가 그에게 말한 내용에서 따온 것이다. 워싱턴에서 열린 심야 회의에서 전 미국 재무장관 래리 서머스는 '정치인에는 두 종류, 즉 내부자와 외부자가 있다'고 설명했다.

"외부자들은 진실을 말할 자유에 우선순위를 둡니다. 그들은 그런 자유의 대가로, 중요한 결정을 내리는 내부자들에게 무시당합니다."

그의 이야기에 따르면, 바루파키스는 엄연히 외부자이지만 조국을 구하기 위해 내부자가 된 사람이다. 그는 협상에 실패하자 비밀을 누설하기로 결심했다. 우리가 그의 전략을 어떻게 생각하든, 유력자들이 그를 어떻게 대했든, 바루파키스는 스스로를 책임 있는 유력자로 생각하는 사람들을 매우 가까이에서 관찰했다. 그들의 의사결정은 수십억 명의 삶에 영향을 미치기 때문에 그들이 세계를 보는 방식은 매우 중요할 것이다. 때로 그들은 스스로를 슈퍼히어로로 여기는 것 같지만, 우리가 그들의 관점에 동의하지 않는다면 '슈퍼 악당'으로 보일 수도 있다. 바루파키스의 이야기에서 가장 놀라운 순간은 내부자들의 평소 이미지와 그들이 처한 상황의 간극이다. 이 부분에서 내부자들의 무지와 절망, 무기력을 잠깐이나마 엿볼 수 있다.

내부자들의 무지는 워싱턴 IMF 본부의 한 현장에서 드러났다. 바루파키스는 부활절에 비행기를 타고 날아가 라가르드에게 최후통첩을 전했다. 그리스는 곧 도래하는 IMF 상환금에 대해 채무불이행을 선언할 예정이었다. 하지만 그가 탄 비행기가 착륙할 때쯤 그리스 정부로부터 '채무불이행을 선언하지 않는다'라는 새로운 지침을 받았다. 대신 앞으로 있을 회의에서 논의할 주제는 '그리스 정부가 실행할 가장 중요한 개혁 과제가 무언인가'로 바뀌었다. 라가르드는 먼저 약국 규제 완화 문제를 꺼냈다. 라가르드는 그에게 〈월스트리트 저널〉의 최근 기사를 언급하며 말했다.

"그리스가 이유식과 화장품의 독점을 지지하는 것을 알고 무척 놀랐습니다."

바루파키스가 이 말에 크게 놀란 이유는 두 가지였다. 이것이 IMF 총재가 생각하는 가장 중요한 이슈인가에 대한 의문과 그가 이 이슈를 제대로 이해하지도 못한다는 점이었다. 그는 그녀가 언급한 제품에 대한 약사들의 독점권은 이미 폐지되었다고 설명했다. 그가 지금까지 반대했던 것은 다국적 체인이 소유한 수천 개의 약국을 시장에서 퇴출할 수 있는 전면적인 규제 철폐였다.

내부자들이 스스로를 어떻게 보는지, 종종 다른 사람들이 내부자들을 어떻게 평가하는지는 논란이 있을 수 있지만, 내부자의 무지는 사실 전혀 놀라운 일이 아니다. 그들은 자신들이 내린 의사결정의 결과를 깊이 알아볼 시간이 없다. 항상 위에서 세계를 내려다보며, 위계적인 소속 기관의 직원들이 공유하는 가정을 통해 걸러진 브리핑 자료와 내부 동료들과의 토론, 〈월스트리트 저널〉에서 확인한 자료에 의존하기 때문이다.

더 뜻밖이었던 점은 바루파키스가 독일 재무장관 볼프강 쇼이블레와의 회의 시간에 느꼈던 절망감이다. 그 회의의 핵심 안건은 그리스가 채권자들이 제안한 '양해각서'에 서명할 것인가였다. 회의가 끝날 무렵, 바루파키스는 이 각서에 서명해야 한다고 주장하는 쇼이블레를 보며 정치인 대 정치인으로서 진심 어린 조언을 구했다.

"당신은 40년 동안 이 일을 해왔습니다. 나는 이 일을 맡은 지 고작 5개월밖에 되지 않았습니다. 당신이 내 입장이라면 이 양해각서에 서명하겠습니까?"

바루파키스는 달리 대안이 없다는 식의 통상적인 대답을 기대했다. 하지만 쇼이블레 장관은 잠시 창밖으로 베를린의 햇살을 응시하더니 돌아서서 말했다.

"진정한 애국자라면 서명해서는 안 됩니다. 그리스 국민들에게 도움이 되지 않을 테니까요."

이 대답을 듣고 바루파키스는 어안이 벙벙했다. 그는 자신의 책에 '그날 그곳을 떠날 때, 내 뒤에는 마키아벨리와 같은 독재자가 아니라 무너진 가슴을 가진 사람, 표면적으로는 유럽에서 가장 큰 힘을 가졌지만, 자신이 옳다고 생각하는 것을 행동으로 옮기지 못하는 무력감을 느끼는 사람이 있었다.'라고 이 순간을 회상했다.

권력자들에게 나타나는 이 이상한 무력감은 바루파키스가 말한 이야기의 마지막 부분에 잘 드러난다. 6개월 동안의 협상 후 세 개의 국제기관은 근본적인 문제를 해결하지 못하는 구제금융 지원의 대가로 그리스에 추가적인 세금 인상과 정부 지출 축소를 요구했다. 극좌파인 시리자SYRIZA 정부는 이 결정을 국민투표에 부치겠다고 발표했다. 유권자들이 이 합의서를 거부하면 그리스는 유로존을 탈퇴하는 수순을 밟게 될 것임이 자명했다. 그리스 유권자의 확실한 찬성을 끌어내려고 유럽 중앙은행이 요구한 일주일간의 은행 폐쇄에도, 결과는 '단호한 반대'였다. 정부 청사로 돌아간 바루파키스는 알렉시스 치프라스 그리스 총리가 유권자들이 거부한 구제금융 조건에 동의할 준비를 하는 모습을 지켜봐야 했다.

바루파키스가 총리에게 "국민투표를 통해 그리스 정부는 유럽 파트너들과 함께 해결책을 제시할 권한을 얻었습니다."라고 말하자, 치프라스는 "그들이 우리에게 해결책을 제시하기는 매우 어려울 겁니다."라고 답했다. 재무장관은 총리가 이 문제를 잘못 알고 있다고 생각했다.

"총리님은 그들이 제시하는 방안을 해결책으로 잘못 생각하고 있습니다. 그것은 올바른 방법이 아닙니다. 그들도 우리만큼이나 해결책이 필요합니다."

내가 바루파키스의 책에서 얻은 마지막 교훈은 이것이다. 권력을 가진 사람들이 기득권 집단이 되면 '좋은 변화'를 만들어내지 못한다는 것이다. 다른 방법을 찾는 것은 항상 더 약한 집단의 몫이 된다. 아래로부터 나오는 힘만이 이 규칙을 다시 만들 수 있다. 내부자들과 만날 기회는 점점 줄어들었지만, 몇 년 전 나는 프랑스 작가 펠릭스

마르콰르트Felix Marquardt를 알게 되었다. 그는 매년 1월 세계경제포럼에 모이는 유력 인사들과 그 수행단의 네트워크인 다보스 포럼의 일원으로 20년을 보냈다. 이곳에서 빌 게이츠와 마크 저커버그가 우연히 크리스틴 라가르드와 볼프강 쇼이블레를 만났다. 펠릭스는 자신을 '회복 중인 다보스의 마약쟁이'라고 부르는데, 말 그대로 사실이었다. 오랫동안 그는 술과 마약에 의존하면서도 자신이 중독자가 될 것이라고 생각하지 않았다.

◇◇◇ 중독자들은 공원 벤치에서 마약 주사를 맞거나 코카인 판매소에서 유리 파이프로 마약을 흡입했다. 하지만 나는 비행기 비즈니스석을 타고 세계를 돌아다니고, 최고급 호텔에서 살며, 독재자를 포함해 국가 지도자급 인사들과 공직에 출마한 사람들, 세계 최대 다국적 기업의 최고경영자들을 만난다.[7]

펠릭스는 자신이 비록 마약 중독자이긴 하지만 유력자들 사이에서 수준 높은 업무를 수행한다는 점에 은밀한 자부심을 느꼈던 기억을 떠올렸다. 나중에야 그는 '마약중독에도 불구하고'가 아니라 오히려 '마약중독 덕분에' 그런 세계에서도 능숙하게 일했다는 생각이 들었다고 한다. 권력은 그 자체로 중독성이 강한 탓에 그것에 끌리는 사람들을 공허하게 만든다.

　책임 있는 자리에 선 사람들이 자신의 지위에 집착하기 시작하면 그들은 곧 공허함을 느끼고 세계관은 왜곡된다. 그들은 고상한 취향을 가진 사람들이다. 책상에 다이어트 콜라를 올려두지 않으며, 소셜 미디어에 자신의 충동을 함부로 쏟아내지 않는다. 하지만 그들이 아무리 어른이라는 자부심을 느낀다 해도 그들에게는 제멋대로 자란 아이들과 닮은 구석이 있다.

책임감 있는 어른들의 세계관

지난 5년 동안 기후 위기는 다보스 참석자들이 세계의 상황에 관해 말할 때 핵심 주제가 되었다. 나는 이것이 일시적인 현상이 아니라고 생각한다. 항상 신문 헤드라인을 오르내리고 관심의 고저를 반복하지만, 확실히 파도는 밀려오고 있다. 대중 사이에서 기후 위기에 대한 자각과 경각심이 높아지고, 극단적인 사건들의 영향을 점차 피부로 느끼면서 기후 위기 문제는 과거 수십 년 전보다 2020년대에 정책적으로 더 중요한 위치를 차지할 것이다.

겉보기에 관련이 없는 사건들이 터지면서 우리의 주의를 끌지만, 원인과 결과의 연결선은 기후 변화를 중심으로 한 시스템적 위기의 매듭을 더 단단히 조일 것이다. 우크라이나에서 전쟁이 발발하면서 유럽은 러시아의 화석 에너지 의존 상황에 직면한 반면, 두 국가의 식량 공급 시스템에 포함된 지역은 모두 식량문제를 겪고 있다.

한편 다양한 산업 분야의 리더들은 서둘러 자신의 기업이 기후 위기를 진지하게 다룬다는 것을 보여주려 한다. 이곳 스웨덴에서도 맥도날드는 '변화를 만들 정도로 충분히 크다'라는 광고를 내보내고, 반^半채식주의 메뉴와 전기차 포인트 적립을 홍보한다. 이런 상황에서

'기후 변화를 진지하게 받아들인다'는 의미는 기술기업의 억만장자와 투자 관리자, 그밖에 다른 '책임 있는 어른들'의 세계관에 적합한 방식으로 규정할 수 있을 것이다. 그린 뉴딜 정책Green New Deal과 통합되거나, 우리가 처한 곤경의 본질에 관한 정치 토론장의 한 축이 될 것이다. 어느 쪽이든 이런 가정에 동의하지 않고는 그들이 가리키는 방향을 우려하는 우리 같은 사람들은 점차 자기 입장을 내세우기 힘들어질 것이다.

15장

우리는 해결책을 모른다

그레타 툰베리가 학교 수업을 거부한 지 2개월이 지난 후, '멸종저항'이 처음 런던 시내에 나타나기 2주 전인 2018년 가을이었다. 나는 브뤼셀을 경유해 영국으로 가는 길이었다. 일면식도 없는 누군가가 페이스북으로 메시지를 보냈다. 우리는 브뤼셀의 유로스타 터미널 근처 카페에서 만났다. 그는 유럽 공공기관들과 가까운 조직에서 일했는데, 해상운송의 미래에 관한 보고서를 막 끝낸 참이라고 했다.

"나는 계산을 맞추기 위해 2030년에 유럽 전체 전력 공급량의 절반이 중국에서 오는 컨테이너선을 유지하기 위한 합성 연료를 생산하는 데에 사용될 것으로 가정해야 했습니다."

이 도시에 있는 다른 산업 분야에서도 비슷한 가정에 기초해 보고서를 작성하고 있다. 전력 공급 예측량을 예산이라고 생각해 보자. 이 예산은 '지속적인 경제 성장'이라는 가정에 의문을 제기하지 않고 유럽 경제의 탈탄소 목표를 어떻게 달성할지를 설명할 때 몇 배나 초과 지출되었다. 이를테면, 보고서 작성자의 상사들이 이런 질문을 계속 피할 수 있도록 묵인한 것이다. 우리는 함께 카푸치노를 마시며 상황을 숙고하면서 서로 이렇게 질문했다.

"도무지 귀를 기울이려 하지 않는 사람들의 침묵을 어떻게 깰 수 있을까요?"

녹색 성장은 정말 가능한가?

그레타 툰베리는 어른들이 기후 변화를 진지하게 받아들이는지 시험하는 간단한 방법을 제시했다. 배출가스가 실제로 줄기 시작했는지 확인하는 것이다. 배출가스가 계속 증가하는 한 그 밖의 모든 말은 '허튼소리'에 지나지 않는다는 뜻이다. 오랫동안 나는 가끔 전면적인 기후 변화 부인론자들의 주장에 은밀히 공감했다. 화석연료 산업을 위해 혼란의 씨앗을 뿌린 사람들은 부유한 야바위꾼들이 아니라, 이미 현장에서 은퇴한 엔지니어들이었다. 그들은 자신의 추론을 왜곡해 기후 과학자들이 틀린 이유를 설명했다. 기후 변화의 함의를 회피하기 위해 그들은 기후 변화를 받아들일 경우 직면해야 하는 대가를 알아야 한다고 주장한다. 이와 대조적으로 '녹색 성장'과 '탈탄소 경제'로의 원만한 전환 가능성을 들먹이는 사람들은 더 약삭빠른 형태로 기후 변화를 부인한다.

나는 툰베리가 에마뉘엘 마크롱 대통령을 만났을 때의 일화를 들은 적이 있다. 때는 툰베리가 다보스 포럼을 방문한 직후인 2019년 2월이었다. 노란 조끼 시위대가 거리와 교차로에서 분노를 표출한 3개월 동안 마크롱 대통령은 사방에서 공격받고 있었다. 이 운동의 촉발 요인, 즉 사람들을 한계 상태로 몰아붙인 정책은 소비자 유가를 인상해 녹색 경제로의 전환을 가속화하려는 잘못된 시도 때문이었다. 툰베리의 엘리제궁 방문이 상대적으로 안도감을 주었다고 생각하고 싶지만, 이후에 이어진 솔직한 대화는 더 큰 충격을 안겨 주었다. 마크롱은 툰베리에게 말했다.

"프랑스는 경제 성장을 위해 배출가스를 감축할 수 없습니다."

그해 봄, 〈뉴 폴리티컬 이코노미New Political Economy〉에 제이슨 힉켈 Jason Hickel 과 조르고스 칼리스Giorgos Kallis가 쓴 논문이 실렸다. 그들은 '녹색 성장은 정말 가능한가?'[1]라고 질문했다. 저자들은 우선 '녹색 성장'(Green Growth, 경제 발전과 환경 보호의 균형을 맞추는 개념으로, 국내총생산의 지속적인 증가가 지구의 생태계와 양립하거나 양립할 수 있다는 주장이다.-편집자) 이론이 현재 기후 변화에 관한 논의를 지배한다고 지적한다. 다국적 기업들이 전면에 나서서 이 이론을 홍보하고 있으며, 정책 입안자들은 그대로 받아들인다는 것이다. 이것은 경제 성장과 환경 피해를 '분리'할 수 있으며, GDP 증가가 더 이상 자원 사용량이나 배출가스 증가로 이어지지 않을 것이라는 주장에 기반한다. 이 주장은 세계은행이나 OECD, 유엔환경계획의 보고서에서 반복적으로 등장했다. 칼리스와 힉켈이 이 주장에 대한 경험적 근거를 조사한 결과 이 이론은 전혀 근거가 없는 것으로 드러났다.

후기 산업 사회(녹색 성장 주창자들이 '물질적 풍요를 추구하는 시기'가

지났다고 여기는 시대)로 진입한 서구 선진 경제국들에서 자원 사용량이 줄어든 것은 제조업을 해외로 옮기면서 나타난 통계적 착시인 것으로 드러났다. 서구인이 사용하는 재화와 서비스를 생산하기 위해 다른 지역의 공장에서 사용하는 자원을 고려하면, 서구 경제권의 성장은 역사상 그 어느 때보다 더 많은 자원에 의존한다. 한편, 기후 변화 제한이라는 파리협약의 목표를 달성하기 위한 한층 험난한 길은 '규모에 따라 입증되지 않았거나 위험한 탄소 포집 기술'이나, 전반적인 경제 활동을 둔화시키지 않고 달성할 수 있는 수준보다 훨씬 더 높은 탈탄소 속도에 의존한다.

힉켈과 칼리스는 여러 증거와 모델을 조사한 후 녹색 성장이 가능하다는 주장은 '절망에서 비롯한 환상'이라고 결론짓는다. 그들은 이렇게 말한다.

"경제 성장에 의문을 제기하는 것은 정치적으로 용납되지 않는다. 다른 대안은 곧 재앙이기 때문에 녹색 성장은 참이어야 한다."

이 문제 때문에 툰베리와 마크롱 대통령 간의 대화는 더욱 흥미진진하게 느껴졌다. 우리는 더 이상 사장에게 말하기 힘든 내용을 꺼낼 방법을 고민하는 익명의 직원이 아니다. 이제 마크롱은 정치인의 풍향계로서 대중이 원하는 쪽으로 확실히 방향을 틀었다. 우리는 경제 성장과 생태적 지속가능성이 양립할 수 없다고 당당히 언급할 수 있으며, 중대한 전환점을 향해 나아가고 있다. 나는 우리 중 그 누구도 미래의 세상이 어떤 곳일지 확실히 장담할 수 없다고 생각한다.

지속가능성은 이미 끝났다

그해 5월, 나는 〈사이언티스트 워닝Scientists' Warning〉의 앨리슨 그린, '심층 적응'의 저자 젬 벤델과 함께 유럽위원회가 주최한 한 행사에서 강연하기 위해 브뤼셀로 향했다. 이탈리아 사회학자 안토니오 그람시Antonio Gramsci의 '옛 세상이 죽어가고 있지만 새로운 세상은 아직 오지 않았다.'라는 유명한 말처럼 나는 그날 하루 종일 최고 지도자의 부재를 실감했다. 유럽위원회의 직원들은 같은 위원회 소속 기관인 '커넥트 유니버시티Connect University'를 이용해 '디지털 미래'를 탐구하는 과제를 공식적으로 수행했다. 그들은 이 기관을 이용해 통상적인 정책 논의의 틀 밖에서 기후 변화에 관한 토론회를 주최하려 했다. 하지만 토론회 전날 밤, 한 고위 직원이 이 회의를 취소시키려고 한다는 소식을 전해 들었다. 나는 지난 회의 때 이곳에서 만났던 한 소식통과 나눈 대화를 떠올렸다.

그날 내가 발표하기로 한 주제는 '지속가능성은 끝났다'는 것이었다. 이제 우리의 도전 과제는 유럽 국가들의 생활방식을 유지하는 것이 아니라, 기존 방식을 성공적으로 포기하는 것이다. 이것은 경제 활동의 모든 영역뿐 아니라 경제 성장의 가능성을 포함한 모든 신념을 폐기하는 것을 의미한다. 그 행사 후 많은 이메일이 날아왔고, 나는 이런 기관에서 통상적으로 나누는 것과는 다른 대화를 원하는 이들의 갈망을 눈치챘다. 공포와 통제라는 상상에 빠지지 않고 자유롭게 대화할 수 있는 공간을 찾으려는 노력도 감지할 수 있었다. 여러 메일 중에서 특히 주의를 끈 것은 위원회에서 일하는 한 경제학자가 보낸 것이었다. 그는 이른바 '해결할 수 없는 단절 문제'를 우려하며 이렇게 썼다.

'이 문제의 핵심은 GDP 수치가 아니라 유럽 사회 모델의 생존 가능성입니다. 우리는 경제 성장에 관해 말할 때 민간 영역에 주목하는 경향이 있지만, 우리가 20세기 산업 사회에서 물려받은 여러 구조는 서로 깊게 연결되어 있습니다. 기껏해야 경제적 교환이라는 원시적인 힘에서 우리를 보호하는 역할밖에 하는 일이 없는 것 같은 공공기관도 전체 경제 규모에 의존하고 또한 기여하기도 합니다. 우리가 장기적인 경제 성장 추세를 지속할 수 없다는 점을 받아들이면 이것은 단순히 아마존이나 월마트의 문제가 아니라, 국민건강보험이나 공교육 시스템, 복지국가의 문제가 될 것입니다. 지금까지 이 문제를 해결할 수 있는 어떤 제안도 본 적이 없습니다. 대부분의 논의는 투자나 기후 은행 등에 관한 것이었지만, 훨씬 더 큰 문제는 공공지출 프로그램을 통한 경제 성장률 중독입니다.'

경제 성장은 자연법칙이 아니라 사회적 계약이다. 벨기에 출신의 금융 전문가 베르나르 리에테르Bernard Lietaer가 《돈의 미래(The Future of Money)》에서 설명했듯이, 특정한 형태의 화폐와 부채를 이용하는 방법이다. 그동안 인간 사회는 대규모의 산업적 착취 방식이 아니라 경제에 다른 방식으로 접근하면서 번영했다.[2]

성장의 필요성은 사회 계약으로 시작되었지만, 이 계약은 이제 사회라는 음식이 차려지는 식탁보가 되었다. 따라서 접시와 유리잔을 최대한 깨뜨리지 않고 이 식탁보를 얼마나 빨리 제거할 수 있느냐가 문제일 것이다. 그날 나는 브뤼셀의 청중에게 이렇게 질문했다.

"여러분 주변에서 볼 수 있는 경제 활동 중 얼마나 많은 부분이 그냥 사라질까요? 지금으로부터 30년 또는 10년 후가 아니라 하룻밤 사이에 사라지고, 그 결과 아무도 굶주리거나 노숙자가 되지 않는다면 누구나 그와 같은 결과를 동경하지 않을까요?"

우리는 모두 그 후에 무슨 일이 벌어졌는지 잘 알고 있다. 2020년 3월 세계 경제가 절벽 아래로 추락하고, GDP가 수 세기 동안 본 적 없는 수준으로 떨어졌다. 경제 분야 이외의 활동들도 대폭 축소되었다. 이와 같은 이상하고 새로운 현실 앞에서, '탈성장의 세계'로 가는 과도기에 나타나는 특징인 '지역사회와 가정 중심의 공급망'으로 변화하는 조짐이 엿보였다. 하지만 그중 일부는 단순히 특권층의 가식 행위에 지나지 않았다. 이를테면 코로나 시대 훨씬 전부터 도시 중산층은 더 단순하고 건전한 생활을 흉내 내려는 취향을 갖고 있었다.

한편, 나는 공급망의 한쪽 끝에서 인도 출신의 수학자 람 서브라마니안Ram Subramanian이 인도의 타밀 나두주 시골 경제의 재활성화를 설명하는 말에 귀를 기울였다.[3] 팬데믹의 초기 몇 주 동안 수백만 명의 이주 노동자들은 대부분 식민지 이전 시대부터 존재했던 마을과 지역 단체로 향했다. 그들은 교통수단을 이용하지 않고 걸어서 돌아갔다. 이 이야기에는 복잡한 진실이 포함되어 있다. 우리는 생활방식 면에서 기후 위기를 일으킬 가능성이 가장 낮은 사람들이 기후 위기의 끔찍한 결과에 가장 많이 노출된다는 소리를 흔히 듣는데, 실제로 정확히 그렇다. 또한 '근대성의 승리자'라는 이름으로 가장 많은 온실가스를 배출하는 생활방식을 가진 우리 같은 사람들이 옛 제도를 다시 살릴 가능성이 가장 낮다는 점도 마찬가지다.

해결책이 없음을 인정하기

팬데믹 2년 차에는 대규모 퇴사에 관한 논의가 있었다. 사회학자이자 인류학자 데이비드 그레이버David Graeber는 많은 사람이 '엿 같은 직장' 체제로 돌아가길 거부하는 현상을 인상 깊게 진단했다.[4] 하지만 팬데믹의 장기적인 불확실성과 갑작스러운 봉쇄로 굶주린 노숙자들이 생겨났다. 여러 연구를 통해 '탈성장'의 가능성을 보여준 경제학자들은 코로나 발생 초기 몇 개월 동안 GDP가 감소한 것은 그들이 그동안 주장했던 바와 다르다고 열심히 강조한 것도 이해할 만하다. 한 웹사이트 편집자들은 '바이러스는 탈성장이 아니다'라는 제목의 발표문에서 그들이 추구했던 경제 전환은 '의도적이고 민주적이어야 한다'고 썼다.[5]

코로나19 바이러스와 그에 대한 대응은 전 지구적 공급망과 적기 재고 유지 시스템의 취약성은 물론, 정부가 신속하게 개입한다는 성장 경제의 취약성을 여실히 보여주었다. 코로나 팬데믹은 그들이 주장했던 탈성장 정책의 필요성과 가능성을 모두 입증했다. 이런 반응은 비평가들이 경제 성장에 대한 비판을 무마하기 위해 팬데믹 동안의 비용 계산에 집중했던 시기에는 타당했다. 그러나 나에게 와닿은 것은 경제학자 밀턴 프리드먼Milton Friedman과 로즈 프리드먼Rose Friedman의 말이었다.

◇◇◇ 사람들이 과격하다고 생각할 것이 뻔한 대안을 제시하면서 무조건 옳다고 설득하는 방식으로는 문제를 해결하지 못한다. 그보다

는 무언가를 해야 할 위기의 순간에 여러 선택지를 제공함으로써 궁정적인 영향을 미칠 수 있다.[6]

두 부류의 경제학에는 공통점이 거의 없었다. 하지만 신자유주의 선구자와 탈성장 사상가들이 바라는 세계로 가려면 모두 위기의 길을 지나야 할 것이다. 한편, 녹색 성장과 더 나은 재구축에 관해 많은 논의를 거쳤지만, 권력자들은 여전히 툰베리가 제시한 시험에 줄줄이 실패하고 있다. 기후 변화의 이름으로 추구하는 정책들은 환경정치학자 니콜라스 뵈레Nicholas Beuret가 제시한 '세계 경제를 근본적으로 바꾸지 않고 기후 변화로 나타날 최악의 결과를 억제하기 위한 기술'[7]에 맞춰져 있다. 낙관주의는 앞으로 억만장자들이 개발해 주길 바라는 기술 목록의 형태로 나타날 것이다.

정치인들은 가장 야심 찬 방식으로 시장 환경을 바꾸고, 이미 어려움을 겪고 있는 사람들에게 가장 무거운 짐을 또다시 지우는 '위로부터의 해결책'을 실행하려고 할 것이다. 시위대가 노란 조끼를 입고 교차로를 막으면 유권자들이 기후 변화에 대한 강력한 조치를 지지하는 증거로 간주할 것이다. 아니면 팬데믹 시기에 확립된 감시와 통제가 경제생활의 디지털화와 결합해 '지속가능성'이란 이름을 달고 우리 앞에 나타날 것이다. 모든 사람에 대한 하향식 관리가 더 극단적인 방식으로 확장될 것이다. 머지않아 기후 과학자들이 더 암울한 소식을 전하면, 정치인들은 억만장자들이 계속 투자해 온 '위험한 지구 공학적 계획'을 지지할 것이다. 그러는 동안 그들의 연설은 내가 15년 전 영국 정부의 한 장관에게서 처음 들었던 수사로 채워질 것이다. 그는 기후 변화를 바로잡는 방법에 관해 연설할 때마다 이렇게 말했다.

"우리는 이렇게 할 수 있습니다. 우리는 이것을 해야만 합니다!"

논리라고는 전혀 찾아보기 힘든 주장에서 사람들은 어떤 위안이라도 발견하려는 것 같았다. 우리는 정치인에게서 "우리는 이 문제를 해결하는 방법을 모릅니다."라는 솔직한 말은 절대 듣지 못할 것이다. 자신의 무지와 무능함을 인정하는 것은 지도 밖으로 나가는 것과 같다. 세상이 해결할 수 있는 문제로 이루어진 곳이라면, 우리에게 해결책이 없음을 인정하는 것은 '세상에 종말이 도래했다'는 것이나 다름없다. 우리 사회에서 유력한 어른 역할을 하는 사람들이 가장 두려워하는 것은 '해결책이 없다고 인정하는 것'이다. 따라서 기후 문제는 기꺼이 바보가 되어 지금까지의 지도가 틀렸으며, '세상은 해결해야 할 문제'가 아니라고 말하는 우리 같은 사람들의 몫이다.

나는 현실이 비록 절망처럼 느껴질지라도 그 너머에는 조그마한 희망이라도 있다고 확신한다. 다음 장에서는 우리에게 선택지가 없다는 말이 무슨 의미인지, 우리가 처한 곤경에 관해 기후 위기를 중심으로 논의하는 것이 왜 더 이상 타당하지 않은지 개략적으로 설명할 것이다. 하지만 앞날을 전망하기 전에, 과학이 구원자 역할을 떠맡은 현실 속에서 팬데믹에 관해 몇 가지 더 생각해 보고, 우리에게 일어난 일들이 정확히 무엇을 가리키는지 질문해 보려고 한다.

4부

우리에게 일어난 일들

At Work in the Ruins

16장

상상 속 질병과 공포의 시작

1979년 늦가을, 인류학자 휴 브로디Hugh Brody는 여행에서 돌아온 후 친구 토마스 헌터가 병원에 입원했다는 소식을 들었다.[1] 브로디는 원주민 사회를 연구하며 원주민들의 문화와 환경 지식에 관심을 가졌다. 그의 연구는 주로 아마존의 인디언 사회와 아프리카 분쟁 지역에 집중했으며, 사회 구조와 환경 변화가 인간의 삶에 미치는 영향을 주제로 삼았다. 그는 오랫동안 몸담았던 대학을 떠나, 18개월 동안 브리티시 컬럼비아 북동부 하프웨이 강 보호구역의 두네자족 마을에서 원주민들과 함께 거주했다. 두네자족 노인인 토마스 헌터의 건강이 급격히 나빠지자, 의사는 브로디에게 말했다.

"그는 나이가 너무 많고, 폐도 많이 망가졌습니다. 병원에서 할 수 있는 일이 없습니다."

브로디가 공동 병실에 돌아와 보니 헌터는 이미 환자복을 청바지와 조끼로 갈아입고 침대에 누워 있었다. 브로디는 한참을 망설이다 친구에게 말했다.

"의사는 당신이 원한다면 이곳을 떠나도 된다고 합니다. 하지만 제 생각엔 그냥 여기에 머무르는 편이 나을 것 같은데, 어떻게 하고 싶으세요?"

심각한 폐질환으로 몸이 약해질 대로 약해진 팔십 대 노인을 치료 시설을 갖춘 병원에서 퇴원시켜 보호구역으로 다시 데려가는 것은 분명 어리석은 일 같았다. 하지만 헌터는 젊은 시절 모피 상인으로 일할 때 배운 서투른 영어로 분명히 말했다.

"좋아. 지금 집으로 가는 거지?"

늦가을 무렵이면 헌터의 가족은 고기를 건조하는 야영지에 머무르며 무스를 사냥해 겨울 식량을 준비했다. 헌터가 가족과 함께 지내기를 원하자 브로디는 불안해졌다. 적당한 침대가 있고, 일주일에 한 번이라도 간호사를 보내줄 수 있는 병원이 근처에 있다면 헌터가 좀 더 잘 지낼 수 있지 않을까? 하지만 헌터는 자신이 무엇을 원하는지 잘 알았다. 그들이 보호구역에 도착해 보니 야영지로 간 가족은 아직 돌아오지 않았다. 브로디는 가족들이 돌아오기 전에는 보호구역에 머물러서는 안 된다고 생각했다. 하지만 헌터의 대답은 "아니야. 여기서 끝내는 것이 더 좋을 것 같아."였다. 헌터는 가족용 텐트 밖으로 나가 앉았다. 브로디는 불을 피운 후 물 끓이는 주전자를 올려놓고 말린 고기를 찾았다. 그는 헌터가 차를 마시는 모습을 한참 동안 지켜보았다. 그리고 헌터의 가족이 돌아오자 그곳을 떠났다. 몇 주 후 그는 노인이 세상을 떠났다는 소식을 들었다.

몸으로 경험한 질병과 마음으로 경험한 질병

코로나 팬데믹의 초기 몇 주 동안, 노인들이 산소 호흡기를 단 채로 병원에서 외롭게 세상을 떠났다는 뉴스를 보며 나는 토마스 헌터를 생각했다. 팬데믹 3년 차가 되었을 때도 나는 헌터와 브로디의 이야기와 함께 1960년대와 1970년대 산업 사회에서 죽음의 본질이 바뀌는 과정을 추적한 연구 결과를 떠올렸다. 나는 여기에 코로나 바이러스에 대한 대책이 우리 사회에 미친 광적인 영향을 이해하는 실마리가 있다고 느꼈다.

지난 2년 동안 나는 때때로 팬데믹에 대한 대응이 '죽음이라는 현실을 마주하기 꺼리는 집단적 거부감에서 비롯한 과잉 반응'이 아니었는지 궁금했고, 나와 같은 생각으로 조용히 의문을 제기하는 몇몇 사람들을 만나기도 했다. 팬데믹이 발생하기 몇 년 전 스티븐 젠킨슨이 제시한 '죽음 공포 이론'으로 돌아가 보자. 근대사회는 젠킨슨의 말처럼 '죽음에 대한 공포'가 존재하는 곳이다. 이 말은 분명한 진실이며, 코로나 바이러스가 우리의 상상력을 장악한 이후, 우리가 말하고 쓴 많은 것들을 설명하는 데 도움이 된다. 하지만 나는 이것이 코로나 사태에서 발생한 현상의 핵심은 아니라고 생각한다. 왜냐하면 사람들이 팬데믹에 대한 대응책을 만들어 낸 제도적 필요성을 설명하지 못하기 때문이다.

우리가 함께 살펴봐야 할 것은 죽음을 다루는 문화적 태도의 결과뿐 아니라, 우리 사회가 병자와 죽어가는 사람을 대하는 방식의 물리적 현실이다. 팬데믹 기간이 우리에게서 모든 감각을 박탈했던 시기라면, 이것은 코로나 팬데믹을 통해 드러난, 우리가 의존하는 시스템의 맹점을 명확하게 보기 어려운 문제와 관련이 있다고 생각한다. 그 이유가 혹시 잘못된 정보 때문은 아닐까? 팬데믹에 관해 모두가 공감할 만한 대화를 시작하는 방법을 찾는다면, 이 질문이 출발점이 되어야 할 것이다. 하지만 우리는 이내 '잘못된 정보'가 무엇을 뜻하는지 서로 다툴 것이다.

2020년 미국의 한 연구에 따르면, 미국인은 대부분 코로나 사망자의 8퍼센트 정도가 24세 이하의 연령층이라고 믿었다. 하지만 실제로는 이 연령층의 사망률은 0.1퍼센트에 불과했다.[2] 그해 가을 영국 여론조사에서도 비슷한 오류를 발견할 수 있었다. 영국인들은 코로나 사망자의 중위 연령이 65세라고 믿었지만 실제로는 82세였다.[3] 당신이 회의주의적인 성향이라면 통계 과정의 오류나 한계 때문에 이런 결과가 나왔다고 생각할지도 모른다. 물론 그럴 가능성도 완전히 배제할 수는 없다. 하지만 미국의 연구에서는 조사 참가자들의 인지 능력을 미리 테스트해서 통과하지 못한 사람은 배제했다. 그리고 이때도 별반 다르지 않은 결과를 확인했다. 다른 조사 결과와 마찬가지로, '코로나 바이러스에 관해 상당히 과장된 위험 인지도'가 나타난 것이다.

한편 민주당 지지자 중 30퍼센트가 코로나에 걸린 사람이 병원에 입원할 확률이 20~50퍼센트라고 생각했다. 또한 17퍼센트는 입원 확률이 50퍼센트 이상이라고 생각했다. 실제로는 팬데믹 초기 단계에서 감염자 대비 입원자 비율은 2퍼센트 수준에 불과했다. 공화당 지지자들의 인식은 실제 수치와 좀 더 가까웠지만, 그들 역시 입원자 비율을 실제보다 부풀려서 추정했다.

팬데믹과 관련한 잘못된 인식을 보여주는 예시로 왜 이 사례를 언급했을까? 사람들은 정보를 정확한 숫자나 통계로 보여주는 방식을 선호하기 때문이다. 이 연구를 통해 우리는 팬데믹이 발생한 후 6개월 동안 우리에게 두 가지 다른 질병이 유행했다는 사실을 짐작할 수 있다. 많은 사람이 몸으로 직접 겪은 코로나와 더 많은 사람이 마음으로 경험한 코로나다. 우리 중 다수는 이 질병으로 실제보다 80배나 더 많은 어린이와 청소년이 사망했다고 추정했으며, 감염자 3명 중 1명이 입원해 병원 신세를 진 것으로 상상했다. 이것이 바로 우리가 마음으로 경험한 코로나다.

과도한 공포 조장이 일으키는 문제들

그렇다면 이와 같은 과장된 인식은 어디에서 오는 것일까? 사실 사람들이 어떤 사건이나 상황을 둘러싼 인지부조화를 해소하는 주요 방법 중 하나가 바로 실제보다 과장하는 것이다. 여기에는 뚜렷한 역설이 존재한다. 우리가 직면한 실제 코로나 바이러스는 세계경제포럼의 클라우스 슈바프가 말했듯이, '지난 2천 년 동안 세계가 경험한 대규모 유행병 중 가장 치명적이지 않은 질병'이었고, 인류 역사상 이처럼 극적인 조치를 취한 선례 역시 거의 없었다.[4] 한꺼번에 모든 국가가 몇 개월 동안 봉쇄를 선택하고, 국제 무역이 심각하게 제한되고, 백신 접종을 거부하는 시민들을 낙인찍거나 심지어 범죄자 취급하고, 종교 활동의 권리가 중지되고, 아이들이 오랫동안 친구나 친인척을 만나지 못했다. 우리가 코로나 바이러스에 이렇게 대응했다면, 아프리카 여러 지역에서 건강한 성인마저 죽음에 이르게 만드는 HIV 바이러스에는 도대체 어떻게 대응해야 한다는 말인가? 우리는 이 모든 조치를 어떻게 이해해야 할까?

우리 뇌에서는 이미 실행한 조치와 우리가 수용한 여러 메시지를 해석해 어떤 사건에 대한 인식을 형성한다. 우리 삶의 너무 많은 부분을 전염병과 싸우는 데에 희생한다면, 당연히 우리가 직면한 위험을 과장되게 인식할 수밖에 없다. 정치인들은 바이러스가 모든 사람에게 똑같이 위험하다고 경고한다. 젊고 건강한 사람들도 늙고 병약한 사람들과 마찬가지로 이 질병에 취약하다고 믿게 된 것은 사실 그리 놀랄 일도 아니다. 팬데믹 기간 동안 '사실 확인'과 '잘못된 정보 단속'을 위해 했던 노력은 내가 지금까지 설명한 문제를 바로잡는 것과는 무관했다. 물론 여기에는 어떤 논리가 존재한다. 이를테면 이 질병으로 인한 사망자 수를 줄일 수만 있다면, 과도하게 공포를 조장하는 것쯤이야 문제도 아니라는 논리다. 오히려 사람들이 좀 더 신중하게 행동하도록 돕는 조치라면 환영할 만하다고 여길지도 모른다.

문제는 이렇게 단면적으로만 진실에 접근하기 때문에 사람들이 인지부조화를 해소하기 위해 어쩔 수 없이 다른 방법을 찾는다는 것이다. 일부 소수 집단은 예상과는 반대 방향으로 움직이면서 팬데믹 자체를 은밀히 조작된 거짓말로 취급하기도 했다. 코로나에 관한 음모론을 만들어 낸 사람들도 마찬가지다. 그들의 의도와 목적을 정확하게 이해하기는 어렵지만, 이런 담론에 비판적으로 참여하려는 모든 시도는 극우파로 비난받을 가능성이 크다. 코로나에 대한 과도한 대응에 직면하고, 코로나가 매우 치명적이라고 확신하는 사람들에게 둘러싸인 사람들 중 일부는 숨겨진 어젠다, 즉 봉쇄와 백신 여권으로 이익을 보는 세력이 있지는 않은지 의심하기도 했다.

나는 코로나 바이러스를 둘러싼 3년간의 전쟁 동안 사람들이 보인 모든 입장에 공감한다. 이를테면 나는 실제보다 훨씬 큰 위험에 처했다고 믿는 사람들을 이해한다. 질병에 관해서만큼은 과장된 두려움이 필요하고 오히려 바람직하다는 사람들의 입장도 이해한다. 팬데믹 이전까지만 해도 철저하게 기업의 이익을 위해 움직이던 제약회사를 왜 갑자기 인류를 위한 의학연구소로 신뢰해야 하는지 묻는 사람들 역시 타당하다고 생각한다. 클라우스 슈바프와 빌 게이츠의 어젠다를 신뢰하지 않는 사람들도 이해한다.

나는 이 논쟁에서 어느 한쪽 편을 들기보다는 그림 전체에서 빠진 부분에 주목하고자 한다. 이런 관점은 팬데믹 대응이 초래한 인지부조화를 해소하는 또 다른 대안을 제공할 수도 있다. 나는 이것이 코로나 팬데믹 시기에 나타난 '극단적 상호 이해 부족'에서 벗어날 길을 찾는 데에 도움이 될 거라는 작은 희망을 품고 있다. 아니면, 적어도 우리가 경험한 일들을 이해하는 데에 도움이 될 거라고 기대한다. 이 관점을 이해하기 위해서는 먼저 반세기 전 병원과 집에서 일어난 변화로 돌아가야 한다.

17장

죽음을 다루는 인식의 변화

1960년대 초 사회학자 바니 글레이저Barney Glaser와 안셀름 스트라우스Anselm Strauss는 미국의 한 병원에 6년 동안 파견을 나가 죽음과 관련한 대화를 연구했다.[1] 이 연구 결과를 정리한 책《죽음에 대한 의식(Awareness of Dying)》에 따르면, 두 가지 대조적인 패턴이 나타났다고 한다. 첫 번째 환자 집단은 병원에 오긴 했지만 더 이상 치료할 수 없는 이들이었다. 가족들은 환자를 퇴원시켰고, 환자들은 자신의 집에서 죽음을 맞이할 수 있었다. 반대로 두 번째 환자 집단은 현대 의학이 제공할 수 있는 의료 조치를 받다가 병원에서 죽음을 맞이했다.

프랑스 역사가 필리프 아리에스Philippe Ariès에 따르면, 첫 번째 집단은 비교적 최근에 미국으로 이주한 이민자들인 경우가 많았으며, 두 번째 집단은 현대 의료 체계라는 근대성과 더 긴밀하게 연결된 사람들이었다.[2] 이 연구에서는 마취가 필요한 치과 환자와 같은 사례는 다루지 않았다. 이 경우 제정신을 가진 사람이라면 옛날 치료 방식을 선호할 것이라고 생각하기 어렵기 때문이다. 근대성이 제공한 것들 중 어떤 것은 분명히 유익하고 매력적이지만, 어떤 것은 명확한 진보의 사례로 판단하기 애매한 경우도 있다.

병원에서 환자를 퇴원시켜 집에서 죽음을 맞게 하려면 몇 가지 조건이 충족되어야 한다. 이를테면 죽음에 대한 가치관을 공유하는 가족이나 친인척 혹은 지역사회가 필요하고, 죽음을 준비하기 위한 문화적, 사회적, 경제적, 물질적 능력도 필요하다. 이런 능력과 여건을 모두 갖춰야 아픈 사람이나 죽어가는 사람을 돌보고, 그들이 의미 있게 생각하는 종착역으로 향할 수 있을 것이다.

죽음의 방식을 선택할 권리

아리에스는 20세기 중반 미국에서 첫 번째 집단과 같은 죽음을 선택하는 사람들은 대부분 자신들만의 고유한 생활방식을 가진 이민자들이고, 그들 중 많은 이가 어쩔 수 없이 미국으로 이주해 불안정한 삶을 살았을 거라고 추측한다. 죽어가는 가족 구성원을 집으로 데려가야 한다는 주장에는 가족이 함께 생활하던 공간에서 가족들에게 둘러싸여 맞이하는 전통적인 방식에 대한 추억이 깃들어 있을 것이다. 하지만 집이 낮 시간대에는 텅 빈 공간으로 방치되거나, 가족 구성원들은 직장이나 학교에 가고 노인들만 남는 공간이 된다면 이 오래된 방식은 더 이상 지속할 수 없을 것이다.

죽음의 방식은 의사의 역할이 끝나는 지점을 어디로 보느냐에 따라서도 달라진다. 의학의 임무는 환자를 치료하는 것이지만, 죽음은 질병이 아니라 누구나 경험하는 자연스러운 삶의 일부이기 때문이다. 20세기 초반에도 의학도들은 환자의 특징적인 변화는 죽음의 서막이므로 의사는 그만 물러나야 한다는 신호인 '페이시스 히포크라티카Facies Hippocratica'를 인식하도록 훈련받았다. 죽음을 이해하는 방식에는 죽음이 단순히 우리에게 일어나는 불행한 사건이 아니라, 우리가 경험해야 할 일이나 가야 할 여정이라는 인식이 포함되어 있다. 그러나 이 모든 것은 의학의 도움이 더 이상 필요하지 않은 임계점을 인식하는 것에서 시작된다. 폐질환으로 쇠약해져 죽음이 몇 주 남지 않은 토마스 헌터가 병원을 떠나기 위해 옷을 갈아입은 모습을 지켜보며 인류학자 친구가 느꼈을 감정을 다시 떠올려 본다.

인간이 삶을 이해하는 방식은 시대와 지역마다 다르고, 죽음을 다루는 전통과 가치관 역시 집단에 따라 매우 다양하다. 자신들만의 전통을 유지해 온 사람들에게는 근대 의학 기술을 훈련받은 낯선 사람들이 주도하는 새로운 죽음의 방식을 설명하고 수용하게 만드는 일이 그리 쉽지 않을 것이다. 옛 방식과 결별한 후의 선택지도 분명하게 정해지지 않았다. 그런데도 새로운 방식은 근대적 삶의 산물로 이미 우리 곁에 가까이 와 있다. 영국에서는 고인을 매장하는 날까지 집에 안치하고 친구와 이웃 사람들이 조문하던 오랜 관습이 사라졌다. 기업형 장례식장이 확산되었을 뿐만 아니라 대부분의 가정에 중앙난방장치가 설치되었기 때문이다.

호스피스 운동은 사람의 몸을 의학이 개입하는 전쟁터로 축소하는 것에서 벗어나 '좋은 죽음의 가능성'을 되찾으려는 시도로 볼 수 있다. 호스피스 운동은 사회학자들이 20세기 중반부터 관찰한 '죽음의 의료화'에 대한 반발이다. 하지만 사실 호스피스 제도 역시 병원과 마찬가지로 전문 간병인이 개입한다는 점에서 새로운 '죽음 경제의 연장선'이기도 하다. 이것이 우리를 다시 팬데믹으로 이끌 실마리다. 반세기 전 산업 사회 전반과 의료 체계를 관찰해 국제적인 관심을 불러일으킨 또 다른 사회사상가의 주장을 살펴보자.

새로운 종류의 결핍

오스트리아 출신의 사상가 이반 일리치Ivan Illich가 1974년 강연을 위해 에든버러 대학을 찾았을 때 강연장에는 너무 많은 사람이 몰려들었다. 어쩔 수 없이 확성기를 이용해 일리치의 목소리를 중계해야 했다. 일리치는 목소리를 증폭시키는 확성기를 싫어했다. 확성기를 사용한다는 것은 '우리가 존재하는지 알지도 못하는 사람에게서 어떤 메시지를 전달받는다.'라는 뜻이기 때문이다.[3]

그날 청중 가운데는 리처드 스미스라는 의대생도 있었다. 스미스는 '현대 의학이 인류 건강에 미치는 심각한 위협'이라는 일리치의 강연 주제에 깊은 인상을 받아 그 길로 의대를 그만뒀다. 하지만 3일후, 다른 의미 있는 일을 찾고 싶은 생각에 다시 복학해서 학업을 마쳤다. 이후 그는 〈영국 의학 저널(British Medical Journal)〉의 편집장이 되었지만, 그가 의료계의 중심부에서 보낸 삶은 일리치가 틀렸다는 것을 증명하는 데에 별반 도움이 되지 않았다. 그는 2002년 〈영국 의학 저널〉에 일리치의 강연이 그에게 미친 영향과 이것이 자신의 경험과 얼마나 일치하는지 회고하는 글을 실었다.

"내가 에든버러 왕립병원에서 본 모든 과정은 환자보다는 의사를 위한 것이라는 느낌을 지울 수 없었습니다."[4]

이반 일리치는 똑똑하고 까다로운 사람이었고, 바티칸과 결별한 고위 가톨릭 사제였지만 자신의 소명을 포기한 후 한동안 일종의 스타 사상가로 활동했다. 1970년대, 그는 산업 사회 제도들의 역효과에 관한 매우 논쟁적인 짧은 책을 여러 권 썼다(그는 나중에 이 책들을 '팸플릿'이라고 불렀다). 그는 우리가 현대적인 시스템에 더 많이 의존할수록 오히려 그 장점이 사라지는 경향이 있다고 말했다.

자동차가 등장하면서 이동의 자유를 얻었지만 우리는 대부분의 시간을 꽉 막힌 도로에 갇혀 있거나 주차장을 찾으려고 돌아다니거나, 예전에는 굳이 생각할 필요조차 없었을 먼 거리를 통근한다. 아이들도 더 이상 거리에서 자유롭게 놀 수 없다. 그는 우리가 근본적으로 사회적 선과 연관 있다고 생각하는 제도에서 이런 패턴을 관찰할 수 있다고 지적했다. 특정 시점을 넘어서면 학교 제도는 우리 사회를 더 무지하게 만들 뿐이며, 병원은 우리를 병들게 하고, 교도소는 범죄를 습득하고 양산하는 역할을 한다고 주장했다.

일리치가 언급한 '근대성의 역효과'는 여러 영역에서 나타난다. 최근까지 인간 공동체는 자신이 살 집을 스스로 짓고, 가족이 먹을 식량을 재배하고, 병자를 돌볼 능력이 있었다. 하지만 오늘날 우리는 이 모든 것을 대규모 시스템에 의존한다. 이런 시스템이 없는 삶은 상상할 수조차 없으며, 이 모든 시스템이 사라진다는 상상은 공포의 원천이 될 뿐이다.

일리치는 낭만주의자가 아니었다. 그는 근대성을 포기하고 이전의 더 순수한 생활방식으로 돌아가자는 주장을 펼치진 않았다. 리처드 스미스가 에든버러에서 일리치의 강연을 들었던 해에 출간한 《의료계의 천적(Medical Nemesis)》에서 그는 최근 몇 세대 동안 기대 수명이 크게 증가했다는 점을 인정했다. 하지만 의료 시설이나 의료진, 첨단 의학의 기여도는 상대적으로 매우 낮다는 사실을 보여주는 연구 결과에 주목했다.[5] 이후의 연구에 따르면 1900∼1991년에 증가한 미국인의 기대 수명 30년 중 불과 5년 만이 의료서비스 덕분인 것으로 밝혀졌다. 30년 중 25년은 공중 보건 정책과 생활방식의 변화 덕분이었다.[6]

일리치의 팸플릿에는 인류가 현대 사회의 발견과 발명품을 이용해 유쾌한 결말에 이를 수 있다는 확신이 가득하다. 물론, 우리가 이런 것들이 함정으로 바뀌는 방식을 정확히 이해할 경우에만 말이다. 이런 함정 중 하나는 값비싼 훈련을 받은 전문가들이 제공하는 서비스에 의존하는 것이다. 서로의 필요를 충족시키는 보통 사람들의 능력이 일부 전문가들만 할 수 있는 영역으로 축소되면서 새로운 종류의 무능력이 나타나기 시작했다. 또한 이것은 새로운 종류의 결핍을 만들어낸다.

20세기 중반 미국에서 글레이저와 스트라우스가 관찰한 죽음 방식의 변화가 근대 사회구조에 깊이 뿌리내리면서 새로운 결핍(새로운 죽음의 경제)이 발생했고, 위험한 호흡기 질환을 유발하는 바이러스가 우리 생활의 많은 영역을 전례 없이 마비시켰다. 하지만 이런 결론을 맺기 전에 우리는 일단 숫자와 통계가 보여주는 것과 은폐하는 것이 무엇인지 더 자세히 살펴봐야 한다.

18장

삶은 통계적 경험이 아니다

영국은 이라크 전쟁에 참전한 지 13년 후, 이 전쟁에서 영국의 활동에 관한 '칠코트 보고서Chilcot Report'를 발표했다. 칠코트 보고서는 이 전쟁에서 얼마나 많은 사람이 사망했는지 알 수 없다고 결론지었다.[1] 영국 정부가 민간인 사상자를 집계하는 방식을 선택할 때 '대중의 인식'을 고려했다는 것이다. 체계적인 사망자 집계와 발표는 오래전부터 있었다. 17세기 런던은 매주 교구별로 '주간 사망 통계표'를 발표해 현대 경제학의 전신인 '정치 산술학' 연구에 도움이 되는 자료를 제공했다. 한편 네덜란드는 정부 지출 자금을 조달하는 방식으로 연금 판매를 실시했다. 이 연금은 수혜자가 사망할 때까지 지급해야 했기 때문에 네덜란드 정부는 정확한 기대 수명을 예측해야 했다.

　사망자 집계 사업은 과학과 자본주의, 근대성의 역사와 밀접하게 관련되며, 여러 방향으로 이어지는 과정의 일부다. 한편으로 이 과정에는 전혀 예측할 수 없이 발생하는 사건에서 패턴을 발견하는 일도 포함된다. 사회학 연구는 파리 각 지역의 자살자 수에 매년 어느 정도 일관성을 보인다는 것을 발견하면서 시작되었다. 하지만 규칙적인 패턴 연구는 세계를 규칙화하려는 적극적인 프로젝트와 함께 진행된 것이다. 이신론의 신성한 제1원인 관점에 영감을 준 초기 과학의 계승자들은 세계를 '거대한 시계추'로 생각했고, 자신들이 속한 세상의 일부를 '기계처럼 규칙적인 것'으로 만드는 작업에 착수했다.

세계를 질서 정연한 곳으로 보는 사고방식

도시 부르주아들의 새로운 생활방식은 공장의 규칙적인 노동에서부터 투자 수익률, 사회적 행동 관습에 이르기까지 규칙성을 열망하고 성취하는 특성을 띤다. 이는 아미타브 고시가 《대혼란의 시대》에서 다룬 주제이기도 하다. 여기서 그는 소설가가 기후 변화에 관한 글을 쓰면서 겪는 어려움을 그들이 글을 쓰는 형식의 역사적 기원과 연결한다. 고시는 "개연성과 현대 소설은 사실상 쌍둥이처럼 같은 시기에, 같은 사람들 사이에서, 같은 경험을 담는 그릇으로 사용될 운명을 함께한다."[2] 라고 말했다.

이 시대의 혁신은 매우 성공적이어서 사람들은 자연 자체를 질서 있고 예측 가능한 것으로 생각하기 시작했다. 고시는 확률을 '우리가 인식하지 못하는 사이에 구성된, 세계를 생각하는 방식'으로 정의한 캐나다 철학자 이안 해킹Ian Hacking의 말을 인용한다. 이런 시각은 우리를 경험의 특정 측면에 집중하게 하고, 그 외의 다른 측면은 시야에서 제외시킨다. 특히 미국 인류학자 안나 로웬하우프트 칭Anna Lowenhaupt Tsing이 말한 것처럼 이런 종류의 질서를 만드는 데 필요한 작업과 '그것이 만들어 내는 혼란' 같은 것이 그렇다.[3]

고시는 기후 변화에 관한 우리의 생각(또는 기후 변화에 대해 생각하지 못하는 현실)을 '제국의 완성되지 못한 역사'와 연결하기 위해 글을 썼다. 그는 기후 변화에 대해 생각하는 우리의 능력을 세계를 규칙적이고 질서 정연하게 보는 과학적 가정인 '점진주의(Gradualism, 종교, 문화, 민족적 가치관 등 현 체제 또는 가치관을 유지하거나 급격한 변화를 원하지 않는 이념 및 태도-편집자)'의 유산이 흐려 놓았다고 주장한다. 지질학자들은 지구 역사에서 일어날 가능성이 희박하고 재앙적인 사건들의 역할을 신과 괴물의 존재를 믿던 시절의 '원시적인 미신'처럼 취급했다. 20세기 후반까지도 이런 사고방식은 여전히 우리가 세상을 바라보는 방식을 지배했다.[4]

21세기 초반을 살아가는 우리에게 점진주의의 안일함이 낯설게 느껴진다면, 고시의 말처럼 기후 변화에 대한 인식이 이미 우리가 세상을 바라보는 방식을 크게 흔들고 있다는 반영이다. 하지만 우리가 상상하는 것만큼 그런 가정에서 자유롭지 않다면 어떻게 될까? '세계는 안정적이고 질서 정연해야 하며, 이를 위해 가능한 모든 일을 해야 한다'는 생각이 우리 사고의 배후와 우리 사회가 위기에 대응하는 방식에 존재하지 않는가?

숫자만으로는 설명할 수 없다

역사를 통틀어 코로나 팬데믹 때처럼 사망자 통계가 대중의 의식에 심각한 영향을 미친 경우는 없었다. 심지어 전쟁 중일 때를 포함해서다. 차트를 덧붙인 붉고 커다란 숫자는 언론 사이트 홈페이지의 고정 아이콘이 되었다. 정부 청사 정문에서 시위를 벌이는 항의자들은 플래카드에 총사망자 수를 적고 더 엄격한 조치를 요구했다, 한편, 팬데믹 정치의 소용돌이가 확대되는 동안 같은 통계가 회의주의자들의 집중적인 초점이 되기도 했다. '코로나 시기의 죽음'과 '코로나로 인한 죽음'의 차이에 대한 질문은 주장과 반박이라는 미로 속으로 빠져버리고 말았다.

일단 사고 실험을 통해 모든 수치가 정확하다고 가정해 보자. 회의주의자들이 젬 벤델의 '심층 적응' 논문의 바탕이 되는 주장과 다소 비슷한 생각을 갖고 있다고 말하고 싶기 때문이다. 숫자가 아무리 정확하더라도 현실을 충분히 나타내지는 못한다. 숫자에 부여된 힘에는 분명히 문제가 있다. 우리는 왜 여기서 멈춰야 할까? 한 사회의 삶을 구성하는 궁극적 기준이 죽음을 예방하는 것이라면, 다른 모든 형태의 죽음을 포함한 사망자 수 게시판을 갖춰야 한다. 명확하게 표시된 사망자 수 게시판은 통치의 기초이자 시민적 의무의 틀이 될 것이며, 나 자신과 타인의 행동을 도덕적으로 단속하는 기준이 될 것이다. 우리는 자신과 타인이 잠재적인 전파 경로라는 인식 없이 행동하던 코로나 팬데믹 이전의 부주의한 삶으로 돌아가서는 안 된다.

이런 세상에서 살고 싶지 않다면, 적어도 어느 정도의 균형이 필요하다고 느낀다면, 마스크 착용이나 백신 접종 명령에 대한 입장이 무엇이든, 합리적인 토론 공간에서 타인에 대한 비난이나 배제를 거부해야 한다고 생각한다. 정부의 코로나 대응 방식에 불안감을 분명하게 표시하려 했던 사람들은 늘 비난받고 배제되었다. 대안적인 설명을 찾기 위한 미로에 빠지지 말고 나와 함께 지난 3년이 어떤 의미였는지 질문해 보길 바란다. 죽음을 예방하는 논리를 따르자면, 우리가 만나서 소통하는 모든 순간을 가장 일차적이고 중요한 질병의 전파 경로로 취급해야 하기 때문이다.

통계로는 삶을 설명할 수 없다

통계를 통해 현실에 접근하는 것은 미친 짓일 수도 있다. 통계적 방법은 세계를 자기 손으로 갖고 놀 수 있다는 듯이 '위성의 눈으로 경험의 지형을 관찰한다'. 이 도구를 적절한 상황에서 능숙하게 사용한다면 도움이 될 수 있지만, '가설적 시나리오'의 결과가 삶을 직접 경험하는 것보다 더 믿음직한 현실로 둔갑한다면 엄청난 혼란과 마비를 초래할 수 있다.

방송인 데이비드 케일리는 '과학에 대한 사고방법'에서 임신한 여성에게 제공하는 상담 제도에 관해 이야기를 나눈다. 독일 생물학자이자 사회과학자인 실자 사메르스키Silja Samerski는 이른바 '임산부 수첩'이라는 뮤터패스Mutterpass(임산부 진찰 기록 증명서)를 설명한다. 이 수첩에는 임신 중에 경험할 수 있는 52개의 독립적인 위험 요인을 항목별로 분류한 위험 프로파일이 있다. 이 프로파일을 바탕으로 임신한 여성은 유전학을 전공한 전문의와 상담한 후 임신 중지 여부를 선택한다. 마치 주식 시장에서 종목이라도 결정하는 일처럼 들리지만, 실제로 이 과정을 경험하는 임산부에게는 그리 간단한 일이 아니다. 또한 이런 통계 자료 자체가 실제 산모가 의사결정을 하는 근거로는 무의미할 수도 있다.

◇◇◇ 아기에게 다운증후군이 있을 위험성이 180분의 1이라는 말을 들었을 때 그것이 임산부에게 무슨 의미일까요? 이 말이 의미가 있기는 할까요? 그녀는 200명이 아니라 단 한 명의 아기를 낳을 것이고, 아기에게 다운증후군이나 다른 질환이 있을지 알고 싶을 뿐입니다. 이 통계는 그녀에게 어떤 중요한 의미도 없습니다. 그녀에게 어떤 중요한 의미를 말해줄 수도 없습니다.[5]

이 프로파일은 임산부와 아직 태어나지 않은 아기에 관해 어떤 확실한 정보도 말해주지 않는다. 통계적 요소, 즉 의학 기술과 전문지식이 만들어 낸 계량적인 허상을 언급할 뿐이기 때문이다. 케일리의 말처럼, 선별 검사와 그에 따른 의사결정은 예비 엄마를 '임신 상황을 통제하는 관리자'로 바꿀 뿐이다. 이런 변화에는 무언가 끔찍한 면이 존재한다.

삶의 시작과 마찬가지로 삶의 마지막도 그렇다. '통계를 위한 렌즈'는 임산부 치료에 대한 사메르스키의 연구 방식처럼 죽음에 대한 경험도 왜곡하게 만든다. 코로나 팬데믹 시기와 20세기 중반의 독감

대유행 시기를 비교해 보자. 코로나 시기의 뉴스 매체 보도량은 대규모 독감 유행 당시의 뉴스 매체 보도량보다 훨씬 많았다. 우리 사회가 과거에 비해 생명의 가치를 소중하게 여기는 현상으로 이해할 수도 있다. 하지만 내가 보기에 사회가 대량의 사망자를 담담히 받아들인다는 것은 통계치와 실제 경험의 차이를 실제로 증명하는 것이다.

통계는 우리 삶의 중요한 의미를 보여주지 못한다. 삶의 의미는 특별한 만남과 경험, 그리고 고유한 가치관에 따라 사는 것에 있다. 정확히 말하면 바로 이것이 유전 상담사들이 만든 허상이 놓치는 부분이다. 우리는 서로에게 중요한 의미를 갖기 때문에 소중하다. 우리는 스스로 자신의 정체성을 결정한다. 우리 각자는 삶에서 경험하는 모든 관계성의 결과물과도 같다. 삶은 통계적 경험이 아니다. 본질적으로 삶은 이야기다. 삶은 인지적 착각이나 오류가 아니다. 삶을 통계치로 축소해 밝혀낸 패턴은 우리의 경험적 증거보다 더 깊고 더 가치 있는 것을 보여주지 않는다.

19장

사회가 병들어갈 때

유럽이 처음으로 봉쇄된 첫 주, 나는 오랜 친구를 만나 대화를 나눴다. 그는 미국 국방부에서 인플루엔자 팬데믹 대응 전략을 연구하는 등 특이한 경력을 가진 사람이다. 그는 대화 도중 "제가 한 가지 깨달은 게 있어요. 사람이 아프면 질병을 앓지만, 사회가 아프면 팬데믹이 발생합니다."라고 말했다. 나는 거의 2년이 지나고 나서야 그 말의 진정한 의미와 중요성을 이해했다.

우리 사회가 코로나19에 대응한 방법과 1957~1958년, 그리고 1968년 인플루엔자 팬데믹 당시에 일어난 일의 차이점을 살펴보자. 최근의 바이러스가 더 치명적이라는 측면에서만 이 차이를 설명할 수는 없다. 여기에는 더 심각한 문제가 있다. 영국의 언론인 앤서니 바넷은 첫 번째 봉쇄 조치 당시에 쓴 긴 에세이에서 한 가지 사실을 제시했다. 그에 따르면, 이전의 팬데믹 시기에는 정부가 어떤 조치도 취하지 않았고, 정부가 무언가를 하리라고 아무도 기대하지 않았다는 점이다. 그렇다면 그로부터 수십 년이 지난 후 무엇이 바뀌었을까? 바넷의 대답은 1968년부터 반세기 동안 '경제적, 사회적, 정치적 혁명'이 일어났으며, 이 혁명의 결과가 코로나 팬데믹이 발생하면서 비로소 가시적으로 드러났다는 것이다.

◇◇◇ 삶의 수준이 비약적으로 향상되면서 '어디서나 시민이 될 수 있는 능력'이 보편화되었다. 세계화의 대가들은 대중의 힘을 약화시키기 위해 할 수 있는 모든 방법을 동원했다. 그들은 엄청난 규모의 빈민가와 도시 빈곤층, 심각한 약물 중독자를 양산했다. 하지만 교육, 위생, 기술 분야의 전면적인 혁신은 사람들이 '온전한 인간'이 될 수 있는 기반을 제공했고, 이것은 '신자유주의'를 무너뜨렸다.[1]

코로나가 시작된 지 2년 후 신자유주의가 얼마나 멀리 확산되었는지 궁금할 것이다. 옥스팜이 2022년 1월에 발표한 '세계 불평등에 관한 연례 보고서'를 살펴보자. 2년 동안 전 세계 인구의 99퍼센트가 더 빈곤해졌고, 세계 10대 부자들의 자산은 두 배로 늘어났다.[2]

　슈퍼 부자들의 이익을 위해 팬데믹이 설계되었다는 음모론을 믿지 않더라도, 그들이 팬데믹을 잘 극복하고 있다는 사실은 충분히 알 수 있다. 코로나 2년 차에 우리는 억만장자들이 경쟁적으로 우주로 진출하기 위해 경쟁을 벌이는 모습까지 지켜봐야 했다. 경제적 피해는 균등하게 분배되지 않았고, 오히려 점점 더 많은 소규모 로컬기업들이 도산하면서 거대 기술기업들이 우리 삶의 더 많은 영역을 집어

삼키는 현상이 가속화했다.

'사람들이 온전한 인간이 되었다'는 표현도 주의해야 한다. 오랜 역사 동안 백인들은 유럽에서 시작해 다른 지역으로 진출하면서 누가 온전한 인간이고 누가 온전한 인간이 아닌지, 그리고 우리가 온전한 인간으로 인정받기 위해 받아들여야 할 혁신이 무엇인지 규정하려 했다. 바넷이 나쁜 의도로 이 표현을 사용했다고 보지는 않으며, 나 역시 의도적으로 이 표현에 주목할 생각은 없다. 하지만 이 표현의 바탕이 된 생각이 기후 변화에 관한 더 큰 논쟁과 근대성을 향한 의문 제기에 중요한 영향을 미친다는 사실만은 부인할 수 없다.

시스템의 역효과

지난 50여 년 동안 일어난 변화의 본질은 무엇인가? 이것은 매우 중요한 질문이다. 바넷이 이 질문을 코로나 담론의 중심에 놓은 것이 옳다고 생각한다. 이 기간 동안 무언가가 바뀌었다. 하지만 나는 이런 변화가 우리에게 유익하거나 위안을 주는지는 확신하지 못하겠다. 바니 글레이저와 안셀름 스트라우스가 50여 년 전 미국 병원에서 관찰한 임종 패턴의 변화는 단순히 죽음에 대한 태도 변화뿐 아니라 우리 사회의 구조적 현실을 드러내었다.

이반 일리치가 설명한 내용도 마찬가지였다. 오늘날 병원에 가지 않고 임종하기를 원한다면 방법은 하나뿐이다. 되도록 빨리 죽어야 한다. 이것이 주로 노인이나 기저질환자에게 영향을 미치는 비교적 가벼운 감염병에도 사회 전체를 가택 연금 상태로 만드는 위협적인 상황이 벌어지는 이유다. 앞으로 우리는 '임종 수단의 부족 문제'를 반드시 해결해야 할 것이다. 가정과 지역사회가 병자와 임종에 이른 사람들을 돌볼 수 있는 자체적인 역량을 갖춘다면, 사망자의 물결은 거의 눈에 띄지 않는 상태로 흘러갈 것이다. 하지만 우리 삶의 형태가 바뀌면서 가정이 더 이상 그런 역할을 하지 못해 병원과 요양원의 좁은 문을 통과해야 한다면(임종 수단이 부족해진다면) 이것은 분명히 사회적 문제로 떠오를 것이다.

결국 시스템의 역량이 평균치에서 크게 벗어나면 시스템 전체에 과부하가 걸리고 연쇄적으로 기능이 악화해 더 많은 사망자가 발생할 위험이 있다. 이것은 이탈리아 북부 지역에서 코로나 바이러스가 확산하기 시작할 때 서구 지도자들이 목격한 악몽이었다. 이탈리아 정부는 확진자가 급증해 병원과 보건 서비스 시스템이 붕괴될 듯하자 서둘러 봉쇄 조치를 내렸다. 돌이켜보면, 당시의 예측에 관해 어떻게 말하든 그런 결정을 내린 이유를 이해하기는 어렵지 않다.

시스템의 역량 문제에 직면하면 좌파에 속한 많은 사람은 의료 시스템에 더 많은 비용을 지출하고 병상 수를 늘려야 한다고 말할 것이다. 하지만 이것은 문제의 본질을 파악하지 못한 주장이다. 병자와 임종이 가까운 사람을 돌보는 일을 고도로 훈련된 전문가와 값비싼 시스템이 독점한다면, 어떤 사회도 한꺼번에 폭증한 환자를 처리할 수 있는 역량을 유지하지 못할 것이다. 이것은 새로운 유형의 위기, 곧 일리치가 예상했던 위기를 초래한다. 코로나 시기에 우리의 일상이 중단된 것은 일리치가 설명했듯이 지금까지 보지 못한 역효과가 가장 극적으로 나타났기 때문이다. 이런 일들을 설명하며 다른 사람들의 오해를 사지 않을 수 있을까? 나는 잘 모르겠다.

우리에게 주어진 또 다른 선택지

바로 오늘 아침, 내가 세상을 바라보는 방식에 큰 영향을 준 나의 친구이자 스승이 돌아가셨다는 소식을 들었다. 올해 85세인 그는 작년에야 은퇴를 선택했다. 그는 3주 전에 병에 걸려 생의 마지막 며칠을 병원에서 보냈다고 한다. 그의 사망 진단서에는 코로나19 바이러스로 인한 사망이라고 적혀 있지만, 지금 내게는 그런 사실이 그의 죽음과 관련해 그다지 중요하게 느껴지지 않는다.

우리 집 가까이에서 바이러스 감염으로 인한 사망자가 발생한 적이 있다. 내 또래 유치원 교사의 죽음은 우리 지역사회 전체에 큰 충격을 주었다. 바이러스 감염으로 생긴 만성적인 후유증으로 삶이 완전히 뒤틀린 사람들도 있다. 나는 사람들의 고통스러운 현실을 조금도 축소해서 설명하고 싶지는 않다. 나는 첫 번째 봉쇄 조치 이후 몇 주 동안 영국에 사는 몇몇 가족들과 자주 통화했다. 우리는 지역사회 사망자에 관해서도 대화를 나누었다. 그때 들었던 이야기가 내 기억에 오래 남았다.

한 90세 할머니는 혼자 살았지만, 그녀의 가족들은 평소 그녀를 하루에 세 번씩 방문했다고 한다. 봉쇄 조치로 이 생명줄이 끊겼고, 한 달이 되기 전에 그녀는 사망했다. 또 다른 한 가족은 심각한 학습

장애가 있는 성인 아들을 요양시설에 맡겼는데, 봉쇄 조치로 아들의 일상생활이 갑자기 너무 많이 틀어지면서 감당할 수 없는 상태에 이르렀다. 그는 음식 섭취를 완전히 중단했고 건강이 급격히 나빠져 몇 주 만에 사망하고 말았다.

내가 이런 이야기를 꺼낸 것은 어떤 사람의 고통이 다른 사람의 고통보다 더 중요하다는 '비용-편익 계산'을 하려는 것도 아니고, 사망자 수를 미리 알려지지 않은 사망자 수와 비교해 통계를 내려는 것도 아니다. 이 글을 쓰는 목적은 우리가 얼마 전에 겪은 이 이상한 시기를 제대로 되돌아보자는 것이다. 왜 그런 일들이 일어났는지, 그런 일들이 우리에게 어떤 영향을 미치고, 어떻게 이성을 잃게 했는지 생각해 보자는 것이다. 이 이야기에는 '그러게 내가 말했잖아요'식의 약 올리기도 없고, 우리가 마땅히 무엇을 했어야 했는지 훈계하는 설명도 없다.

서구의 기준에 따르면, 산업화 이후 서구 사회는 역사 이래로 가장 풍요로운 시기를 지나왔다. 하지만 불평등이 심화해 많은 시민이 풍요로움과는 거리가 먼 삶을 살았다. 서구 사회는 우리가 자주 언급하지 않는 측면에서 불안정한 곳이기도 하다. 사회가 병들면 팬데믹이 발생한다. 인간이 면역 체계를 위해 주사를 맞아야 하는 것처럼, 현대 서구 사회 역시 최근까지 인류가 살아왔던 다른 시대와 비교할 때 매우 취약해진 것이 사실이다. 코로나가 발생하기 몇 년 전, 왕립 천문학자이자 전 왕립학회 회장이었던 마틴 리스Martin Rees는 옥스퍼드 대학교 강연에서 이렇게 말했다.

◈◈◈ 전염병으로 사회가 붕괴되는 규모는 이전 세기에 발생한 전염병 기간의 붕괴 규모보다 훨씬 클 것이다. 14세기의 영국 마을은 흑사병으로 전체 인구의 거의 절반이 사망했을 때조차도 제 기능을 유지했다. 반면, 우리 사회는 병원이 넘쳐나고, 의료 서비스가 과잉 공급되어도 전염병의 치명률이 아직 1퍼센트도 되지 않는 수준일 때 붕괴되기 시작할 것이다.[3]

이것이 바로 '역사상 가장 치명적이지 않은 팬데믹 기간 동안' 극단적인 대응이 필요했던 이유다. 하지만 시스템의 취약성을 명확하게 인식하기 어렵기 때문에, 팬데믹에 대한 조치는 질병 자체의 위험성에 대한 인식을 과도하게 부풀리는 방식으로 정당화되었다. 이렇게 과장하는 것은 실제로 일어나는 일이 비현실적이거나 거짓이라는 느낌을 불러일으키고, 진실 신봉자와 음모론자 모두의 광기를 부추긴다.

이번 코로나 팬데믹이 더 크고 더 장기적인 위기를 경고한 것에 불과하다면 어떻게 해야 할까? 이것은 이누이트족 시인 타크랄리크 패트리지Taqralik Partridge의 질문이다.[4] 2020년 여름, 처음 이 질문을 들었을 당시 모든 논의의 중심은 '어떻게 다시 코로나 전의 일상으로 돌아갈 것인가' 또는 '어떻게 하면 이번 위기를 더 공정한 세상으로 가는 관문으로 활용할 수 있을 것인가'였다. 나는 타크랄리크의 질문을 통해 두 가지 질문보다 더 진실한 메시지를 들을 수 있었다. 이번 팬데믹이 모든 것을 바꾸는 빅 이벤트가 아니라 수많은 연쇄적 위기 중 가장 앞에 있는 위기라면 어떻게 될까?

얼마 후 나는 지금의 상황이 마치 허리케인 시즌 때 대서양의 태풍들이 줄 지어 선 기상 위성 사진과 비슷하다고 생각했다. 각각의 태풍은 진로가 모두 다르며, 우리는 그 진로를 완벽하게 예측할 수 없다. 태풍은 결국 미래의 해안선으로 다가와 상륙할 것이다. 우리가 지금 불안감을 느끼는 것은 위태로워 보이는 바이러스 대응 시스템 때문만은 아니다. 우리 삶의 모든 순간이 이런 시스템에 좌우될 수 있다. 우리는 꾸준히 발전하는 통제 기술과 다가오는 태풍에 맞서 이 취약한 시스템을 보호하기 위해 우리의 삶이 중단되는 상황을 맞이해야 할 것이다. 아니면 회복력을 더 강화하고, 악조건 속에서도 삶을 지속할 기회를 제공하는 역량을 키울 수도 있다. 그러기 위해서는 겸손한 자세와 호기심을 가지고 다른 시대와 장소에서 사람들이 영위해 온 삶의 방식에 접근해야 한다. 서구 사회가 '온전한 인간'이 아닌 삶을 살았다고 생각하는 다른 시대와 지역의 생활방식을 살펴보고, 거기에서 답을 찾아야 할 것이다. 이것이 코로나 시대의 정치에서 드러난 선택지이며, 조만간 다가올 시대의 단층선이다.

5부

우리의 현재 위치를
생각할 때

At Work in the Ruins

20장

거대한 어항이 되어버린 세상

50년이란 기간은 의미가 있다. 나이를 인간의 신체에 비례해 측정한 것처럼, 반세기는 인간의 수명에 비례해 측정한 개념으로, 50년은 청년과 노년 사이의 어느 시점이다. 1900년경까지만 해도 인간의 수명은 세계 어느 지역에서나 대부분 50년에 이르지 못했다. 하지만 평균치에는 늘 오해의 여지가 있을 수 있으며, 출생 시 기대 수명 통계는 '특정 해에 사망한 성인들 중 가장 많은 사망 연령'과 함께 이해하는 것이 옳을 것이다. 이 통계치는 10세 이상 생존자들 중 가장 빈도가 높은 사망 연령을 의미하며, 1840년대 영국에서는 남자가 71세, 여자는 77세였다.[1]

그 이후 세대의 위대한 업적은 아동기의 생존 가능성을 크게 높인 것이며, 이 변화의 대부분은 병원 치료보다는 공중 보건 덕분이었다. 이런 변화는 첨단 의학의 손이 닿지 않는 곳까지 확산되었다. 유아

사망률은 몇 세대 만에 현저히 낮아졌지만, 청년과 노년의 거리는 그리 크게 변하지 않았다. 모든 사건의 '황금 기념일(Golden Anniversary, 결혼 50주년 기념일을 뜻하는 용어로, 황금이라는 단어가 50년을 상징하기 때문에 붙은 이름이다.-편집자)'은 어떤 사건이 일어났을 때 청년이었던 사람들 대부분이 그 사건의 의미를 기억하고 회고할 수 있는 마지막 시기라고 보는 것이 옳을 것이다.

모니터링과 통계로 세상을 제어한다면

바이러스가 우리 삶을 재편한 시기는 우연하게도 이런 기념일들과 맞물려 있다. 2020년 4월은 환경운동이 미국 전역에서 발생한 것을 기념하는 '제1회 지구의 날' 이후 50년이 되는 해였다. 2021년 9월은 최초의 그린피스 선박이 미국의 핵 실험을 막기 위해 알래스카 연안의 한 섬으로 출항한 지 50년이 되는 해였다. 2022년에는 로마 클럽의 보고서《성장의 한계(Limits to Growth)》와 그레고리 베이트슨의 《마음의 생태학으로 가는 발걸음(Steps to an Ecology of Mind)》이라는 획기적인 출판물이 출간 50주년을 맞이했다. 50년 전 스톡홀름에서는 '유엔인간환경회의'가 2주간 개최되었으며, 이때 처음으로 생태 위기 문제가 국제 정치의 주요 안건으로 떠올랐다.

2022년 봄, 유엔 총회는 스톡홀름에서 환경 분야 최초의 국제회의인 '유엔인간환경회의' 50주년을 기념하는 국제회의를 준비 중이었다. 회의 개최 전에 시민 사회단체의 지지를 구하기 위한 새로운 선언문이 담긴 이메일이 도착했다. 나와 이메일을 공유한 기후 과학자가 말했듯이, 이 선언문은 앞으로 기후 변화에 관한 논의가 어떻게 흘러갈지 방향을 보여주는 중요한 기준이라고 할 수 있다. 선언문에서는 우리가 맞이한 '끔찍한 생태적 상황'에 관해 이렇게 이야기한다.

◇◇◇ '지구의 상호의존성'은 지구 위의 생명을 지탱하는 공통성을 정의하고 인식하기 위한 새로운 논리다. 이 시스템은 우리 모두를 연결하며 우리는 이 시스템에 깊이 의존한다. 이것은 인간과 지구의 상호작용을 효과적으로 관리하는 지배 체계를 확립하기 위한 기본 단계다.[2]

마지막 문장을 읽은 후, 나는 인간이 지구를 효과적으로 관리하기 위해서는 모델링이 필요한 7천 개의 서식지를 구분해야 한다고 열변을 토했던 코펜하겐의 연구자를 떠올렸다. 그때 함께 떠오른 것은 보르헤스의 너덜너덜한 지도가 아닌 거대한 어항의 이미지였다. 이 어항은 나와 함께 '다크 마운틴 선언문'을 만들었던 폴 킹스노스의 아들이 갖고 있던 것이다. '녹색 은총(The Green Grace)'이라는 글에서 폴은 그의 가족이 냉수성 물고기를 데려와 관리하면서 얻은 교훈을 언급한다.[3]

이 교훈은 죽은 물고기들을 성냥갑 관에 넣어 직접 땅에 묻어가며 힘들게 얻은 것이었다. 그는 고작 몇 마리의 물고기를 살리는 데에도 복잡한 유지 관리 시스템이 필요하다는 사실을 깨닫고 놀랐다고 한다. 청소와 물 교환, 자체적인 보수유지 주기가 있는 전기 필터, 여섯

가지 주요 수질 지표를 시험하고 조정하는 데에 필요한 화학 키트 등이었다. 이 모든 일은 '강이나 호수가 공짜로 쉽게 할 수 있는 일'의 작은 부분을 수행하는 것에 불과했다.

사람들이 지구의 곤경에 관해 말하는 것을 듣거나, 국제회의에 앞서 배포된 선의의 글을 읽을 때면 나는 킹스노스 가족의 어항을 자꾸 떠올릴 수밖에 없다. '생태계 서비스'라는 언어를 예로 들어보자. 이 표현은 인간이 시스템에 얼마나 의존하는지를 숫자로 표시해 가시화하는 방식이다. 이것은 폴이 묘사하는 살아 있는 강의 자유와 용이성을 포착하려는 시도인데, 여기서 핵심 단어는 '포착'이다. 강이라는 살아 있는 세계를 마치 기술적, 경제적 시스템인 것처럼 묘사하기 시작하면 결국 세계를 그런 시스템으로 바꾸게 될 것이다. 즉, 인공지능의 지원에 힘입어 끊임없는 모니터링과 통제를 통해 생태적, 사회적 환경을 유지하는 행성 어항이 완성되는 셈이다.

근대성의 본질과 기원

나는 앞서 '기후 과학이 스스로 답할 수 없는 질문들을 우리가 어떻게 곤경에 직면하게 되었는지 묻는 것으로 대체할 수 있다.'고 주장했다. 기후 변화가 대기 화학의 불운 때문일까, 아니면 우리의 세계관에서 온 결과일까? 두 번째 원인 탓이라고 답한다면 또 다른 질문을 할 수 있다. 우리는 이 세계관을 어떻게 정의할 수 있을까? 어떤 이름을 붙여야 할까? 폴 킹스노스는 이 세계관을 '기계의 논리'라고 부른다. 이것은 기술 사회의 오랜 역사를 연구한 역사학자 루이스 멈 포드의 책과 R. S. 토마스, D. H. 로렌스의 시적 계보에 바탕을 둔 것이다. 나는 종종 이 세계관을 '근대성의 논리'라고 표현하는데, 이 말을 자주 사용하던 친구와 스승들에게서 영향을 받은 것이다.

근대성에 관해 많은 이야기가 전해지지만. 이 단어의 본질과 기원에 관한 질문에도 다양한 답이 이어지고 있다. 내가 발견한 가장 유용한 답은 1970년대 파리의 세미나실에 등장한 '포스트모더니즘 Postmodernism {20세기 중반 이후 등장한 철학적, 문화적, 미학적 움직임으로, 근대주의(모더니즘)와는 다른 접근 방식을 취한다. 기존의 흐름이나 경계를 허무는 태도나 실험 정신을 중요하게 여긴다.-편집자}'의 흐름이 생태 위기에 대한 인식이 높아지던 시기와 맞물렸다는 것이다. 나는 서구 역사에서 '미래를 특별히 중요하게 여겼던 시기'부터 근대성이 시작되었다고 생각한다.

'근대'를 정의한다는 것은 17세기 프랑스의 일부 사상가들이 이야기한 것처럼 단순히 우리가 선조들보다 미래에 더 가까이 살고 있다는 의미가 아니라 '미래를 현재보다 좋은 것으로 여긴다'는 의미다. 마찬가지로, '포스트모더니즘'에 관한 논의는 미래가 더 이상 집단적 희망의 도구로서 유용하지 않고, 오히려 불안의 원천이 되어 그 빛을 잃기 시작할 때 서구 문화의 중심에 뿌리를 내리기 시작했다.

내가 이렇게 이해할 수 있도록 도움을 준 사상가로는 구스타보 에스테바Gustavo Esteva와 마두 수리 프라카시Madhu Suri Prakash를 꼽을 수 있다. 그들은 멕시코 및 인도에서의 활동 경험을 통해 '풀뿌리 포스트모더니즘'에 관해 이야기했다. 이들은 전 세계 대부분 지역에서 경험한

'근대화 프로젝트'의 최종 수혜자가 된 서구 사람들의 삶에 뿌리를 둔 근대성에 관해 의문을 제기했다.[4] 이들이 제기한 의문을 통해서 세계를 거대한 어항으로 보는 사고방식의 부조리함을 충분히 짐작할 수 있다.

팔레스타인 출신 수학자 무니르 파셰Munir Fasheh는 하버드대 아랍 교육 포럼을 설립해 주도했지만, 그의 가장 중요한 경험은 문맹인 어머니가 재봉사로 일하면서도 매우 숙련되고 복잡한 수학을 사용했다는 사실을 깨달은 것이었다. 그는 근대성이 근대 시스템에 유용하지 않은 여러 형태의 지식을 처음에는 무시하고, 나중에는 파괴하는 과정을 추적하기 시작했다. 그는 근대인이 당연한 것으로 생각하는 독특한 무력함을 지적하기 위해 갈릴리의 팔레스타인인들이 사용했던 표현("그들은 마치 이스라엘 암탉 같아!")을 언급했다.

◈◈◈ 이스라엘 암탉과 팔레스타인 토종 암탉은 큰 차이가 있다. 이스라엘 암탉은 특별한 주사, 특수한 혼합 사료, 특별한 온도, 특별한 사육 스케줄 없이는 생존도, 성장도, 계란을 생산하는 일도 하지 못한다. 이스라엘 암탉의 생존에는 일종의 과학적이고 합리적인 계획과 외부의 끝없는 지원이 필요하다. 실제로 이스라엘 암탉은 사료의 배합 성분이 달라지거나 환경 조건이 조금만 변해도 한동안 계란을 생산하지 못한다. 간단히 말해 이런 '기술 과학적'인 닭을 인공적이고 이데올로기적인 환경에서 데려와 실제 환경에 두면 생존하기 힘들 것이다.[5]

이스라엘 암탉은 고기나 계란을 최대한 많이 생산하려고 일부러 생리적 극한까지 사육한 근대 가금류의 상징이라 할 수 있다. 데번의 슈마허 대학에서 학생들을 가르칠 때, 나는 최선의 의도로 이런 방식을 시작했을 수도 있다는 점을 학생들에게 설명했다. 그곳 교직원들이 최초의 양계장을 가리키며 1920년대와 30년대 다팅턴 학교 설립자들이 유토피아적인 농촌 재생 프로그램의 일환으로 집약적인 양계 농장을 시작했다고 설명할 때와 마찬가지다.

이스라엘과 팔레스타인의 영토 분쟁에 관해 들었던 고통스러운 이야기 중 하나는 사람들의 이해관계가 복잡하게 얽힌 이곳이 근대성의 중심지와 폭력적인 주변 지역이 근접해 있는 곳 중 하나라는 것이다. 이스라엘 암탉의 무력함과 대조적으로, 파셰는 팔레스타인 암탉에 대해서는 이렇게 쓴다.

◇◇◇ 팔레스타인 토종 암탉은 오랜 세월 발전시킨 특성 덕분에 살아남았다. 이 닭은 다양한 환경과 조건에 적응하는 능력을 통해 번성했다. 이 닭은 생존을 위해 필요하면 자신의 배설물까지 먹는다. 강력한 소화기관, 주어진 환경을 '마치 내 집처럼 편히 느끼는 것', 다양한 조건에 적응하는 능력과 같은 특성들이 토종 암탉이 수천 년 간 생존하는 데에 큰 도움을 주었다.

파셰는 암탉의 예를 비유로 들어 근대의 공교육 시스템이 졸업생에게 주입하는 무기력함을 꼬집었다. 인도 남부 타밀 나두주에서 람 서브라마니안은 마을 사람들이 설립한 농장과 대학 자격증을 보유한

NGO 직원들이 운영하는 농장을 비교하며 비슷한 패턴을 발견했다는 것이다. 마을 농장은 농부와 소의 삶에 초점을 맞추며, 마을에서 벌어지는 일에 민감하게 반응한다. 반면, NGO 농장은 전체 활동을 다른 시스템(은행, 서비스 기술 제공자, 시장 등)과 맞춘다. 그들은 소와 농부를 공급망의 일부로 본다. 마을 생활의 다른 관심사는 '별로 중요하지 않은 것'으로 간주하거나, '시스템의 책임'으로 여긴다.[6] 갈릴리에서와 마찬가지로 여기서도 농업에 대한 두 가지 접근법이 같은 풍경 안에 공존하는데, 그중 하나는 세계를 커다란 어항처럼 취급하는 근대성과 더 깊이 관련되어 있다.

과학이 질문하지 못한 것을 질문할 때

근대적 어항 시스템과 글로벌 권력의 피라미드 구조 밑바닥에 가까운 풀뿌리 포스트모더니즘의 대조 속에 회복의 정치가 어떤 모습일지에 대한 실마리가 있다. 우리는 이 길에서 다시 한번 아미타브 고시를 떠올리게 된다. 아미타브 고시는 이 여정에서 우리보다 한참 앞서 있었다. 그는 《대혼란의 시대》에서 '인도 같은 일부 개발도상국의 엘리트들이 기후 협상 시 암묵적으로 보여주는 전략'에서 정치의 가장 어두운 면을 본다고 말한다. 고시는 그들이 '부유한 국가라면 심각한 타격을 받을 수도 있는 충격과 스트레스를 비록 큰 대가를 치르더라도 묵묵히 흡수해 온 인도인들에게 크게 의존하고 있다.'고 의심한다.

◈◈◈ 이것은 생각하는 것보다 망상이 아닐 수도 있다. 예컨대, 엄청난 스트레스 상황에 대처할 때 교육, 경제적 부, 높은 학위 등 극단적인 기후에 대처하는 데에 유리하다고 보는 바로 그 요소들이 실제로는 취약점이 되는 경우가 있다. 예컨대 서구의 식량 생산은 위험할 정도로 자원 집약적이어서 '식량 1칼로리당 화석연료 12칼로리'에 해당하는 자원이 필요하다. 그리고 서구의 식량 시스템은 너무 복잡해서 작은 부분만 붕괴되어도 연쇄적으로 전체가 붕괴될 수 있다. 가난한 국가에서는 중산층조차도 온갖 종류의 결핍과 불편함에 대처하는 데에 익숙하지만, 서구 사회에서는 효율적인 인프라에 의존해 온 생활 습관 탓에 사람들이 감당할 수 있는 고통의 임계치가 매우 낮다. 따라서 기후 충격이 빠른 속도로 시스템을 압박할 수 있다.[7]

이런 분석이 우리에게 위안을 주지는 않지만, 고시는 책 마지막 부분에서 가능성의 씨앗을 제시한다. 그는 기후 변화가 근대성과 생태적 현실의 충돌을 가속화하는 방식에서 역설적인 희망의 끈을 발견한다. 책 앞부분에서 생각을 논리 정연하고 박식하게 엮어낸 후, 지구를 이 지경에 이르게 한 프로젝트에 대한 자신의 진짜 생각을 다음과 같이 들려준다.

◈◈◈ 지난 수십 년 동안 대대적인 가속화의 궤적은 근대성의 궤적과 완벽히 일치했다. 이것은 지역 공동체의 파괴, 심각한 개인화와 아노미 현상, 농업의 산업화, 유통 체계의 중앙 집중화로 이어졌다.

동시에 사이버 공간에서 강력하게 전파된 심신 이원론이 심화되어 인간이 물질적 환경에서 자유로워지고, '육체와 분리된' 부유하는 인격체가 된 것 같은 착각을 일으킬 정도가 되었다. 그 누적 효과로 전 세계의 수많은 사람, 특히 여전히 땅에 결속된 사람들에게 도움을 줄 수 있는 전통적 지식, 물질적 기술, 예술, 지역 공동체의 유대와 결속이 소멸하고 있다. 이 현상은 더욱 심해질 것이다.[8]

우리는 안나 로웬하우프트 칭의 이른바 '자본주의의 파괴 속에서 살아남을 가능성'을 이 가느다란 희망의 끈에서 붙잡을 수 있다. 지구는 어항이 아니다. 지구는 모니터링과 관리가 필요한 인공 시스템도 아니다. 이런 말이 누군가에게는 터무니없어 보일 수도 있지만, 내가 이보다 더 자신 있게 말할 수 있는 주장은 없다. 세계를 어항으로 만드는 프로젝트는 아무리 좋은 의도로 추진하더라도 결국은 모두가 함께 지옥으로 가는 길일 뿐이다. 이 길이 목적지에 도달할지도 의문이지만, 지옥에 더 가까이 가게 할 길임은 확실하다. 어항과 살아 있는 강을 구분하지 못하는 모든 세계관은 지옥으로 가는 궤도에 기여할 것이다. 이 길에는 종종 희망의 원천으로 제시되는 여러 생태적 시스템 사고도 포함된다.

세계를 어항으로 보는 프로젝트는 우리가 '유력한 어른들'이라고 부르는 사람들이 필수적이고 바람직하다고 보는 기본적인 미래관이다. 과학의 틀 안에서 머무는 기후 변화에 관한 모든 대화는 이런 미래로 이어질 것이다. 과학 연구가 반드시 세계를 이런 관점에서 보기 때문이 아니다. 여기에서 벗어나기 위해서는 과학이 할 수 없는 질문을 할 수 있어야 하기 때문이다. 어떤 의미에서 이 프로젝트는 완전히 새로운 것도 아니다. 세계를 어항으로 바라보는 사고방식은 근대 역사에 깊이 스며든 논리, 즉 인간의 목적에 최적화된 메커니즘으로 세계에 접근하는 방식을 확장한 것 뿐이다. 바로 이런 이유 때문에 기후 변화에 관해 말하기를 거부하는 사람들이 있다. 철학자 사제이 사무엘Sajay Samuel은 '과학에 대해 생각하는 방법'이라는 방송 프로그램에서 이렇게 말했다.

◈◈◈ 산업화 탓에 지구가 황폐해졌다는 것은 의심의 여지가 없습니다. 예컨대, 그냥 인도의 내 고향에서 걸으면서 공기를 한 모금 마셔보세요. 명백하게 알 수 있을 겁니다. 지구 파괴는 이제 상식입니다. 나는 그것에 어떤 의문도 제기하지 않습니다. '왜 기후 변화 모델이 필요한가'라는 문제로 돌아가 볼까요? 기후 변화 모델에 집착하는 것은 마치 '지구가 복수하기 전에 우리가 얼마나 더 지구를 파괴할 수 있는가?'라고 질문하는 것과 같습니다.9)

내가 많은 빚을 지고 있는 이 사상가들은 기후 변화에 관해 말하는 지혜로운 방법이 무엇일지 고민했을 것이다. 기후 모델에 얽매인 대화는 반세기 전에 일리치가 예견한 대로 파국으로 끝날 수밖에 없다. 하지만 나는 근대성의 중심지, 즉 산업혁명을 일으킨 나라에서 태어나 '세계 최고의 근대국가'라는 전성기를 아직 기억하는 스웨덴에 사는 사람으로서, 주로 근대성의 승자들을 대상으로 기후 변화를 이야기했다. 이런 대화를 통해 나는 기후 변화에 관한 논의가 '근대성의 세계가 종말을 맞을 가능성'을 숙고할 수 있는 문을 열어준다는 것을 깨달았다.

이반 일리치는《성장의 한계》가 출간된 다음 해인 1973년 〈르몽드〉 1면에 실린 에세이에서 이런 접근법의 결과에 대해 비슷한 경고를 했다. 일리치는 앞으로 우리의 과제를 '인간이 큰 피해를 입지 않고 얼마나 많은 자원을 채취하여 이용할 수 있는가'로 설정한다면 그 결과는 지옥이 될 수밖에 없다고 주장했다.

"산업 생산을 잠재적 최대치로 유지하려는 산업 중심적 마인드를 지닌 사람들이 부과한 에너지 총량을 생태학적 입장에서 제한한다면 사회적 압박은 피할 수 없을 것이다."[10]

21장

두 갈래의 길

2021년 가을, 나는 지금까지 기후 변화를 주제로 나눴던 대화가 우리의 현재 위치와 지금에 이르게 된 경위에 관한 더 큰 질문으로 이어질지 의심하기 시작했다. 새로운 10년이 시작될 즈음 두 가지 변화가 있었다. 첫째, '기후 변화를 심각하게 받아들이는 일'에 재정적, 정치적 자본이 쏟아지기 시작했고 둘째, 이념적인 면에서 과학의 권위가 극적으로 강화되었다. 이런 변화를 종합하면 기후 변화 논의가 과학의 틀에서 벗어나 상위 질문으로 가기는 더 어려워졌다고 볼 수 있다. 그래서 나는 그동안 그려왔던 지도를 다시 그리면서 앞으로 가장 중요해질 단층선을 찾을 필요가 있다고 생각했다.

나처럼 세계를 거대한 어항으로 재창조하는 프로젝트에 참여하고 싶지 않은 사람들은 여정의 다른 경로를 제공할 수 있는 용어와 행동 방식을 찾아야 했다. 이 책을 쓰기 시작했을 때 나는 1970년대 문화

운동 시기에 시작한 환경운동에서 사용한 여러 표현 속에서 새로운 길이 보인다는 사실을 깨달았다.

퍼머컬처의 접근법

퍼머컬처Permaculture는 1970년대 후반 호주에서 처음 시작한 디자인 철학이자 사회 운동이다. 이 이름은 '영구적인 농업'을 목표로 식량을 재배하고, 그 기반이 되는 생태계를 고갈시키지 않는 방식으로 땅을 돌보자는 의미에서 온 것이다. 이 운동이 전 세계로 확산되면서 그 범위가 확대되어 자족하는 인간 거주지를 만들기 위한 다양한 활동까지 포함되었다.

퍼머컬처 운동은 태즈매니아 대학에서 환경심리학을 가르치던 빌 몰리슨Bill Mollison과 인근 대학의 대학원생 데이비드 홀름그렌David Holmgren이 함께 창시했다. 두 사람은 토착민의 토지 이용 방식에서 영감을 받아 시스템적 사고와 결합하고, 가정과 지역사회의 장기적인 지속가능성을 위한 도구들을 만들고자 했다. 이 내용은 퍼머컬처 디자인 자격증으로 이어진 강좌와 몰리슨과 홀름그렌이 함께 쓴 책 《퍼머컬처 원Permaculture One》을 통해 확인할 수 있다.

퍼머컬처 프로젝트에는 다소 모호한 점이 있다. 인위적인 환경을 조성해 품종을 개량하고, 자연적인 환경에서는 도태될 수밖에 없게 만든 '이스라엘 암탉'의 경우와 같은 문제점이다. 퍼머컬처 태즈매니아의 현 대표 고든 화이트Gordon White는 자신의 책 《애니, 미스틱 : 살아

있는 우주와의 만남(Ani.Mystic:Encounters with a Living Cosmos)》에서
이 문제점을 "퍼머컬처는 우주가 기계라는 비유 안에서 작동할 때
성취할 수 있는 절대적 한계치에 가깝다."[1]는 말로 훌륭하고 간단하
게 요약했다.

　퍼머컬처 접근법의 유용성은 다른 운동이 흥망성쇠를 겪는 동안
전 세계에 폭넓게 뿌리내렸다는 점, 그 영향력이 수십 년 동안 꾸준
하게 확장되고 있다는 점에서 잘 드러난다. 하지만 퍼머컬처 역시 지
금은 곤경에 처하고 말았다. 홀름그렌은 팬데믹 탓에 이 운동이 처음
으로 붕괴될 지경에 이르렀다고 말한다. 한쪽에서는 팬데믹에 대한
대응을 '기후 위기를 해결하는 데 필요한 것이 무엇인지를 보여주는
완벽한 비유'나 '개인적이고 단기적인 희생을 대가로 집단적이고 장
기적인 이익을 얻는 선택'으로 본다.[2] 반면, 다른 쪽에서는 팬데믹에
대한 대응을 '사람들을 기술-산업 시스템에 의존하는 일종의 진공
상태로 만드는 노력'이라고 본다.

　첫 번째 그룹은 점차 자신의 입장과 합리성을 점점 더 확신하는
반면, 두 번째 그룹은 사람들 대부분이 최근까지도 포기할 수 없는
권리라며 옹호하던 일을 그만둔 것과 주류 언론이나 소셜 미디어, 직
장 및 가정에서 질문과 토론이 빠르게 중단된 것에 충격을 받았다.
퍼머컬처는 지금까지 매우 다른 정치적 입장과 세계관을 가진 사람
들을 수용했다. 하지만, 홀름그렌은 이처럼 서로 다른 입장과 그들이
서로에게 제시한 용어의 차이로 이 운동이 얼마나 더 오래 갈 수 있
을지 의문을 제기했다.

코로나 팬데믹과 타협의 논리

'코로나 바이러스 양성 또는 내가 걱정을 멈추고 죽음을 받아들이는 것을 배우는 방법'이라는 제목의 에세이에서 기후 변화 전문가 레베카 번트Rebekah Berndt는 팬데믹 이전에 병원에서 중환자실 간호사로 일한 경험을 이렇게 이야기한다.

◇◇◇ 중환자실에서 죽음을 앞둔 사람들을 간호할 때, 나는 사람들이 자신이 통제할 수 없는 끔찍한 상황에 반응하는 방식을 관찰할 수 있었다. 환자들은 대체로 의식이 없었지만, 가족들은 보통 두 가지 중 하나의 방식으로 대응했다. 첫 번째 부류는 마치 계속 신경을 쓰면 결과를 바꿀 수 있다는 듯이 초긴장 상태가 되어 인터넷에서 대안적인 치료법을 검색하고, 생체 신호와 실험실 데이터의 추이에 극도로 집착했다. 두 번째 부류는 부정과 회피로 대응했다.[3]

그녀는 다른 경우보다는 드물지만, 세 번째 반응을 보인 사람들도 있었다고 덧붙이면서 이 방식을 '참여적 항복의 길'이라고 불렀다.

"이들은 모든 변수 또는 결과를 통제할 수 없다는 점을 인정하면서도 환자가 죽음에 이르는 모든 과정에 참여함으로써 죽음을 경험하는 방식을 선택할 수 있다는 것을 깨달은 사람들이었다."

번트가 언급한 세 가지 반응은 사람들이 팬데믹 상황에서 보여준 반응과 분명히 일치하며, 이것이 번트가 이런 글을 쓴 이유다. 또한 이 반응은 스위스계 미국인 정신과 의사 엘리자베스 퀴블러 로스가

1960년대 시카고 의대에서 말기 암 환자를 대상으로 한 연구를 바탕으로 설명한 '슬픔의 다섯 단계'를 떠올리게 한다.[4] 이 모델에서 첫 단계는 부정이며, 그다음으로 분노, 타협, 우울, 수용이 이어진다. 이 다섯 단계가 애도하는 사람들이 거치는 선형적인 과정이라는 생각은 나중에 퀴블러 로스 스스로 부인했다. 하지만, 우리가 죽음과 마주했을 때 나타나는 몇 가지 패턴을 설명하는 설득력 있는 용어를 제공했다는 점은 변함없을 것이다.

코로나 시기 내내 타협과 협상의 논리가 지배적인 담론을 형성하는 것 같았다. 처음 이야기는 '곡선을 평평하게 만드는 것'에 관한 것이었고, 봉쇄는 지속될 예정이었다. 내가 이 조치를 전혀 이해할 수 없었던 것은 스웨덴 당국이 처음에는 1년 이상 지속할 수 있는 제한 조치만 실행할 거라고 말했기 때문이었다. 하지만 이 패턴은 계속 반복되었고, 종료 시기에 관한 약속은 계속 미루어졌다.

백신이 도착했을 때 나는 백신 접종센터로 사용되는 이웃 동네의 마을 회관으로 갔다. 내가 경험한 어떤 일도 백신 접종을 후회할 이유는 아니었지만, 백신을 접종하지 않은 사람들을 향한 집단적 증오를 목격했을 때는 무척 실망스러웠다. 이 증오의 많은 부분은 모든 사람이 백신을 접종해야 바이러스를 퇴치하고 일상으로 돌아갈 수 있다는 믿음에 근거한 것 같았다. 이 이야기는 봉쇄 조치가 2주 이내에 끝날 것이라는 이야기만큼이나 그럴듯해 보였다. 하지만 팬데믹 발생 2년 차에 접어들고 백신이 모든 상황을 끝낼 것이라는 약속이 3~6개월마다 계속 추가 접종을 해야 한다는 전망으로 바뀌자 나는 점차 회의감이 들기 시작했다.

질병과 우리 몸의 관계가 마치 새로운 단계로 진입하는 것처럼 보였다. 면역 체계의 작용은 우리가 본 적이 없는 수준으로 인위적으로 증강되었다. 나는 다시금 '특별한 주사' 없이는 생존할 수 없는 무니르 파셰의 이스라엘 암탉을 생각했다. 백신 의무 접종과 여권을 발급하는 모습을 보면서 나는 선을 넘었다는 느낌이 들었고, 사회가 어두운 방향으로 가는 길에 들어섰다고 생각했다.

그 후 몇 주 만에 분위기가 바뀌는 듯했다. 추가 접종에 관한 이야기가 점차 사그라들기 시작한 것이다. 〈가디언〉에서 의무 접종에 반대하는 사람들을 극우 음모론자로 몰아붙이지 않은 오스트리아 시위대에 관한 기사를 읽었다. 그때 나는 '진로 수정'이 진행 중이라고 확신했다. 우리는 최근의 바이러스 변종이 감염력은 높지만 치명률은 낮으며, 백신이 어느 정도 도움이 된다는 말을 들었다. 또한 많은 사람이 이미 이 질병을 실제로 경험했기 때문에, 극적인 조치와 정치인들의 메시지를 바탕으로 상상한 코로나의 두려움이 점차 사라지고 있는 듯했다.

참여적 항복의 길

나는 팬데믹으로 생긴 분열이 미래 정치의 본보기가 되어야 한다는 생각에 아무렇지도 않은 척할 생각이 없다. 코로나를 둘러싼 논쟁은 고시가 이미 우리 시대의 본질적인 특징으로 진단한 혼란 상태로 우리를 더 깊이 몰아넣을 것이다. 지금 우리가 바라야 할 것이 있다면,

더 겸허하고 겸손한 대화를 통해 우리 이야기에 드러난 간격을 인정하는 자세일 것이다. 분명 우리는 '참여적 항복의 길'을 걸어갈 수 있을 것이다.

나는 홀름그렌이 언급한 퍼머컬처 분야의 분열 속에서 내가 긋고 싶었던 선을 발견했으며, 내가 그 선의 어느 쪽에 서 있는지 안다는 점을 부인하지 않겠다. 기후 변화에 관해 논의할 때 우리가 말하는 두 가지 다른 방식의 간격이 점차 확대되고 있고, 지금은 그중 한 가지 방식에만 더 의존하는 추세다. 아울러 팬데믹 대응책에 관한 논의를 차단한 논리가 점차 기후 위기 대응책에도 그대로 적용될 것이며, 이 논리를 확신하는 사람들과 그렇지 않은 사람들 사이에 커다란 비대칭성이 나타날 것이다.

내가 보기에 우리는 갈림길에 봉착했으며, 완전히 다른 두 개의 길이 우리 앞에 펼쳐져 있다. 넓은 길과 거기에서 갈라지는 좁은 길이다. 넓은 길은 근대성의 논리가 가리키는 기본 미래, 즉 '거대한 어항 세계'로 이어진다. 지난 50년 동안 우리가 당면한 곤경과 앞으로 무엇이 필요한지에 대해 사용한 모든 단어가 환하게 반짝이는 표지판이 되어 이 길로 가라고 가리킬 것이다. 예컨대 '지속가능성', '정의', '공유지', '기후 변화의 심각성'과 같은 단어가 포함된다. 넓은 길은 바로 이런 단어가 가리키는 곳이다. 한편, 다른 길은 비포장도로이며 거의 길이라고 할 수도 없고, 그 길을 걷는 사람들이 직접 만들어 갈 것이다.

퍼머컬처에서와 같은 분열이 점점 가속화하는 세상에서 이제 우리는 두 가지 길 중 하나를 선택해야 한다. 하지만 우리 사회 전체가 이런 선택에 직면할 것으로 생각한다면 그것은 착각이다. 지금으로선 사회나 국가가 선택할 길은 매우 명확하다. 중요한 것은 우리의 의지이다. 넓은 길을 닦는 데 기여할 생각이 없는 나와 같은 사람들은 넓은 길에서 벗어나야 한다. 우선 우리 마음속에서부터 이탈하고, 그런 다음에는 삶 속에서 실현한 방법을 찾아야 한다. 여기에는 '익숙한 대화에서 벗어나는 일'도 포함된다. 또한 '의미가 변질된 헌신을 포기하는 일'도 포함될 것이다. 이런 선택에 따른 대가를 과소평가해서는 안 된다. 하지만 다른 사람들이 계속 지불한 대가보다는 훨씬 적다는 것을 알아야 한다.

22장

기후 변화와 정치

내가 사는 작은 마을에서 남쪽 웁살라 대학으로 가는 약 50km 도로를 이동할 때 첫눈이 내렸다. 어린 사슴들이 얼어붙은 들판 옆 도로에서 헤매고 있었다. 2021년 11월, 나는 20개월 만에 처음으로 청중 앞에 설 예정이었다. 행사 장소는 시립 도서관이었고 '생각의 숲(The Forest of Thought)'이라는 팟캐스트 방송을 위해 라이브 녹화를 진행할 예정이었다. 우리는 한 가지 질문을 제시하며 대화의 방향을 잡았다. 바로 '기후 변화에 관해 논의하는 것이 아직도 의미가 있을까?'[1]였다. 이 행사는 내가 책을 쓰게 된 동기가 된 생각들을 소수의 가까운 친구를 제외한 청중들에게 처음 이야기하려는 시도였다.

진행자 잉그리드 리저Ingrid Rieser는 친한 친구 중 한 사람이다. 그녀와 그녀의 파트너 이삭은 7년 전 내가 학생들에게 '우리는 모두 죽을 것이다'라고 말하며 강의를 시작한 웁살라의 환경 및 개발 연구 센터에서 함께 일했다. 최근 몇 달 동안 우리 세 사람은 팬데믹으로 우리의 연구 환경이 어떻게 달라졌는지 대화를 나누었다. 그날 밤, 잉그리드와 나는 청중들에게도 이 대화에서 주고받은 내용을 설명하려고 했다. 마이크가 켜질 즈음, 나는 페르 요한슨이 맨 앞줄에 앉아 있는 것을 보았다.

한 시간 동안 우리는 이 책에서 언급한 여러 생각의 흐름을 추적했다. 잉그리드는 몇 주 전 글래스고에서 개최된 유엔기후회의 COP26(Conference of the Parties의 약자로, 숫자는 26번째 회의를 의미한다. 기후 변화에 대한 국제적 대응 방안을 논의하기 위해 매년 열린다.-편집자)에서 발표한 보고서를 언급했다. 그해 새롭게 등장한 참석자들 중에 기후 정의에 관해 발표한 팀이 있었는데, 이들은 인공지능 농업과 지구 공학에 기초한 해결책을 설명했다. 하지만 이것은 사실 넓은 길이 실제로 어떻게 만들어지고 있는지를 보여주는 신호였을 뿐이다. 질문 시간이 되자 한 젊은 호주인이 내게 이렇게 물었다.

"당신의 주장은 좌파들이 줄곧 말하던 내용 아닌가요? '기후 변화가 아닌 시스템 변화!'라는 슬로건을 아시죠?"

나는 무슨 말을 해야 할지 망설였다. 항상 나 자신을 좌파라고 생각했지만, 곧 내가 그으려는 선이 기존의 좌파와 우파를 기준으로 깔끔하게 구분되지 않는다는 사실을 명확히 깨달았다. 많은 이가 향하고 있는 넓은 길에서 벗어난다는 것은 근대성의 프로젝트에서 벗어난다는 것이다. 또한 근대성은 익숙한 정치적 선택지 중 한쪽 편에 서는 것이 아니라, 모든 정치적 선택지가 처음부터 묶여 있었던 틀이다. 나는 여전히 내가 좌파 출신이라고 생각하지만, 이 틀은 지금 금

이 가고 있으며, 우리가 가고 있는 미래에는 좌파와 우파 같은 개념
이 큰 의미가 없을 수도 있다.

첨단기술을 바탕으로 한 미래 예측

2019년 여름, 우리 가족은 왠지 기분 나쁜 느낌을 주는 이름의 뉴
스픽 하우스Newspeak House(20세기 초반 영국의 건축가 애드워드 피츠제럴드
의 건축 설계 개념을 담은 현대 건축 프로젝트로, 조지 오웰의 소설 《1984》
에 등장하는 '뉴스픽Newspeak'이라는 세뇌용 언어를 연상시킨다.-편집자)에서
2주를 보냈다. 이곳은 런던 정치 기술 대학(London College of Political
Technologists)이 위치한 브릭 레인의 꼭대기에 있었다. 어느 날 밤 아
들을 재우고 아래층에 내려가 보니 영국 언론인 아론 바스타니가 쓴
《완전히 자동화된 화려한 공산주의》의 출판기념회가 열리고 있었다.

　이 책은 팬데믹 이전 10년 동안 좌파의 흐름을 거칠게 표현한 선
언문이었다. 이 선언문은 산업적 근대성의 절정기에 잠시나마 존재
했던 미래를 그대로 반복하고, 기술 진보를 통해 미래를 되살리려는
시도를 담고 있었다.[2] 하지만 미래는 예전의 방식으로는 더 이상 작
동하지 않는다. 이런 인식은 1970년대, 모호한 지적 토론을 벌이던
파리의 포스트모더니스트들에게서 찾아볼 수 있다. 이와 같은 문화
적 분위기는 섹스 피스톨Sex Pistols(1970년대 영국의 펑크 록 밴드로, 반항
적인 정신과 독창적인 음악으로 많은 이에게 영감을 주었으며, 펑크 록의 상
징적 밴드로 남았다.-편집자)의 '미래는 없다'와 같은 함축적인 표현에

서도 나타난다. 대처와 레이건의 시대인 1980년대에는 미래가 더 이상 공통된 약속의 시대가 아니라 주택시장이나 대학 교육으로 대표되는 개인의 소득 잠재력에 투자하는 '각자도생의 시대'로 변해갔다.

우리가 바라던 미래가 아니라는 느낌, 뭔가 잘못되었다는 느낌은 수십 년 동안 사람들 사이를 떠돌고 있었다. 하지만, 2008년 세계 금융 위기의 여파로 대중의 의식 속에 구체화되기까지는 다소 시간이 걸렸다. 2010년 초 서구 국가들을 대상으로 한 설문조사에서 대다수 사람들이 미래 세대가 부모 세대보다 더 힘들어질 것이라고 확신한 것을 기억하는가? 10년이 흐른 후 이런 암울한 분위기는 대서양을 사이에 둔 두 대륙(북아메리카와 유럽)에서 하나의 정치 슬로건처럼 나타났다.

앤서니 바넷이 지적한 것처럼 '통제권을 다시 회복하자'와 '미국을 다시 위대하게'라는 슬로건에서 가장 중요한 단어는 '다시'였다.[3] 근대성의 논리 안에서 미래는 필수 불가결한 요소이며, 정치적 방향성을 찾는 데에도 꼭 필요한 북극성과도 같다. 하지만 결과적으로 나타난 제안에 담긴 이상할 정도로 과거지향적인 특성, 즉 날아다니는 자동차와 호버보드Hoverboard(두 바퀴로 이루어진 개인 이동 수단으로, 일반적으로 전기 모터를 사용하여 작동한다. 스케이트보드와 유사하지만, 바퀴가 두 개만 있는 것이 특징이다.-편집자)가 나오는 1950년대식 공상 과학의 미학을 재현하거나 케네디의 달 탐사계획 연설의 정신을 불러일으키는 경향은 이 지도가 더 이상 지금의 지형과 맞지 않다는 단서가 될 것이다.

이 길을 계속 가다 보면 실리콘밸리의 기술 대기업과 과두 정치

(Oligarchy, 특정 소수의 개인이나 집단이 권력을 집중하여 지배하는 정치 체제-편집자)의 미사여구에 활기를 불어넣는 비전들과 다를 것이 없는 좌파의 관점에 도달한다. 좌파의 관점 역시 '거대한 어항 세계'를 향한 열정 면에서는 상대편과 궤도를 같이한다. 다만 '어항의 소유권을 어떻게 구조화해야 하는가'라는 문제에서만 의견이 다를 뿐이다. 좌파의 비전 역시 아직 개발되지 않은 기술에 의존하려 한다. 바스타니가 제안한 첨단 기술 공산주의의 미래 중에는 화성과 목성 사이에 있는 '16 프시케Psyche 소행성(소행성대에 위치한 큰 소행성으로, 소행성대 연구에서 중요한 대상이자, 우주 탐사의 중요한 목표 중 하나이다.-편집자)'에서 자원을 채굴하자는 내용도 있다. 데이비드 존스타드는 이 책의 스웨덴어판 리뷰에서 이렇게 썼다.

"나는 그의 비전에 동의하지 않지만, 적어도 지구의 자원이 이런 테크노 유토피아의 궤도를 지탱할 수 없다는 데는 동의한다."[4]

자원을 지구 밖에서 개발해야 한다는 주장은 《완전히 자동화된 화려한 공산주의》에만 국한된 것이 아니다. 같은 해 노동당 전당대회에서 통과된 '그린 뉴딜 법안'에 대한 환경정치학자 니콜라스 뵈레의 과학적 분석에 포함된 세부 사항을 살펴보자.

"전기 자동차 목표치를 달성하기 위해서는 전 세계 코발트 생산량이 두 배로 증가해야 하고, 전 세계에서 생산되는 네오디뮴 전체, 전 세계 리튬 생산량의 4분의 3, 전 세계 구리 생산량의 2분의 1이 필요하다."[5]

이 수치는 단지 영국에서 필요한 양일 뿐임을 기억하자.

무엇을 보존하고 무엇을 버릴 것인가

미래는 좋은 의미든 나쁜 의미든 '고도화된 근대성'이라는 정치적 상상력 속에서 제시했던 무게감을 더 이상 지탱하지 못한다. 우리가 택하는 길이 어느 쪽이든 이미 손실이 너무 많았고, 우리 주변과 미래에는 곤경이 너무 많다. 사람들이 직면하길 원하든 그렇지 않든, 미래가 망가졌다는 느낌은 실수이거나 비전이 부족해서가 아니다. 이 느낌이야말로 우리의 현재 위치를 직감적으로 정확하게 파악한 것이다. 우리에게 필요한 것은 근대성 프로젝트를 다시 시작하는 것이 아니라, 거기서 무엇을 보존하고 무엇을 버릴지 깨닫는 것이다.

이 점을 이해하는 좌파 사상가들이 있다. 위대한 마르크스주의 예술평론가이자 소설가, 수필가, 스토리텔러인 존 버거John Berger는 인생 후반기를 진보의 약속이 좌절된 후의 삶이 무슨 의미인지 탐구하는 데에 투자했다. 같은 세대의 사람들이 세미나실로 물러났을 때, 그는 오트 사부아 산맥에 정착해 서구 유럽의 마지막 농부 세대와 수십 년 동안 함께 생활하고 일하면서 그때의 통찰에 비춰 자신의 정치적 신념을 다시 고찰했다. 그 결과 그는 멕시코, 인도, 팔레스타인에서 활동하는 풀뿌리 포스트모더니스트들{풀뿌리 포스트모더니즘(Grassroots Postmodernism)을 추구하는 사람들을 의미한다. 풀뿌리 포스트모더니즘은 포스트모더니즘의 이론적 원칙이 지역사회 기반의 실천적 활동에 어떻게 적용되는지를 탐구하고, 지역사회 발전에 기여할 수 있는 방법을 모색한다.-편집자}의 유럽 좌파 동료가 되었다.[6]

유럽 좌파에 속한 또 다른 두 명의 구조자는 영국 언론인 제레미

시브룩Jeremy Seabrook과 트레버 블랙웰Trevor Blackwell이다. 이들은 1980년대 말과 1990년대 초 짧고 간결한 도서 시리즈를 함께 썼다. 그들은 《변화에 대한 반란:보수적 급진주의를 향하여(The Revolt Against Change : Towards a Conserving Radicalism)》에서 현대 좌파의 기원을 역사적 패배의 순간으로 추적한다. 보통 현대 정치의식의 탄생을 알리는 것으로 간주하는 노동 운동은 적어도 근대성의 심장부에서는 사라진 투쟁의 폐허 속에서 태어났다. 시브룩과 블랙웰은 1840년대 차티스트 운동(Chartism, 19세기 영국의 정치 개혁 운동으로, 노동자와 중산층의 정치적 권리를 확대하고 민주적 개혁을 촉진했다.-편집자) 무렵을 이 시기로 판단한다.

◇◇◇ 차티스트 운동은 산업 사회의 전환 또는 해체를 진지하게 구상했다. 차티스트 운동이 패배한 후, 반대파는 변화의 필요성을 받아들이는 대가로 더 높은 보상을 요구하는 데에 집중했다. 사회주의를 표방했던 많은 단체가 사실상 "우리가 이대로 가길 원한다면 그럴만한 가치가 있어야 한다."라고 말했다. 이런 타협에 대한 진지한 대안은 꿈, 유토피아, 비전의 영역으로 추방당했다. 마르크스의 피 끓는 급진주의는 무엇보다도 산업 사회의 공격적 확장에 대한 진정한 대안의 필요성을 은폐하는 데에 기여했다. 마르크스가 구상한 혁명은 기존 질서가 상상할 수 있는 가장 극단적인 위협으로 보였기 때문에 다른 모든 급진적 프로젝트들은 생명이 자랄 수 없는 그늘 속에서 쉽게 시들어버렸다.[7]

환경주의가 1960년대 이후부터 산업 사회의 결과에 주목하면서 근대 정치의 틀을 만들 때 해결된 것처럼 보였던 질문들을 비로소 다시 제기할 수 있다. 하지만 주류 환경주의가 1990년대 과학의 권위와 새로운 관계를 맺으면서 이런 질문은 점차 중단되었다.

역사에서 '좌파'와 '우파'라는 비유적 용어가 생긴 지는 2백 년에 불과하다. 이 용어는 프랑스 혁명 초기, 파리 국민 의회의 좌석 배치에서 왔다. 왕을 지지하는 사람들은 의장의 오른쪽에 앉았고 혁명파들은 왼쪽에 앉았다. 이런 임의적인 자리 배치가 사회적 질서를 구성하는 방식에 대해 시대를 초월한 구조적 진리를 보여준다는 것은 어찌 보면 이상한 일이다. 하지만 이 발상은 근대성의 논리 안에서 도처에 존재한다. 유럽의 여러 수도에서 어떤 모델을 선포하면, 이것을 보편적 법칙으로 취급했기 때문에 역사 속에서나 다른 문화 속에서도 적용된다. 정치학자 제임스 C. 스콧은 이것을 '보편의 옷을 입은 토착어'라고 부른다.[8]

정치적 선택에서 좌파와 우파는 명백한 선택지처럼 보인다. 하지만 가장 엄밀한 용어로 기후 변화에 관한 글을 쓰는 사람들조차도 이런 틀이 이미 압박받고 있으며 지구적 현실과 충돌해 반드시 무너질 것이라는 점을 고려하지 못하는 것 같다. 종종 그들은 이런 틀 안에서 이제껏 견지한 입장의 정당성을 옹호하는 것 같다. 그 대표적인 예는 나오미 클레인Naomi Klein의 다소 어색한 제목의 책《이것이 모든 것을 바꾼다(This Changes Everything)》이다.[9] 이 제목이 어색한 이유는 클레인 자신도 기후 변화가 자신이 제안하는 신념과 주장에 긴급함만 더할 뿐이라는 점을 인정하기 때문이다.

19세기 중반 이후 좌파의 주요 전통은 산업 사회가 상상한 세계관 속에서 구체화했다. 이 세계관은 생산 극대화를 추구하고, 세계를 인간의 노력과 창의성을 적용해 변화시킬 원자재 집합소로 보며, 유럽 식민주의의 지속적인 유산인 세계 여러 지역 간의 노동 비용 불균형과 화석연료의 대량 이동으로 뒷받침된다. 산업화의 혜택과 거기에 들어간 비용의 합당성 문제를 둘러싼 논쟁에 시간을 낭비할 필요는 없다. 산업화의 모든 창의성에도 불구하고 타임머신을 만들지 못했기 때문이다. 지금 중요한 것은 세계를 이렇게 착취하는 방식으로 사회를 구성하거나, 이런 방식의 한계가 정치적 상상력의 한계를 규정하도록 허용할 여유가 없다는 것이다.

삶의 지속가능성에 기여하는 방식

팬데믹이 발생하기 몇 년 전, 프랑스 철학자 브루노 라투르Bruno Latour는 《지상으로의 하강:새로운 기후 체제의 정치(Down to Earth: Politics in the New Climatic Regime)》라는 대단히 흥미로운 책을 출간했다.[10] 그는 우리가 익히 알고 있는 선택지를 보여주는 것보다 지금 우리의 상황이 얼마나 혼란스러운지를 보여주는 지도를 여러 장 제시한다. 첫 번째 지도는 우파와 좌파가 모두 자신들만의 '진보 버전'을 갖고 있으며, 우파는 시장의 자유에 초점을 맞추고 좌파는 사회적 권리를 강조한다는 점을 보여준다. 양측 모두 진보의 방향은 지역적인 것에서 전 지구적인 것으로 향했고, '근대화'라는 이름으로 미래를 추구했다. 하지만 기후 변화가 이런 흐름을 끝낼 때가 되었다고 끊임없이 신호를 보내기 때문에 더 이상은 이런 비전을 펼쳐나가기 쉽지 않을 것이다. 라투르는 앞으로 다가올 곤경에 대해 우리의 기억에 남을 이미지를 제시한다.

◇◇◇ 사람들은 세계를 향해 날아가는 여객기에 탑승한 승객과 같은 처지가 될 것이다. 기장이 원래의 목적지인 공항에 착륙할 수 없으므로 서둘러 회항해야 한다고 알린다. 그 후 승객들은 비상 착륙장에도 착륙할 수 없다는 안내방송을 듣고 공포에 질린다.[11]

좌파와 우파의 진보 비전은 모두 더 이상 유효하지 않지만, 이전 상태로 복귀할 가능성 역시 환상에 불과하다. 나이지리아 철학자 바요 아코몰라페Bayo Akomolafe 역시 "우리는 땅으로 내려가고 있지만 온전한 상태로 착륙하지 못할 것입니다."[12]라고 지적했다. 이것이 아직 정치적으로 상상할 수 있는 궤도이다. 우리에게 필요한 것은 근대성 안에 있는 전통적인 움직임(진보적 흐름과 보수적 흐름 모두를 의미하는)에서 벗어나는 접근방식이다. 전통을 파괴하거나 보존하지 않고, 우리에게 중요한 것들만 밑거름으로 삼는 가능성을 생각해 볼 수 있다. 이것이 살아 있는 문화가 전통을 이어가는 방식이며, 전통을 유지하는 유일한 길일 것이다.

한 청년은 나에게 "반대 세력의 힘이 막강한 상황에서 어떻게 당신은 완전한 비관론이 아닌 희망을 품을 수 있습니까?"라고 질문했다. 청년의 질문처럼, 지금 진행 중인 파괴의 속도와 규모를 볼 때 어떻게 망상에 빠지지 않고 희망을 품을 수 있을까? 우리에게 희박한 희망이라도 존재한다는 것을 아는 것이 중요하다. 존 버거는 '패배하지 않는 절망의 자세'에 관해 쓴 적이 있다.[13]

우리는 행복한 결말을 누릴 자격이 없으며, 심지어 우리가 맡은 작은 역할보다 더 많은 이야기를 알 자격 또한 없다. 많은 사람이 이 이야기는 이미 끝났으며, 더 이상 수행할 역할도 없다고 하지만 그것은 틀린 말이다.

청년의 질문을 받고 나는 암울한 2차 세계대전 시기에 헝가리 경제학자 칼 폴라니Karl Polanyi가 쓴 책 한 권을 떠올렸다. 폴라니는 《거대한 전환》에서 영국 산업 사회의 초기 세대를 돌아보며 근대 세계가 만들어진 과정을 추적했다.[14] 그는 그 시대를 관통하는 '이중 운동'에 관해 언급했다. 한편으로는 위로부터 근본적으로 새로운 사회적, 경제적, 법률적 제도를 구축하려는 움직임이 있었고, 그 결과 시장과 시장 교환 논리를 중심으로 인류의 삶이 재편되었다. 폴라니는 자유 시장 옹호론자들의 주장과는 달리 자유 시장은 자연스러운 상태가 아니라 의도적인 프로그램이 필요한 상태라고 말한다. 폴라니는 '자유방임은 계획된 것이었다.'라고 썼다. 이것은 이익을 얻으려는 사람들이 자신들의 이익이 인류의 이익이라고 생각하며 추구한 권력 프로젝트였다.

시장 논리는 가는 곳마다 폐허를 만든다. 마르크스와 엥겔스는 시장의 힘을 몹시 두려워하며 '단단한 것을 모두 녹인다.'라고 표현했다. 디킨스 시대의 영국을 생각하면 떠오르는 빈곤과 착취의 이미지는 그 폐허의 한 예이다. 하지만, 자유 시장 세계화의 첫 시대가 전 세계에 구축한 식민지 공급망의 가장 끝에 있는 지역은 훨씬 더 심각한 일들을 겪었다.

폴라니는 이런 파괴에 대한 대응으로 반동이 일어났다고 말한다. 하지만 이것은 마르크스주의자들이 상상한 계급에 기반한 정치의식의 분출이 아니다. 오히려 이 두 번째 운동의 출발점은 정치적, 종교적, 사회적 출발점이 전혀 다른 사람들이 자신들의 필요를 위해 즉흥적으로 만든 것이었으며 친목회, 협동조합, 노동조합, 금주관, 술집 위층에 마련된 보잘것없는 공간처럼 혼란스럽고 좌충우돌하는 형태로 나타났다. 그리고 이처럼 '아래부터 만들어진 제도들'이 이후 사회개혁의 토대가 되었다.

폴라니의 이중 운동 이미지에서 상반된 궤적들이 동시에 다른 규모로 작동할 가능성을 발견할 수 있다. 넓은 길과 좁은 길을 언급할 때 나는 이 두 궤적이 정치라는 같은 평면 위에서는 동시에 선택받을 수 없다고 상상했다. 이를테면 하나의 투표용지에 두 후보를 동시에 선택할 수 없다고 생각한 것이다. 그런데 이제는 '두 궤적이 한동안 공존할 수 있겠다'라는 생각이 든다. 물론 서로를 완전히 이해하지는 못한 채 하나는 중앙에, 다른 하나는 가장자리에 머물 것이다. 여기서는 직접적인 권력 싸움이 존재하지 않고, 중요한 사항에 대한 합의도 없을 것이다. 우리가 참여하는 행사의 의미도 뒤늦게야 분명해질 것이다. 반대 세력 간 힘의 불균형은 겉으로 보이는 것이 전부가 아닐 수도 있다. 이것은 가느다란 희망의 끈이지만 충분히 붙잡을 만한 것이다.

폴라니의 이야기는 또 다른 측면에서 도움이 될 수도 있다. 우리는 좁은 길을 따라 멀리 가기 위해 동맹이 아닌 사람들과 함께 있는 자신을 발견할 수 있을 것이다. 우리가 통일된 운동 또는 합의에 기초한 의사결정이 이루어져야만 변화를 만들 수 있다고 생각한다면 그 전망은 불편하고 심란할 것이다. 하지만 우리가 권력 프로젝트에 대항하는 다양한 노력에 기여하기 위해 다른 사람과 직접 눈을 마주 보거나, 서로 마주 볼 정도로 가까이 다가갈 필요는 없다는 사실을 말해준다.

23장

포기의 결과로 다가올 새로운 것들

우리가 산 파블로 에틀라San Pablo Etla에서 카사 에스테바Casa Estava(멕시코 오악사카주의 산 파블로 에틀라에 위치한, 멕시코의 주요 현대 건축물 중 하나-편집자)로 가는 이면도로를 달릴 때 우리 머리 위에는 독수리들이 날고 있었다. 택시 운전사는 우리를 교차로에 내려주었다. 그는 남은 비포장도로를 달리면서 녹초가 될 생각이 전혀 없는 것 같았다. 결국 카사 에스테바의 이웃집 청년 한 명이 차를 몰고 내려와 우리를 목적지로 태워다 주었다. 건기로 접어든 지 3개월이 지난 때였다. 우리는 빈 개울 바닥을 가로질러 나무들 사이에 있는 토담집으로 다시 올라갔다.

거리가 매연으로 가득한 소도시 오악사카에서 며칠을 보낸 터라 산 위의 공기는 우리에게 엄청난 해방감을 안겨주었다. 25년 전, 구스타보 에스테바와 그의 파트너가 멕시코시티를 떠나 이곳에 정착했을 때도 같은 기분을 느꼈을 것이다. 구스타보가 정착한 곳은 그의 할머니의 고향이었다. 나는 《풀뿌리 포스트모더니즘(Grassroots Postmodernism)》의 공동 저자이자 이반 일리치의 친구인 이 노인의 이야기를 듣기 위해 이곳을 찾았다. 우리가 대화를 나누는 모습을 몇 차례에 나눠 촬영했는데, 그가 자기 인생에서 세 번의 전환점을 맞이한 경험을 이야기하던 순간이 특히 기억에 남는다.

첫 번째는 이십 대 초 그가 IBM의 최연소 임원으로 일하다가 퇴사했을 때, 두 번째는 몇 년 후 그가 참여했던 마르크스주의 게릴라 단체의 지도자 중 한 명이 한 여자를 두고 다른 지도자와 다투다가 총을 쏜 후 이 단체를 떠났을 때였다.[1] 세 번째 전환점은 1976년 그가 멕시코 정부가 제시한 직책을 거절했을 때였다.

"당시 나는 두 가지를 깨달았습니다. 첫째, 국민들이 원하는 것은 이런 아름다운 개발 프로그램이 아니라는 것입니다. 나는 국민들이 원하는 것이 무엇인지, 왜 그것을 원하는지 정확히 몰랐습니다. 하지만 그것이 잘못된 것이라는 사실만은 분명히 알고 있었습니다. 둘째, 정부의 논리와 국민들의 논리는 완전히 다르다는 것입니다."

나는 이 이야기의 요점을 어느 정도는 알고 있었다. 구스타보가 이 전환점과 그것이 그를 인도한 지점에 관해 쓴 에세이 '미래에서 돌아오다'와 레베카 솔닛Rebecca Solnit의 《지옥에 지은 천국(A Paradise Built in Hell)》을 이미 읽었기 때문이다. 솔닛의 책에서는 구스타보가 삶의 많은 부분을 헌신한 멕시코시티 지역 운동과 함께, 1985년 지진 이후 이 도시를 재건할 때 수행한 역할에 관한 이야기를 다룬다.[2]

하지만 그날 오후 우리가 현관에서 대화를 나누었을 때 내가 놀랐던 점은 그가 기꺼이 자신 앞에 펼쳐진 불확실성을 받아들이려 한다는 것이었다. 그는 여정의 갈림길에서 대안을 미처 찾지 못했을 때도 흔쾌히 이전 상황에서 누릴 수 있는 안정을 포기했다. 그는 기꺼이 광야로 떠나 오랜 시간 인내하면서 자신이 포기한 결과로 다가올 새로운 것들이 무엇인지 지켜보려고 했다.

근대를 위한 호스피스

폴과 내가 '다크 마운틴 선언문'을 발표했을 때, 사람들은 우리가 기후 위기 문제를 완전히 포기했고, 다른 사람들에게도 그렇게 하라고 부추긴다며 맹렬히 비난했다. 그들은 '포기한다'는 것을 완전한 도덕적 실패처럼 말했지만, 나는 그렇게 단순하게 생각한 적이 한 번도 없다. 사실, 나는 '포기'가 필수적인 단계, 즉 세계를 다른 시각으로 보고 지금 필요한 행동과 앞으로 필요한 행동을 찾기 위한 선행조건이라고 생각한다. 포기한다는 것은 '당시에는 모든 것처럼 여겨지는 무언가를 기꺼이 내려놓는 것'이다. 문제는 '우리가 무엇을 포기하며, 그 결과 세계를 어떻게 바라보게 되는가'이다. 인생 말년에 촬영한 대화에서 존 버거는 인류가 처한 상황을 이렇게 표현했다.

⊗⊗⊗ 우리가 살아온 지난 25년은 새로운 암흑기의 시작입니다. 밝은 문명의 시대에는 비록 확실한 것은 아무것도 없지만 미래로 가는 방향 감각과 경로 정도는 있습니다. 비록 고속도로는 아니지만 일

종의 로마 도로와 같은 하나의 경로가 있었습니다. 어두운 시대에는 그런 도로조차 없습니다. 오로지 여러 개의 경로만 존재할 뿐입니다. 이 경로들은 개인과 개인으로 구성된 집단, 서로 연합한 집단들이 함께 발견하고 걸어가야 하는 길입니다.[3]

버거의 말은 5년 전 폴과 내가 이른 결론과 같다. 우리는 선언문의 마지막 부분에 이렇게 적었다.

"우리가 아는 세계의 종말은 세계의 완전한 종말이 아니다. 우리는 함께 희망 너머의 희망, 우리 앞에 놓인 미지의 세계로 이어지는 새로운 경로들을 찾을 것이다."[4]

나는 이 경로를 찾기 위한 단서로 책 한 권을 채울 수도 있지만, 내가 제시하는 어떤 제안도 고속도로 같은 편한 계획을 찾는 사람들을 만족시키지 못할 것이다. 넓은 길은 설계자들이 잘 포장해 두었지만, 그들은 어떤 계획도 우리 앞에 닥친 곤경을 해결하지 못할 것 같을 때 절대적인 비관론에 쉽게 압도당하고 만다. 나는 국제기구 직원들과 책임자들의 눈에서 이런 모습을 여러 번 목격했다. 그들이 두려워하는 것은 이해하지만, 그들이 평생 몸담아 온 시스템 때문에 세계에 대해 잘 모르는 부분도 있다는 점을 말해주고 싶다. 물론 보이지 않는 공포도 있지만 그들의 경험 너머에 회복력의 원천도 있다는 점을 말해주고 싶다.

우리는 젬 벤델의 '심층 적응' 자료에서 때로 비관론의 그림자를 발견한다. '기아와 붕괴에 관한 메모'라는 제목의 글에서 그는 여러 정책 제안을 나열한 후 독자에게 이렇게 말한다.

◈◈◈ 인류가 생산 체계를 신속하게 바꿔 곡물에 대한 의존도를 낮추고, 동시에 상업적 식량 시스템을 신속하게 바꿔 모든 사람에게 식량을 공급한다면, 사회는 광범위하게 붕괴되지 않을 것이다. 하지만 내 경험과 분석에 따르면 전 세계 정치계 인사들 중 그렇게 신속하게 대응할 수 있는 사람은 없다고 생각한다.[5]

여기서 내가 놀란 점은 '인류'에서 '정치계 인사들'로 대상이 축소된다는 점이었다. 이것은 자신들과 같은 사람들의 노력으로 인류가 식량을 공급받는다고 생각하는 거대 기관과 그 주변 사람들의 시각을 반영한다. 기후 변화가 우리의 식량 공급 방식에 큰 문제를 일으키고 있다는 것은 사실이며, 벤델이 이 점에 주목한 것은 타당하다. 하지만 이 문제를 극복하는 방법을 찾는다면 그것은 식량 시스템을 조정하는 기관이 식량을 재배하는 사람들과 더 가까워지기 시작한 이후의 일일 것이다. 사실 정치계 인사들은 오늘날 식량이 어디에서 오는지도 정확히 모르기 때문이다.

기존 세계의 종말 너머로 가는 길을 찾으려고 할 때면, '우리가 어떻게 먹고 살 것인가'와 같은 실제적인 문제가 '우리가 세계를 어떻게 바라볼 것인가'라는 질문과 얽혀 있다는 사실을 깨닫게 된다. 이 점을 염두에 두고, 나는 미래로 향할 계획이었던 고속도로가 반쯤 건설된 채 버려지고 폐쇄되어, 진입로 표지판에 적힌 목적지로 가지 못하는 도로가 되었을 때 다른 가능성의 실마리를 풍부하게 제시한 두 사람의 책을 소개하고 싶다.

바네사 마차도 드 올리베이라Vanessa Machado de Oliveira의 몸에는 원주민의 피가 흐른다. 그녀의 아버지는 브라질 원주민 집단 학살을 초래한 농업 확장의 일환으로 정착한 백인 가족 출신이었고, 어머니는 그곳에서 폭력 피해를 당한 원주민 출신이었다. 그녀의 부모는 사회계층 이동의 약속을 믿었고, 딸이 더 높은 사다리를 타고 올라갈 것이라는 기대를 안고 그녀를 키웠다. 그녀의 과라니족 할머니는 '원주민의 등위에 세운 유럽인의 집은 결국 무너질 것이며, 그런 일이 일어나면 맞서지 말고 피하는 것이 좋다'고 경고했다.[6]

바네사가 16세에 미혼모가 되어 학교를 그만두자, 그녀의 부모는 자신들의 희생에 대한 배신이라고 여겼다. 그녀는 학업을 다시 시작해 야간 수업을 통해 학사 학위를 취득하는 동시에 세 개의 학교에서 주당 58시간씩 교사로 일했다. 20년 후 우리가 만났을 때 그녀는 브리티시 컬럼비아대에서 캐나다 연구 석좌교수를 맡고 있었다.

그녀는 자신의 책《근대성을 위한 호스피스(Hospicing Modernity)》의 첫 장에서 자신의 젊은 시절을 언급한다. 하지만 그녀는 자신의 인생 여정이 사람들에게 동기를 부여하는 부분(계층 사다리를 타고 정점의 직위까지 오를 수 있다는 증거)도 있다고 예상하면서 정말 조심스럽게 이야기를 꺼낸다. 그녀의 메시지는 이런 방향이 아니라, 오히려 두 세계 사이를 오가는 지도 역할을 할 수 있는 이미지를 가져와 '유럽인이 지은 집'이 어떻게 보이는지 설명하고, 그 집이 무너질 때 무슨 일이 일어나는지 대화를 나누도록 돕는 것이었다.

그녀가 말하는 근대성은 깊은 뿌리를 가지고 있다. 한 단락에서 그녀는 근대성을 '플라톤이 가르친 올리브 나무'에 비유한다. 이 나무의 뿌리는 시간을 거슬러 올라가 우리의 행동과 앎의 방식, 우리의 정체성을 깨닫는 과정의 토양이 된다. 바네사의 성은 '올리브 나무의 도끼'라는 뜻이지만, 그녀가 추구하는 움직임은 자신의 성이 시사하는 것보다 훨씬 부드럽고 평온했다. '근대를 위한 호스피스'는 근대를 죽이는 것도 구하는 것도 아니며, 오로지 근대가 좋은 죽음을 맞이할 수 있는 조건을 만드는 것이다. 예를 들자면, 근대가 남긴 마지막 교훈을 가르치고 그동안 가지고 있던 유산을 다음 세대에 물려주는 것이다. 죽어가는 것은 우리 외부에 있는 무엇이 아니라 우리 내부와 주변에 있는 근대성이다.

땅으로 내려가는 여정

바네사는 근대성에서 '벗어나는 것'과 근대성에 '투자하지 않는 것'의 차이에 관해 글을 썼다. 우리가 지금까지의 생활방식의 대가를 깨닫는다면, '근대성을 향한 의존과 그 결과의 그물에서 벗어나고 싶은 충동'을 느낄 것이다. 하지만 이 그물에서 벗어나는 것은 거의 불가능하며, 상당 부분 벗어난다 해도 우리는 여전히 이 시스템의 특권적 수혜자로서 여러 자원과 선택지를 누릴 수 있다. 근대성에 투자하지 않는 것은 다른 유형의 대응으로, 근대성의 약속을 포기하는 것이다. 이를테면 우리가 근대성의 미래에 투자하지 않으며, 근대성의 문제를 그대로 안거나 우리의 책임을 직시하고, 분별력을 키워 영웅주의나 도피주의에 매몰되지 않고, 점차 근대성의 폭력과 지속 불가능성으로부터 우리의 욕망을 재조정하는 것이다.[7] 이것은 기존 제도에 계속 머무르면서 피해를 줄이고, 외부 사람들과 열린 소통의 끈을 유지하려는 노력이 될 수도 있다. 또는 원대한 미래 비전을 제시하지 않고 새로운 실험에 참여하는 것처럼 보일 수도 있다. 작동을 중단할 때까지 좀처럼 보이지 않는 우리의 집단적 중독 시스템을 차단하기 위해 자신을 희생하는 것처럼 보일 수도 있다.

바네사의 책과 '탈식민지적 미래를 향한 제스처(Gesturing Towards Decolonial Futures)' 단체에 속한 동료들의 활동을 관통하는 내용은 '노력할 만한 가치가 있는 세계를 현재로서는 상상할 수 없다.'는 의식이다. 우리가 가치 있는 세계를 상상하려면 지금과는 다른 사람들이 되어야 할 것이며, 이것은 호스피스 활동의 내적 측면이다. 바네사의 책은 '저강도 투쟁'을 하는 우리와 같은 사람들을 위한 것이다. 우리는 크든 작든 근대성의 혜택을 받아 삶을 형성했으며, 지금으로선 그에 따른 대가를 회피하고 있다. 또한 바네사의 이야기가 보여주는 현실을 직면할지 말지에 관한 선택권도 우리에게 있다. 그녀는 '고강도 투쟁을 경험한 사람들로 가득한 방'에 있는 자신을 상상하고, 우리가 재생산하는 근대성의 패턴에 피해를 당한 사람들의 눈을 통해, 그리고 우리의 숨겨진 거만과 자만심을 우스꽝스럽다고 생각하는 사람들의 눈으로 자신을 보라고 요청한다.

이 시나리오를 통해 자신 안에 존재하는 다양한 반응을 인식하고, 우리 안과 주변에 있는 근대성의 불합리성에서 벗어나 해방을 경험할 수 있는 공간으로 가라는 것이다. 또한 이것은 우리의 집단적 실존의 불안정성을 인식하고 불완전성에서 가르침을 얻으라는 의미이기도 하다.[8]

이런 경험을 통과하며 우리가 달라질 수 있다면, 지금은 상상할 수도 없는 새로운 미래에 기여할 수 있을지도 모른다. 땅으로 내려가는 여정은 우리의 공동 노력뿐만 아니라 우리의 무력함과 불합리성에 대한 자각에서 시작된다. 여기에는 우리 자신을 지금까지와는 다른 시선으로 보는 것도 포함된다.

내가 바네사를 처음 만났을 때 그녀는 이곳 스웨덴에서 개최된 '기후의 존재' 콘퍼런스에서 기조연설을 하고 있었다. 우리는 그날 일찍부터 기후 과학자 케빈 앤더슨의 냉정한 발표를 들었다. 그는 3년 전 파리 기후정상회의에서 설정한 목표, 곧 지구 온도 상승을 2도 아래로 유지하려면 불가능한 일이 일어나야 한다고 말했다. 이것은 지난 30년 동안 전성기를 보냈던 최고의 지도자들이라 해도 우리가 경험한 수준을 뛰어넘는 엄청난 정치적 의지를 가져야 할 수 있는 일이라고 덧붙였다. 이어서 그는 최근에 절대 가능하지 않을 것 같았던 일이 많이 일어났다는 소식을 전하며, 금융 붕괴, 아랍의 봄, 제러미 코빈의 등장, 도널드 트럼프의 당선을 예로 들었다. 이런 사건은 모두 현실이 되기 전까지만 해도 정치비평가들이 불가능하다고 입을 모았던 일이었다. 우리는 불가능한 일들이 일어나는 시대에 살고 있으며, 여기에 희망의 신호가 있다.

그날 대화에서 바네사는 우리에게 브라질에서 전해 내려오는 삶의 지혜를 하나 전해주었다. 홍수가 나서 발목까지 물이 차오를 때는 수영을 시작하지 않고, 물이 무릎까지 차올라도 수영하지 않는다. 물이 엉덩이까지 차오르면 그때가 바로 수영을 시작할 때라는 것이다. 상황이 심각하게 나빠지면 오히려 이전에 불가능했던 행동들이 가능해진다.

회의가 끝나갈 무렵, 나는 "우리 사회에서 물이 가장 깊은 곳은 어디입니까?"라고 질문했다. 기후 변화와 관련해서는 여전히 물이 발목까지 찼다고 느껴지기 때문이다. 최악의 기후 위기를 막기 위해 앞으로 몇 년 안에 가장 큰 변화가 필요한 국가들 중에서도 물이 가장 깊은 곳을 꼽으라고 하면 나는 다양한 중독(외로움, 의미 부재, 정신 건강 문제, 네트워크 기술에 대한 중독)과 경제적 불안정이 걱정인 평범한 사람들을 말할 것이다. 불가능한 변화가 어디에서 일어날 수 있는지 묻는다면 우리가 주목해야 할 곳은 바로 이런 곳이다.

전 세계에 식량을 공급하는 두 가지 방법

가끔 나는 청중에게 전 세계 식량 중 얼마나 많은 양이 산업적 식량 공급망 안에서 공급되는지 아느냐고 묻는다. 이 질문에 대한 답을 처음 들었을 때 나 역시도 그 답을 믿을 수 없었기 때문이다. 정답은 약 30퍼센트다. 카사 에스테바의 현관에서 구스타보가 이 사실을 내게 말해주었고, 나는 직접 확인해 보기도 했다. 이 수치는 2009년 코펜하겐 기후변화협약(COP) 당사국 총회를 앞두고 ETC그룹이 만들고 그 이후 몇 년 동안 두 차례 업데이트한 보고서에 나온 내용이다.[9]

'누가 우리를 먹여 살릴 것인가(Who Will Feed Us?)'라는 제목의 보고서는 오늘날 전 세계에 식량을 공급하는 대표적인 방법 두 가지를 소개한다. 산업적 식량 공급망은 대규모 농장에서 슈퍼마켓 선반으로 이어지는 통합적 시스템이다. 농민 식량 공급망은 지역 밀착형 네트워크로, 재배한 식량 중 많은 부분을 공식적인 경제에 포함시키지 않고 재배한 사람들이 직접 먹거나, 이웃끼리 거래하거나, 지역 시장에서 판매하는 방식이다. 산업적 공급망은 세계 농산물의 75퍼센트 이상을 점유하지만, 세계 인구의 30퍼센트에게만 식량을 공급한다. 인류의 식량 중 70퍼센트는 농민 공급망이 책임지며, 세계 인구의 70퍼센트가 식량의 대부분 또는 전부를 여기에 의존한다.[10]

어떻게 이런 일이 가능할까? 우선 산업망 내에서 재배한 농작물의 4분의 3이 식탁에 오르지 못한다. 운송 과정 중의 손실, 육류 생산을 위한 사료와 바이오연료로의 전환 등이 복합된 결과다. 산업 작물의 범위는 더 좁아지고, 이 농작물로 만든 제품은 고도로 가공되며, 이 과정에서 물 사용량과 탄소 발자국은 엄청나게 높아진다. 산업적 식량 생산은 산업적 투입량에 의존한다. 우리는 다시 무니르 파셰의 이스라엘 암탉 사례와 함께 외부 시각에서 바라본 식량 생산 방식의 불합리성을 다시 생각해 볼 수 있다.

하지만 자금 지원을 받는 식량 및 농업에 관한 거의 모든 연구는 산업적 식량 네트워크에 초점을 맞춘다. 그 결과 정치계 내부의 사람들이 세계 식량 공급 방식을 바라보는 관점은 끔찍할 정도로 왜곡되어 있다. 대학에서 생산하는 거의 모든 권위 있는 지식이 주로 산업적 식량 생산을 다루기 때문에 그린란드가 호주보다 세 배는 더 크게 보이는 유럽 중심의 투시도처럼 형태가 왜곡된 지도를 갖게 된다. 그 결과 우리가 향하는 세계에서 우리를 먹여 살릴 수 있는 가능성은 고사하고, 오늘날 누가 세계를 먹여 살리는지도 거의 모른다.

이런 왜곡의 원인은 경제적이면서도 이데올로기적이다. 산업적 식량 네트워크는 소수 대기업의 이윤 추구를 목적으로 만든 반면, 농민 식량 네트워크는 경제적 렌즈에 부분적으로만 보일 뿐이다. 한편, 근대성의 가정에 익숙해진 눈에는 산업적 식량 생산방식이 미래처럼, 농민의 식량 생산방식은 과거처럼 보일 것이다. 설령 농민의 숫자를 어느 정도 인정한다 해도 곧 사라질 형태로 가정한다. 하지만 크리스 스마제가 지적한 것처럼 '소규모 농민의 종말은 오래전부터 예고되었음에도, 그들은 지금까지 소멸하지 않고 있다.'[11]

열 가지 위기의 지도

크리스 스마제는 사회과학자에서 농부로 변신한 사람으로, 생태근대주의자의 논리를 파헤치는 데에도 큰 역할을 했다. 그는 자신의 분야는 물론 숫자에도 밝은 사람이다. 그는 학자 모자를 쓰고 〈스태티스틱스 뷰Statistics Views〉에 사회과학 분야의 통계 이용에 관한 논문들을 기고하곤 했다. 그는 "솔직히 말하자면 나의 모든 논문의 결론은 사회는 단순한 통계로 설명하기에는 너무 복잡하다는 것이다."라고 말했다.

그의 책《소규모 농장의 미래(A Small Farm Future)》는 영국처럼 산업화의 여정을 오랫동안 걸어온 국가도 농민 식량 네트워크에 다시 합류할 가능성이 있다고 설득력 있게 말한다. 우선 그는 우리의 곤경을 구성하는 '열 가지 위기의 지도'를 그리는 것으로 시작한다. 여기에는 기후 변화도 있고, 스톡홀름 회복력 센터가 확인한 생물물리학적 '지구적 경계선'도 있지만, 이것이 전부가 아니다. 크리스의 판단에 따르면 어떤 위기는 다소 과장되어 있다. 특히 인구 과잉은 환경운동가들이 흔히 말하는 것처럼 큰 위협이 아니라고 한다. 하지만 전체적으로 볼 때 우리가 처한 곤경은 다층적으로 얽힌 복잡한 그림으로 나타난다.

크리스는 구스타보나 바네사의 책을 관통하는 '풀뿌리 포스트모더니즘'의 흐름과는 다른 배경에서 출발했는데도 같은 진단을 내놓았다. 이것은 내게 매우 놀라운 일이었다. 그가 나열한 열 번째 위기는 문화의 위기, 곧 우리가 처한 곤경의 뿌리인 '세계관의 위기'다. 이 위기는 다른 위기들에 더 잘 대처하기 위해 반드시 이해해야 하는 것이며, 그중 가장 중요한 요소가 바로 '근대성'이다.[12] 크리스는 이 책의 후반부에서 "오늘날 전 세계의 거의 모든 사람은 실패한 근대성이 낳은 자녀."[13]라고 쓴다. 세계 인구의 대다수가 농민의 식량 공급에 의존하면서도 근대성의 약속과 결과에 다양한 방식으로 얽혀 있다. 소규모 농장의 미래를 상상하는 일은 과거로 돌아가는 것이 아니라 현재 위치에서 시작하는 것이다.

크리스는 '무엇을 해야 할 것인가?'라는 질문에 대한 접근방식을 '쇼핑 통로 윤리'와 '농민 윤리'로 구분한다. 전자는 산업적 식량 네트워크를 최적화하고, 폐기물을 줄이고, 비건 채식과 합성육류를 장려하는 방식이다. 이것은 근대성을 지속 가능하게 만드는 논리다. 하지만 산업적 식량 생산의 막대한 수요를 고려할 때 이것은 말처럼 쉬운 일이 아니며, 만약 성공한다면 우리는 '어항과 같은 세계'에 더 가까이 다가가는 데에 성공하는 것이나 다름없다. 다른 대안으로는 산업화의 여정을 가장 오래 경험한 국가들을 농민 식량 네트워크와 유사하게 재편하는 것이다. 크리스는 농부와 사회과학자라는 독특한 경험을 바탕으로 이런 경로가 실행 가능하다는 것을 입증한다. 그는 영국과 같은 국가가 기후 난민을 수용하면서 증가하는 인구를 고려하더라도 2050년까지는 이런 소규모 농업으로 식량을 자급할 수 있다는 것을 보여준다.

이런 미래가 가능하다는 점을 보여주는 것과 그것이 바람직하다는 것을 증명하는 일은 별개의 문제이므로, 농업 근대화와 농민의 삶에 대해 종종 제기되는 주장을 다룰 필요가 있다. 소규모 농장이 소멸할 것이라고 예상하는데도 계속 지속된다는 것은, 사람들이 통계적 시선에 포착되지 않는 생활방식의 장점에 여전히 애착을 갖는다는 증거다. 가족 농업은 흔히 어쩔 수 없이 포기하게 되는 자율성의 원천이다. 이런 자율성은 다양한 작물을 소량으로 재배해 가족과 주변의 사람들에게 제공하는 생계 방식에 기초한다. 이런 방식을 유지하는 사람들은 산업적 식량 네트워크에 긴밀하게 통합된 생산자와 소비자에 비해 기후와 시장의 변동에 영향을 덜 받는다. 도시화는 소득 측면에서 보면 번영을 가져오는 것처럼 보일 수 있지만, 더 큰 불안정성과 영양 상태 악화를 초래할 수도 있다. 구스타보는 풍요로운 마을 농장을 가리키며 "오늘날의 멕시코에서 기아는 도시에만 존재합니다."라고 말했다.

또한 일리치는 "역사를 통틀어 흉년에 대한 최선의 지표는 구매해야 하는 식량의 비율이었다."[14]라고 말했다. 근대성은 이런 가정을 뒤집고, 다른 시대와 장소에서 인간이 오랫동안 유지해 온 방식에서 벗어나는 것이 불가피하고, 바람직하며, 돌이킬 수 없는 일인 것처럼 생각했다. 실패한 근대성의 자녀들인 우리는 이제 이런 일탈이 일시적인 현상이었을 뿐이며, 그 끝이 다가오고 있다는 점을 생각해야 한다. 근대성에 가장 깊숙이 관련된 우리에게는 미지의 영역으로 들어가는 방향 전환이겠지만, 이것이 세계의 완전한 종말을 의미하지는 않는다.

관계와 역량을 구축하는 데에 집중하기

나는 크리스의 책을 읽고, 그가 '소규모 농장의 미래' 블로그에서 주도한 대화를 계속 따라가면서 성장 경제가 무너질 때 우리가 어떻게 서로의 추락을 완화할 수 있는지 엿볼 수 있었다. 이 방법은 근대 사회를 구성하는 지배적인 경제 논리로 보면 말이 되지 않는 과제들이 뒤섞여 있는 것처럼 보인다. 따라서 이런 방법이 현재 작동하는 세계에서 자리를 확보하기 위해서는 많은 노력이 필요할 것이다. 하지만 페미니스트 경제학자 J. K. 깁슨-그레이엄J.K. Gibson-Graham이 지적한 것처럼 산업 사회에서도 이미 우리가 아는 것보다 훨씬 더 많은 일이 벌어지고 있다.[15] 이것은 땅에 더 천착해 서로의 필요를 충족시키는 방법이며, 돈을 받거나 누군가 지시해서가 아니라, 공통의 이유로 함께 모여 일하려는 사람들이 서로의 필요에 부응해 자신들의 힘을 발견하는 과정이다.

위로부터 사회를 재설계하는 것을 선호하는 비평가들은 크리스가 상상하는 미래로 가는 길이 현재의 특권, 특히 땅에 대한 접근권에 의존하는 경우가 많다고 반대할 것이다. 이런 의존성을 숨겨서는 안 되지만 특권은 쉽게 포기할 수 있는 것이 아니다. 문제는 우리의 특권을 어떻게 활용하는가이다. 우리 모두에게 닥친 몰락을 완화하는 데에 기여하는 것이 특권을 더 잘 활용하는 방법 중 하나일 것이다. 크리스는 이런 유형의 역량을 높이는 것이 중요한 이유를 이렇게 설명한다.

"지역 생태계를 기반으로 하는 소규모 농업 종사자들에게는 생태적, 사회적 문제를 해결할 수 있는 반복적인 가능성이 존재하지만, 다른 사람들에게는 그런 가능성이 거의 없기 때문이다."[16]

'소규모 농장의 미래' 블로그 끝부분에서 크리스는 통제력을 행사하는 중앙집권적 권력 체계가 약화되면서 많은 지역에서 '대체 국가'가 등장하는 상황을 상상해 보라고 권유한다. 그런 가정 아래에서 그는 "지역 주민과 정치인들이 이미 보유한 역량과 관계를 바탕으로 새로운 유형의 정치와 경제를 즉흥적으로 만들어야 한다."라고 이야기한다.[17] 오늘날 긴축 정책과 팬데믹의 결과로 가장 심각한 타격을 받은 영국 일부 지역에서 이런 일이 실제로 벌어지고 있음을 확인할 수 있다.

나는 돈캐스터 외곽의 폐광촌에 있는 벤틀리 어반 팜Bentley Urban Farm을 방문한 적이 있다. 이곳은 지역 활동가들이 버려진 원예교육센터를 인수해 퍼머컬처 프로젝트로 탈바꿈시켜 상까지 받은 농장이었다. 봉쇄 기간 동안 이 농장이 속한 식량 네트워크는 지역 의회가 자금을 지원하는 푸드뱅크보다 세 배나 많은 가구에 식량을 제공했다. 그들이 하는 모든 일은 우리가 처한 곤경의 깊이를 인식하는 것을 기초로 인간 공동체가 오랫동안 어려운 시기를 극복한 핵심적인 방법이었던 '관계와 역량을 구축하는 데에 집중하는 것'이다. 벤틀리 활동가 중 한 사람인 워렌 드레이퍼는 직설적으로 말한다.

"어떤 관료 체계로도 기후 위기에 대응할 수 없습니다. 실제적인 극복 대책에는 통제를 포기하기, 탈성장 추구, 속도 완화가 포함되기 때문입니다. 애초에 관료 체제가 설계된 목적과 정반대되는 일이라는 거죠."

우리가 알고 있는 사실과 기후 위기를 두려워해야 할 타당한 근거 앞에서 흔들리는 대규모 기관의 내부 구성원들보다 내가 더 큰 희망을 느낀다면, 그것은 내가 그들보다 워렌, 크리스, 바네사와 같은 사람들과 함께 많은 시간을 보냈기 때문이다. 앞으로 닥쳐올 곤경을 헤쳐 나갈 길을 찾는 방법을 고민할 때면 나는 '정치계 사람들'이 아니라 그들이 속한 네트워크로 눈을 돌린다.

24장

과학과 관계 맺기

'다크 마운틴 선언문' 초기 시절, 어느 날 나는 모교인 옥스퍼드대 정원에 앉아 미국에서 온 철학자 데이비드 아브람David Abram과 대화를 나눴다. 잔디밭에 놓인 카메라에는 우리가 즐겁게 우정을 맺는 모습이 그대로 담겼다. 우리는 그날 아침 처음 만났고, 자갈이 깔린 레드클리프 광장에서 서로를 발견하고는 웃음을 터트렸다.

데이비드의 첫 번째 책 《감각의 주문(The Spell of the Sensuous)》은 근대성이 우리를 어떻게 고유한 감각 밖으로 밀어내는지 깨닫는 데에 도움을 준다. 데이비드는 '다크 마운틴 선언문'을 읽고 먼저 나에게 손을 내밀었다.[1] 대화는 우리 두 사람이 마음속에 품고 있던 질문들을 중심으로 이루어졌다. 이를테면, 인간 이상의 세계에 대한 슬픈 각성, 우주를 기계적으로 설명하면서 단절된 모든 관계를 인식하는 여정, 나와 폴이 선언문에 붙였던 제목인 '비문명화의 과제('문명'

에 대한 분노에 찬 공격이 아니라 이 원대한 이야기 속에 엉킨 가닥들을 풀어서 인간의 공존이 무슨 의미인지 드러나도록 다시 짜는 것) 등이었다.

우리가 대화를 나누는 동안 푸른 나뭇잎과 상쾌한 바람이 우리의 목소리, 손짓과 함께 어우러졌다. 나는 문득 우리가 표현하려는 이상적인 상황을 눈으로 직접 보고 있다는 생각이 들었다. 우리의 시선이 닿는 곳마다 옥스퍼드의 오래된 성벽과 주변 정원의 풍경이 아름답게 어우러져 있었다. 바로 이곳에 근대적 상상력의 경계가 확고하게 서 있는 느낌이었다. 그날 정원에서 나눈 대화에서 내가 얻은 선물 중 하나는 '우리가 아는 세계의 종말은 세계를 인식하는 방법의 종말이기도 하다'라는 생각이었다.[2]

과학과 어떤 관계를 맺을 것인가?

바요 아코몰라페가 말한 것처럼 지금은 벽을 뛰어넘어, 인간의 관리와 통제의 대상인 어항에서 도망쳐야 할 때다. 세상을 인간의 전면적인 관리와 통제 대상으로 삼는 프로젝트, 그리고 이 프로젝트를 지원하는 관점에서 벗어나야 할 때다.[3] 그렇다면 이런 시점에서 과학의 역할은 무엇일까? 과학의 언어로는 '거대한 어항과 같은 미래'밖에 상상할 수 없고, 그동안 과학은 이런 인식을 바람직한 것으로 만드는 데에 필수적인 역할을 해왔다. 우리가 과학의 틀 안에서 기후 변화와 같은 문제를 논의할 것으로 예상하는 한, 세계가 거대한 어항이 아닌 다른 것이 될 가능성을 생각하기는 어렵다.

하지만 어항 같은 세계의 가능성을 의심하고, 이 프로젝트의 실패 너머에 있는 새로운 가능성을 위해 일하고 싶은 사람들은 과학과 어떤 관계를 맺어야 할까? 과학은 우리가 가려는 '좁고 울퉁불퉁한 길'에서 과연 어떤 역할을 할 수 있을까? 이 질문에 관해 '다크 마운틴 선언문'을 나와 함께 쓴 폴 킹스노스가 단순명료한 해답을 내놓았다. 바로 '과학은 방법론을 가장한 이데올로기다'[4]라는 것이다. 그는 모든 과학적 도전은 인간의 의지를 자연 세계에까지 강요하는 오만한 프로젝트이자, 이것이 우리가 처한 곤경의 직접적 또는 간접적 원인이라고 주장한다. 우리에게 필요한 것은 오만함을 포기하는 일뿐이다. 그는 영국 철학자 필립 셰라드Philip Sherrard의 말을 인용한다.

"근대 과학의 이상과 방법이 우리에게 엄청난 재난 상황을 초래했기 때문에 이것을 포기하지 않고는 문제를 해결할 수 없다."[5]

이 인용문을 읽으니 내가 아는 몇몇 과학자들의 목소리가 들리는 듯하다. 어떤 과학자들은 과학이 세계의 위기를 초래했으니, 해결책을 찾아 혼란을 정리하는 것도 자신들의 책임이라고 말할 것이다. 어떤 과학자들은 자신들의 책임이 아니라고 말할 것이다. 문제는 경제학자와 엔지니어들이 과학의 영역에 개입하고, 정치인들과 기업들이 과학이 제공한 지식을 잘못 사용하면서 시작되었다는 것이다.

문득 오랫동안 과학과 기술의 사회적 의미를 연구해 온 브라이언 윈Brian Wynne이 과학 정치를 연구하게 된 계기를 밝혔던 일화가 떠오른다. 1970년대 초 그가 케임브리지대 재료과학 박사학위를 거의 마칠 무렵, 그의 지도교수는 새로운 연구에 관한 아이디어를 준비하라고 말한다. 당시는 석유 위기가 한창일 무렵이어서 그는 에너지 효율이 높은 재료에 초점을 맞춰 몇 가지 제안서를 제출했는데 모두 거부 당하자 매우 당황했다고 한다.

◇◇◇ 나는 퇴근 후 캐번디시 연구소의 물리학자이자 오랜 친구인 피트와 술을 마시고 있었다. 나는 최근에 벌어진 일에 대해 피트에게 신세 한탄을 늘어놓았다. 그러자 그는 "브라이언, 잠깐 멈추고 생각해 봐."라고 말했다. "너희 학과의 연구 자금은 대체 어디에서 나오지?" 우리는 세계를 선도하는 케임브리지대 재료학과에 관해 말하고 있었다. 나는 6년 동안 그 학과에서 연구했지만 그 간단한 질문 하나에 답하지 못했다.[6]

대학에서 6년 동안 일하면서 연구 자금의 출처에 대해 생각해 본 적이 없는 시기는 이미 오래전이지만, 과학을 둘러싼 관점에는 여전히 이런 순진함이 존재한다. 과학은 정치의 상류에 있는 영역을 다룬다는 생각이 있지만, 실제로 이 둘은 항상 얽혀 있다. 과학이 '방법으로 위장한 이데올로기'라는 폴의 말은 중요한 통찰에 접근하고 있다. 과학의 이데올로기적 힘은 괜한 오해이거나, 과학의 실제 연구와 무관한 외부적 요소가 아니다. 이 힘은 근대 과학의 역사와 밀접하게 얽어진 강력한 끈이며, 그 시작은 과학 역사의 초기로까지 올라간다. 하지만 이런 이유로 과학과 과학자의 모든 업적을 포기한다면 그것은 잘못된 길일 것이다. 인류가 수 세기에 걸쳐 자연과학에서 배우고 습득한 것들과 과학이 제공한 선물, 과학의 실용 기술이 없는 미래는 상상하기 어렵다.

과학의 성과와 선물을 포기하는 것이 우리가 의도하는 바가 아니라면, 과학계에서 일하면서도 '어항과 같은 세계 프로젝트'에 대해 우리와 같은 생각을 가진 사람들을 찾아 대화를 시도해 보는 것은 어떨까? 과학이 이데올로기로서의 위치와 그에 따른 부담감에서 해방된다면 어떤 모습일까? 과학이 한계 의식을 회복하고 기술, 실천, 지식이라는 선물을 인류에게 제공하면서도, 세상을 존재하게 만드는 다른 틀을 인식한다면 어떨까?

　　나는 나와 같은 상상을 하는 과학자들을 만나 시간을 보냈지만, 때로는 대화가 막히거나 한계에 이른 것 같다는 느낌도 있었다. 그 이유는 아마도 과학이 짊어지고 있는 이데올로기적 부담감과 맞닿아 있을 것이다. 이전부터 과학의 세계관은 과학 활동에서 비롯하지 않은 일련의 가정과 밀접한 관련이 있었다. 하지만 이 가정들은 과학적 연구 방법과 그 결과에 부여되는 권위에 여러 조건을 부여했다.

　　윈이 자본이 어디에서 나오는지 신경 쓰지 않고 과학 연구를 할 수 있는 시대를 묘사한 것처럼, 과학자들은 과학의 권위를 철학적 가정이 뒷받침한다는 사실을 전혀 모른 채 활동할 수 있었다. 그중 가장 중요한 것은, 과학자가 어떤 현상을 파악하기 위해 설정한 방식으로 실재하는 모든 것을 알 수 있다는 가정이다. 아무도 이런 가정이 사실임을 증명한 적은 없으며, 과학은 마치 증명이 끝난 것처럼 행동할 뿐이다.

　　연극에서 의존하는 불신의 유예(Suspension of Disbelief, 지어낸 이야기에서 현실성이 없는 내용도 개의치 않고 수용한다는 의미의 문학비평 용어-옮긴이)처럼, 우리는 이 가정을 받아들이고 과학은 실재가 무엇인지 말할 수 있는 권위를 획득한다. 과학이 주인공으로 활동하는 연극 무대는 세계 자체이다. 하지만 과학 활동과 세계에 대해 더 겸손한 관계를 추구하려면 이 독점적 권위는 피할 수 없는 문제가 된다.

넓은 길 주변에서 사람들이 모닥불을 피우고 모여 앉아서 이야기를 나누고 있다고 상상해 보자. 그중 일부는 과학자들이고 일부는 아니다. 그들이 나누는 이야기의 공통점은 과학이라는 틀의 가장자리, 즉 경계선이 허물어지거나 문제가 생기는 지점을 주목한다는 것이다. 이 논의를 위해 먼저 내가 인상 깊게 들었던 세 가지 이야기를 소개하겠다.

과학과 비과학의 경계를 허물다

첫 번째 이야기는 '과학'이 실제로 존재하지 않는다는 생각마저 들게 한다. 과학의 관행적 행위는 이데올로기적으로나 제도적으로 결부되어 있으며, 앞서 살펴본 공통적인 가정에 따라 수행되지만 본질적으로는 이질적이다. 단 하나의 '과학적 방법'은 존재하지 않으며, 분야마다 서로 다른 방법과 관행들이 존재한다. 특정 시각에서 특정 각도로 바라볼 때에만 과학적 관행들이 함께 속해 있고, 인간의 다른 활동과 분명히 구분되는 것처럼 보일 뿐이다. 이런 각도에서 보는 것이 항상 도움이 되지는 않는다.

약간 위치를 바꿔 다른 각도에서 바라보면 예술가 캐롤라인 로스가 유화물감을 사용하지 않고 그림을 그리는 실험이 눈에 들어올 것이다. 다른 예술가들은 예술 단체가 화석연료 산업으로부터 후원을 받지 말아야 한다는 캠페인을 벌이지만, 캐롤라인은 예술작품 자체의 물질적 의미에 초점을 맞추고 있다. 그녀가 미술 학교에 다니는 동안 사용법을 배운 물감과 염료, 펜은 화학 공장을 거쳐 유전 지대와 고대 바다에까지 이르는 인프라 구조 전체에 의존한다. 그녀는 수년 동안 이런 산업공정에 의존하지 않는 재료를 발견하고, 발명하고, 재창조하는 여정을 이어가고 있다.

그녀는 그림을 그릴 때 주변 지역의 버려진 재료나 전 세계 친구들이 보내준 작고 소중한 물건들을 이용한다. 이 과정에서 재료의 특성에 대한 엄격한 실험, 방법과 결과의 발표, 화학·지질학·고고학 분야에서 교육받은 사람들을 포함한 실천 공동체와의 지속적인 대화가 이루어진다. 이런 활동은 과학의 연구 방식과 상당히 유사한 점도 있으며, 과학과 비과학의 경계를 허물어뜨린다. 왜냐하면 이 작업은 과학과 비과학의 경계에 구애받지 않고 양쪽의 기술과 지식을 당연하고 즐겁게 이용하며 둘 사이에 그 어떤 위계 의식도 느끼지 않기 때문이다.

캐롤라인은 공공 또는 민간 자금을 지원받지도 않으며, 이런 자금이 필요하지도 않다고 이야기한다. 이것은 크리스 스마제의 '대체 국가'에 대한 설명을 읽고 상상할 수 있는 미래 세계의 활동과 유사하다. 캐롤라인이 최근 한 학교에서 열린 강의에서 일깨워 주었듯이, 이것은 호기심과 기쁨이 주도하는 활동일 뿐이다.

과학이 부정한 진실

두 번째 이야기는 조금 불편한 내용이다. 과학의 권위를 보여주는 활동이 다른 활동과 만났을 때 흔히 일어나는 일에 관한 것이다. 특히 이 활동과 관련된 사람들이 과학의 권위에 바탕을 둔 가정을 공유하지 않을 때 더욱 그렇다. 북부 사미족은 오로라(북극광)를 '들을 수 있는 빛'이라는 뜻의 '구오보사하스Guovssahas'라 부른다. 하지만 최근까지도 오로라라는 경이로운 광경에 독특한 소리까지 있다는 사미족의 지식은 미신으로 취급당했다.

스웨덴의 인기 과학 잡지 〈포스크닝 오흐 프람스테그Forskning och Framsteg〉 2014년 호에 실린 기사를 예로 들어보겠다. 이 잡지의 제목은 '연구와 진보'라는 뜻이며, 소제목은 '사실로 확인된 연구 결과'를 의미한다. 라르스 올로프 로덴Lars Olof Lodén 교수는 '이전 세대의 연구자들은 사미족의 주장을 무시하고 싶지 않았을지 모르지만, 최근 우리는 오로라가 얼마나 높은 대기층에서 발생하는지 알기 때문에 오로라와 관련된 소리가 들릴 가능성을 완전히 배제할 수 있다.'라고 설명한다.[7] 이어서 그는 빛의 소리가 들린다는 착각을 설명할 수 있는 몇 가지 과학적 설명을 제안하면서 이것은 '추가 연구가 필요한 사안'까지는 아니며, 따라서 독자들은 이 사안이 종결되었다는 확신을 갖게 될 것이라고 주장했다.

이 기사와 달리, 2012년 핀란드 물리학자 운토 레인Unto Laine은 과학 장비의 도움을 받아 사미족이 오래전에 알았던 사실, 곧 적절한 조건에서 오로라가 발생할 때 부드럽지만 독특하게 바스락거리는 소리가 들린다는 사실을 확인해 주는 연구를 발표했다.[8] 이 연구 결과로 과학이 약간의 겸손함을 얻었을 것으로 생각할지 모르지만 실제로는 그렇지 않다. BBC는 '이 소리와 이를 둘러싼 신화는 지금까지 여전히 과학적인 근거를 갖지 못한다.'고 보도했다. 반면 다른 언론의 기사는 레인이 '오로라 소리가 사실임을 보여주었다.'고 보도했다.[9] 오랫동안 오로라 소리가 실재한다는 사실을 아는 사람들이 있었지만, 과학에서는 그렇지 않다고 자신 있게 주장할 수 있었다는 사실은 무엇을 의미할까? 그 어떤 진실도 과학의 유일한 권위를 흔들지 못한다는 것을 의미하는 것은 아닐까?

레인 교수는 무척 호감 가는 사람이며 여러 면에서 캐롤라인 로스를 생각나게 한다. '소리가 들리는 빛'의 실재를 입증하려는 그의 노력은 그와 친구들이 직접 이 소리를 들었던 수십 년 전부터 시작되었다. 그는 이 연구를 위해 어떤 자금도 지원받지 않았으며, 오직 다른 사람들에게 자신이 경험한 것을 보여주고 싶은 열망에 이끌려 연구를 계속했다고 한다.

원주민의 지식을 무시하는 태도를 제외한다면, 사람들은 2012년에야 소리의 실체를 공식적으로 인정했다고 해서 크게 문제될 일이나 해로운 것은 없다고 주장할 것이다. 이 이야기와 비슷한 경우에도 그렇게 말할 수 있을 것이다. 뉴펀들랜드의 환경역사가 딘 바빙턴 Dean Bavington은 지역 어부들이 1850년대의 새로운 어업 방식이 대구의 번식 주기에 어떤 영향을 미치는지 알았다는 사실을 수산 분야 과학자들이 인정하기까지 한 세기 반이란 시간이 걸렸다는 사실을 보여주었다.[10]

어부들의 지식은 실제 삶에 참여한 경험에서 왔다. 하지만 과학은 이런 지식을 단순한 일화 정도로만 취급했다. 과학자들이 어부들이 이미 알고 있었던 것을 이해하기 전까지 대구 어업은 무분별한 남획 때문에 여러 번 붕괴되었다.

우리가 세상을 살아가는 방식 중 얼마나 많은 부분이 이런 태도에서 비롯했을까? 얼마나 많은 현실이 신화나 꾸민 이야기로 치부되었으며, 그 결과는 무엇일까? 사미족은 소리를 들을 수 있는 빛 이야기에서 보여준 과학자들의 경멸보다 훨씬 더 심각한 피해를 겪었다. 1922~1958년까지 스웨덴 웁살라 대학 국립 인종생물학 연구소의 연구자들은 '인종적 위생' 정책의 과학적 근거를 확보하기 위해 전국을 돌아다니며 두개골을 측정하고, 아이와 성인의 사진을 찍고, 때로는 그들에게 옷을 벗으라고 요구하기도 했다. 최근 들어 이 대학의 소장품 책임자들은 스웨덴 소수 원주민들의 열등함을 입증하는 연구를 위해 사미족 매장지에서 발굴한 두개골을 되돌려주는 절차를 시작했다.[11] 이것은 20세기 유럽에서 과학의 이름으로 자행한 무덤 도굴이었다. 우리는 인간이 거주하는 거의 모든 대륙에서 이와 비슷한 이야기를 찾을 수 있다.

호주의 원주민 그룹인 아팔렉족이자 디킨 대학 원주민 지식 분야 선임 강사인 타이슨 윤카포르타Tyson Yunkaporta는 "사람들은 학술회의에 참석한 원주민 참가자들에게 아직도 박물관의 전시물처럼 '신중하게 엄선한 과거의 모습'을 보여주기를 기대한다. 하지만 원주민이 그들의 눈을 통해 보는 것을 공유받고 싶어 하지는 않는다."라고 말한다.[12]

근대성은 토착적 사고의 산물에 관심을 보이지만, 토착적 사고의 과정에는 관심을 두지 않는다. 이 글을 쓰는 곳에서 멀지 않은 대학 지하실에 아직도 남아 있는 두개골을 생각하면, '과학은 사람들의 두개골을 측정하는 데에는 관심이 있지만, 그들이 무엇을 알고 있는지 경청하는 데는 관심이 없다.'는 암울한 결론에 이른다.

미답의 길을 함께 걸어가는 것

세 번째 이야기는 과학에는 부족한 특정 종류의 지식과 관련이 있다. 사제이 사무엘Sajay Samuel이 1980년대 말 케랄라를 떠나 펜실베이니아 주립대에 입학했을 때만 해도 경영학을 공부할 작정이었다. 하지만 그는 이반 일리치의 강의를 듣고 자신의 인생 경로를 바꾸기로 했다. 그는 일리치가 객원 교수로 재직하는 대학 캠퍼스 주변에 터를 잡은 일리치의 동료 및 협력자들로 구성된 모임의 일원이 되었다. 나 역시 이 모임에 들어가서 여러 회원을 알게 되었다.

한 번은 사제이와 일리치의 대화에서 특정한 질문 하나가 나왔는데, 과학과 이성의 관계에 관한 것이었다. 그가 초기 '다크 마운틴' 초판 시리즈 중 하나를 위한 인터뷰에서 나에게 말한 것처럼, 사람들은 종종 과학과 이성을 같은 것으로 취급하며 과학에 대해 문제를 제기하면 감정적이며, 낭만적이며, 비합리적이라고 생각한다.[13] 과학이 세계를 설명하면서 놓친 부분을 설명하려고 노력하는 사람들은 이런 입장을 받아들인다. 내가 사제이를 높이 평가하게 된 것은 이성의 영역이 과학이 보고 말할 수 있는 것을 초월한다는 그의 주장 때문이다.

그가 나에게 "나는 회계사로 훈련받았기 때문에 숫자와 숫자의 한계가 제 사고의 많은 부분을 차지합니다."라고 말했다. 그는 플라톤으로 거슬러 올라가는 두 가지 종류의 정량적 질문의 차이를 언급했다. 첫 번째는 숫자로 대답할 수 있는 종류의 질문이며, 두 번째 질문은 '너무 많다' 또는 '너무 적다'로 대답할 수 있는 질문이다. 정의상 '너무 많다'와 '너무 적다'는 양이지만 수치로 측정할 수 없다. 두 종류의 질문 모두 합리적이지만, 과학은 첫 번째 종류의 질문에만 답할 수 있다.

두 번째 종류의 질문에 합리적으로 답하려면, 우리에게는 유럽 철학자들이 한때 '상식'이라고 말했던 것이 필요하다. 이것은 이 용어가 오늘날 뜻하는 일상적인 의미를 넘어선다. 이 용어의 이전 정의에 따르면, 센수스 코뮤니스Sensus Communis는 우리 각자가 감각의 경험을 종합해 세계를 판단하는 능력을 말한다. 이 능력을 통해 우리는 언제 임계치를 넘었는지, 언제 '너무 많은' 또는 '너무 적은' 영역에 들어섰는지 알 수 있다.

1850년대 신문에 기고한 글을 통해, 대구 어획량을 늘리기 위해 도입된 새로운 어업 방식에 경종을 울렸던 뉴펀들랜드의 어부들은 자신의 상식에 따라 행동했던 것이다. 상식이라는 능력은 과학적 세계관 안에 포함되지 않는다. 과학이 상식의 존재를 반증했기 때문이 아니라 과학적 세계관과 관련된 철학적 가정이 상식을 허용하지 않기 때문이다. 나는 사제이의 말을 듣고 이런 철학적 움직임의 결과가 과학을 근대성의 희생양으로 만든 것은 아닌가 하는 생각이 들었다. 과학은 세계를 이전과 전혀 다른 방식으로 알 수 있다고 약속하며, 측정하고, 세고, 계산하는 일을 반복한다. 과학은 어느 정도의 확실성을 갖고 모델을 만들고 예측하지만, 우리가 언제 멈춰야 할지 말해줄 수 없다. 또한 과학의 유일한 권위는 멈출 시기를 말해줄 수 있는 다른 목소리를 막아버린다. 충분한 시간과 자금이 제공된다면 과학은 많은 것을 알 수 있을 것이다. 하지만 언제가 충분한 때인지 모르기 때문에 멈출 때를 말해줄 수 없다.

이제 모닥불이 꺼져가고 있고 몇몇 동료는 이미 잠들었다. 많은 이야기를 나누었지만 모두 같은 방향을 가리키는 것은 아니다. 대화가 여기저기서 낮은 목소리로 계속되고 있다. 대화는 쉽지 않고 아무것도 결정된 것은 없지만, 몇몇 소통의 끈은 열려 있고 우정이 쌓이고 있다. 아침이 되면 우리 중 몇몇은 걸어가 볼 가치가 있을 것 같은 미답의 길을 따라 함께 걸어갈 것이다.

마치는 글

폐허 가운데서도
의미 있는 일을 찾는다는 것

근대는 대대적인 파괴, 즉 살아 있는 세계 구조의 파괴와 문화의 파괴 사이에서 태어났다. 근대는 또한 항생제와 마취의 역사이며, 자녀를 낳고 살아남는 것을 거의 당연하게 여길 수 있는 어머니이며, 첫째 자녀가 튼튼하게 자라는 모습을 볼 때까지 자신이 살아 있는 것을 당연하게 여길 수 있는 아버지다. 근대에는 이런 모든 모습이 있기 때문에 종말 이후에는 어떤 세상이 도래할지 예측하기가 어렵다. 그렇게 하는 것은 일종의 신성모독처럼 느껴진다. 가장 표준적인 대답은 이런 황폐화를 무시하고, 문화를 시대착오적인 것으로 취급하고, 살아 있는 세계를 착취할 수 있는 자원 창고로 취급하는 것이다.

우리는 세상을 이렇게 대해온 방식의 끝이 다가오고 있다는 것을 느낄 수 있다. 이 책이 찾는 경로는 지금까지와는 다른 해답을 찾는 경로다. 이 책에서 우리가 추적하는 길은 우리가 이 결말에서 살아남을 수 있고, 살아남을 가치가 있는 세계에 도달하는 실마리와도 같다.

실존적 위협이 된 기후 변화

모든 변화를 시도한 뒤 처음 극단적인 절망의 순간에 직면하면, 무언가 충분하지 않다는 깨달음이 다가온다. 이를테면, 우리는 기후 변화를 멈추기 위해 해야 할 '행동 리스트'를 만들어 실천하고, 모든 시위에 참여하고 직접적인 행동에 나서겠지만, 그래도 기후 변화는 우리를 덮칠 것이다. 이 임계치를 넘어설 때 느끼는 조급증 때문에 우리가 처한 상황의 취약성을 더 깊이 깨달을 수 있을 것이다. 우리는 더이상 우주와의 비밀 계약, 즉 '우리가 최선을 다하면 모든 것이 좋아질 거라는 막연한 가정'에 근거해 행동할 수 없다. 상황은 괜찮아지지 않을 것이며, 결코 그런 적이 없고, 그럴 수도 없을 것이다. 하지만 어쩌면 우리는 새로운 희망을 찾을 수 있을지도 모른다.

브뤼셀에서 오전 회의를 마치고 우리의 오래된 생활방식을 포기하는 것에 관해 논의하던 날, 주요 인사들이 먼저 떠나고 유럽위원회 직원들과 좀 더 남아 있기를 원하는 초청 손님들을 위한 워크숍이 열렸다. 워크숍은 기다란 회의실에서 열렸는데, 젬 벤델의 '심층 적응' 팀의 일원인 워크숍 리더는 50년 후 인류가 얼마나 생존할 가능성이 있다고 생각하는지에 따라 회의실의 위, 아래로 자리를 배치해 달라고 요청했다.

나는 이 시나리오에 공감할 수 없었고, 이 활동이 누구에게 얼마나 도움이 될지도 알 수 없었다. 나와 내 동료들은 '다크 마운틴 선언문'에서 언급한 내용 탓에 오랫동안 운명주의자로 불렸던 터라, 우리가 말했던 수준 이상의 깊은 비관론에 빠진 전문가들에게 둘러싸여 있다는 사실이 무척 당황스러웠다. 나는 그 회의실에 있던 사람들 중 가장 희망적인 태도를 가진 사람과 이야기를 나누었다. 그는 사헬 지역의 농민들과 함께 일하는 벨기에 생물학자였다. 그는 가장 기본적인 도구만 사용하는 농림업을 통해 반# 사막을 개간하는 프로젝트를 진행하며 찍은 사진을 보여주었다. 그런 뒤 그는 회의실을 둘러보며 궁금해했다.

"저들은 사람들이 그냥 포기할 거라고 생각할까요?"

사람들은 기후 변화를 해결하거나 관리할 수 있는 문제 혹은 없애거나 통제할 수 있는 문제라고 생각하기를 멈춘 후부터 기후 변화를 '실존적 위협'으로 여기기 시작했다. 이것은 어디까지나 인간 중심적인 표현이다. 이를테면 초점은 거의 항상 인간의 실존에 맞춰진다. 하지만 나는 인간의 지평 안에서도 그 의미가 모호하다는 것을 깨달았다.

파리 COP회의가 열리기 몇 주 전에 게스트로 참여했던 라디오 인터뷰가 기억난다. 방송국 프로듀서는 토론 상대로 기후 커뮤니케이션 심리학을 전공한 예일대 교수를 초대했다. 프로듀서는 다른 사람들이 마이크가 꺼진 뒤에야 말하는 내용을 내가 공개적으로 말하기 때문에 나를 초청했다고 말했다. 내가 앉아 있던 스톡홀름의 작은 방과 시카고의 스튜디오로 연결하는 통신선이 자꾸만 끊겨서 토론 상대자의 말을 절반밖에 알아들을 수가 없었다. 지금까지 내 기억에서 떠나지 않는 것은 진행자가 던진 질문이었다. 나는 스톡홀름이나 시카고와 같은 도시에 사는 사람들이 대부분 당연하다고 여기는 생활방식에 관해 말하던 중이었다.

"나는 이런 생활방식이 지속 가능하다고 생각하지 않습니다."

그러자 예일대 교수가 나에게 물었다.

"그렇다면 당신이 말하는 미래, 즉 세기말에는 인류가 얼마나 살아남을까요? 십만 명, 백만 명쯤 되나요?"

그 질문에 나는 당황했다. 전문 경영인이나 관리자 계층의 생활방식이 사라질 것이라는 내 예측이 어떻게 인류의 99.99퍼센트가 사라지는 미래와 같다는 것인지 알 수 없었다.

실존적 위협이라는 말에는 어느 정도의 모호함이 내포되어 있다. 이 말은 생명 자체의 지속적인 존속에 대한 위협을 뜻할 수도 있고, 우리의 생존 방식, 즉 특정한 삶의 방식에 대한 위협을 의미할 수도 있다. 많은 기후 관련 논의에서 이런 의미들이 분명하지 않거나 이쪽 저쪽을 넘나들거나, 그 차이를 인식하지 못하거나, 애써 이해하지 않으려고 한다. 우리는 최선을 다해 생각하지 않으려는 개인적인 실존의 위협, 즉 죽음의 공포를 회피하는 문화의 상속자일 수밖에 없다. 우리의 생태적 곤경에 관한 메시지는 항상 이 두 가지 의미(죽느냐 사느냐) 사이에서 오락가락할 수밖에 없다.

우리가 '다크 마운틴 선언문'을 발표할 당시 마크스 앤 스펜서Marks & Spencer 슈퍼마켓은 기업의 사회적 책임 캠페인을 벌이며 지속가능성을 위한 약속 목록을 제시했다. 나는 '플랜 A:플랜 B가 없기 때문에'

라고 적힌 캠페인 포스터가 셰필드 철도역의 음식점 계산대 뒤에 붙어 있는 것을 보았다. 그 포스터를 볼 때마다 누구를 위한 플랜 B가 없다는 것인지 궁금했다. 고급 치즈와 피클 샌드위치를 판매하는 영국 백화점을 위한 것일까? 아니면 인간의 가치 있는 생존을 위한 것일까? 아니면 우리는 더 이상 이런 구분을 하지 않는 것일까?

애초에 그 의미가 무엇이든, '지속가능성'은 곧 '지속 가능한 슈퍼마켓과 고속도로'라는 의미로 변질되었고, 서구 중산층의 생활방식을 유지할 수 있다고 홍보하면서 반드시 그래야만 한다고 주장한다. 말 그대로 '플랜 B는 없다'는 것이다. 마크스 앤 스펜서는 1884년 영국 리즈의 커크게이트 시장에서 노점으로 출발했다. 이 기업은 영국 번화가에서 가장 오래된 브랜드가 되었고, 나중에는 슈퍼마켓 체인점까지 생겼다. 내 아버지는 이 체인점이 개점했던 때를 아직도 기억한다. 할머니는 버스를 타고 버밍엄을 절반쯤 가로질러 슈퍼마켓으로 가서 개점일에 5파운드어치의 물건을 사면 공짜로 주는 냉동 치킨을 갖고 오셨다고 한다.

나는 지구의 미래가 위태롭다고 말한다면서 고작 한 세대 동안 해오던 생활방식에 모든 걸 거는 것이 현명한 일인지 확신이 서지 않는다. 2018년 기후 운동이 등장했을 무렵, 나는 기후 변화의 실존적 위협에 관해 말하는 일부 목소리에서 어두운 확신을 가지기 시작했다. 나는 예전부터 항복을 말해왔다. 그래서 그런지 발표자들이 정말로 미몽에서 깨어나 우리가 처한 심각한 곤경에 관한 지식과 충분한 근거에서 두려움을 느껴 항복하고, 살아 있는 지구의 프로세스를 통제 및 관리할 수 있다는 허영을 포기했는지 의구심이 든다. 나로서는 이 이야기가 어떻게 끝날지 알고서 지금이 마지막이라고 생각하는 확신이 우리가 항복의 진정한 의미가 무엇인지 깨닫지 못하도록 가로막는 원인 같다. 그래서 나는 항복하되 확실성이 아니라 신비에 항복하기를 권하고 싶다. 환대에 대해 너무 많은 것을 잊어버린 세상에서, 지금이라도 문 앞에 찾아올 낯선 사람을 위해 식탁에 자리를 마련해주기를 바란다.

세계가 처한 곤경

소설가 앨런 가너는 자신의 책을 점검하는 과정에서 패턴으로 인식할 수 있을 정도로 멸종했거나 쓸모없다고 여겼던 것들이 가장자리 작은 주머니 속에 그대로 있는 것을 발견했다고 말한 적이 있다. 인간은 스스로 멸종할까? '피할 수 없는 죽음'이라는 운명은 머지않아 모든 종에게 닥칠 것이다. 나는 아직 그 시기가 임박했다는 확신이 들지는 않는다.

우리는 이 살아 있는 지구를 생명이 없는 공으로 만들 것인가? 아니면 모든 생명이 기술적 관리시스템 안에서 살아가는 감옥 같은 행성으로 만들 것인가? 우리는 후자에 가까운 길을 걷고 있지만, 나의 직감으로는 근대의 다른 원대한 프로젝트처럼 이것 역시 실현되지 못할 것이다. 내가 '다크 마운틴 선언문'의 발표 10주년을 기념하기 위해 바네사 마차도 드 올리베이라를 인터뷰했을 때, 그녀는 내가 우연히 알게 된 이 어두운 확신을 이해하는 데에 도움이 되는 말을 했다.

◇◇◇ 내가 호스피스에 대해 말하는 곳에는 항상 인간이 새로운 현실을 창조하려는 강력한 규범적 욕구가 존재합니다. 이것은 매우 뿌리 깊이 새겨진 인간의 전형적인 본성입니다. 이를테면, 우리가 무언가를 창조할 수 있다고 생각은 하지만 그에 대한 믿음이 없습니다. 그래서 결국 체념합니다. 사람들은 말합니다. "글쎄요, 우리가 할 수 있을 거라고 믿지 않아요." 그게 전부입니다.[1]

이보다 더 심각한 상황도 있다. 사람들이 모여 세계가 처한 문제를 논의하는 공간에서, 사람들은 해결책이 인류 전체가 아니라 우리와 같은 사람들, 즉 세계에서 가장 현대적이고 발전한 인간, 미래와 가장 근접해 살아가는 사람들과 함께 있다고 가정한다. 회의실 안의 사람들은 자신이 주인공이 아닐 수도 있고, 앞으로 미지의 세계는 다른 사람들이 만들 수도 있다는 점을 알지 못한다. 또한 그들은 세계를 파악해 관리하고 통제하려는 인간의 노력을 통해서가 아니라, 인류가 많은 피조물 중 하나의 종이라는 인식을 가질 때 시작되는 만남을 통해서 세상이 달라질 수 있다는 점을 깨닫지 못한다.

그날 브뤼셀에서 만난 새로운 유형의 비관주의는 기후 변화에 도전해 세계를 구하고 지속 가능한 미래를 건설하겠다는 약속을 지키기 위해 평생을 보낸 기관의 능력에 대해 믿음을 잃었으면서도 여전히 신뢰를 포기하지 못했을 때 일어나는 일이다. 이를테면 그들은 아직도 세상을 인간이 만든 여러 기관의 구원이 필요한 곳으로 본다. 나는 전면적인 비관주의 또는 지구 시스템을 통제하기 위해 더 필사적이고 위험한 계획을 세워 지구를 유지하려는 사람들의 낙관주의 중 어느 것이 더 나쁜지 잘 모르겠다. 내가 권력이 있는 곳에 더 오래 머문다면 그곳에서 만났던 사람들이 보여줬던 어두운 확신에 공감할 수 있을 것이다. 우리는 기관들이 이와 같은 시스템 구축에 집중해야 한다고 가정하는 틀을 깨야 하며, 이것은 위태로운 지점에 대한 우리의 감각을 날카롭게 한다는 뜻이다.

나는 이것을 이렇게 표현하고자 한다. 우리는 살아 있는 지구의 긴 역사에서 가장 큰 병목 현상 중 하나를 유발했다. 이 지경에 이르게 한 책임을 절대 균등하게 배분해서는 안 되지만 우리 중 누구도 자신의 책임은 전혀 없다고 주장할 수 없을 것이다. 이 책임은 우리가 태어날 때 이미 주어진 것이다. 이 병목 현상을 어떻게 혹은 얼마나 극복할 수 있을지는 아직 결정되지 않았고, 해결해야 할 과제가 남아 있으며, 우리의 행동이 이 모든 것이 어떻게 전개되는지에 영향을 미칠 수 있다.

실패한 근대성과 상실의 아우성

솔직히 말하면, 내가 더 이상 기후 변화에 관해 이야기하지 않는 것을 중요하게 여길 사람들은 제한적이며, 그들 중 일부는 이 이야기를 듣고 기뻐할 것이다. 나는 사람들이 무엇을 말해야 하는지, 또는 말하지 말아야 하는지를 제시하기 위해 이 책을 쓴 것이 아니다. 하지만 기후 변화가 더 이상 대화의 출발점이 되지 못한다면, 우리가 향하는 넓은 길의 엄청난 규모 때문에 기후 변화 논의에 균열이 발생한 사실을 인식하지 못한다면, 우리는 어디서부터 시작할 수 있을까?

지난 15년 이상 나눴던 많은 대화를 정리하면서, 이 책을 침묵으로 마무리하고 싶은 마음도 있다. 아침마다 기후 과학자나 환경운동가와 인터뷰하는 BBC 진행자의 말을 듣다 보면, 1980년대 초 서독의 평화 활동가들이 '침묵이 대량학살 기술에 대한 유일하고도 적절한 대응책'이라고 주장했던 일을 떠올린다. 핵탄두 사용에 관한 이성적인 토론에 참여하는 것은 문제의 본질을 부정하는 행동이다. 이럴때는 차라리 침묵하는 것이 더 낫다. 물론 독일 도시 외곽의 미국 기지에 미사일이 설치되는 것을 목격하고 그들은 괴로워했을 것이다.

하지만 나는 결국 여기까지 함께 왔으니 입술을 봉인하는 것 이상의 빚을 진 셈이다. 그렇다면 우리 모두 상실과 그리움에 관해 말하면서 시작하는 것은 어떨까? 2018년에 등장한 기후 운동의 가장 강력한 측면은 '상실에 관해 말하는 능력'이었다. 이를테면 많은 사람이 처음으로 기후 위기를 현실적으로 느끼면서 생물종의 상실, 약속된 미래의 상실, 확신과 안보의 상실을 말할 수 있는 능력이었다. 이런 움직임 너머에는 우리 모두의 삶을 관통하는 상실이라는 배경의 포효, 즉 오고 가는 일상적인 리듬을 넘어선 다층적인 상실이나 우리가 종말의 시대를 살고 있다는 깨달음이 있다. 근대성은 상실을 통해 번성하며, 상실을 말하지 않고 그 결과를 최대한 오랫동안 미루고, 다른 사람들의 삶에 책임을 전가하면서 이것을 '진보'라고 부른다.

실패한 근대성의 자녀인 우리들은 상실을 말하지 못하도록 교육받았다. 통계적 낙관주의자들은 이 세상을 비용–편익 분석으로 바라보도록 부추긴다. 하지만 역사의 손실은 이익으로 만회할 수 없으며, 우리는 오히려 상실을 애도해야 한다. 문화가 상실을 애도하지 못하면 속으로 곪기 시작한다. 따라서 첫 번째 단계는 상실을 언급하는 것이다. 오늘날 생명의 불꽃을 품은 모든 움직임은 상실을 언급함으로써 얻는 힘을 이용했다. 2018년 11월 어느 토요일 프랑스의 변두리 지역에서 파리로 쏟아져 나온 노란 조끼 시위대가 그랬고, 우연히 같은 날 '멸종저항' 시위대가 런던을 처음으로 멈춰 세웠을 때도 그랬다.

공교롭게도, 이 두 운동에서 시위대의 형광색 천과 교통을 가로막는 전술, 해협 양쪽에서 나타난 시민 집회 요구까지, 우연의 일치라고는 믿기지 않을 만큼 기묘한 일이었다. 물론 이러한 움직임을 선한 시위대와 나쁜 시위대, 기후 변화에 관한 조치를 요구하는 시위대와 석유에 부과되는 친환경세에 항의하는 시위대 등의 상반된 모습으로 묘사하기는 쉬웠다. 하지만 이러한 움직임이 만나는 지점에는 경고뿐 아니라 좁은 길의 정치가 어떤 모습인지 그 실마리가 존재한다.

바네사는 나에게 "사람들이 약속이 깨어졌다고 느끼는지, 아니면 애초부터 거짓 약속이었다고 보는지에 따라 많은 것이 달라집니다."라고 말했다. 노란 조끼 시위가 열린 셋째 토요일에 파리의 거리를 걸을 때, 이와 비슷한 시위가 자이르 보우소나루Jair Bolsonaro 대통령(브라질의 정치인으로, 2019년 1월부터 브라질 연방 대통령직을 수행하고 있다. 전직 군인 출신으로, 그의 정치적 성향과 정책은 종종 논란을 일으켰다.-편집자)의 등장에 어떤 영향을 미쳤는지 떠올랐다. 오늘날 전 세계 정치의 상당 부분은 개발과 진보의 깃발 아래 항해하던 근대성이라는 배가 침몰하고 있다는 인식에서 형성되고 있을까? 근대성의 약속들이 깨어졌다면 우리는 비난할 대상과 복수할 방법을 찾을 것이다. 그렇다면 많은 것은 그 약속들이 절대 지켜질 수 없으며, 비현실적일 뿐아니라 우리에게 해롭다는 것을 인식하는 데에 달렸다. 이런 인식이 있어야만 이 폐허에서 시작할 때 무엇이 남아 있는지, 무엇을 할 수 있는지 알아낼 수 있기 때문이다.

회복을 향한 믿음

지난 15년 동안 여러 장소에서 기후 변화에 관한 강연이나 토론을 하면서, 결국 '종말의 시대에 가치 있는 일은 무엇인가?'라는 질문으로 강연이나 토론이 끝나는 경우가 많았다. 폐허 가운데서 의미 있는 일은 무엇일까? 아마도 지진이 발생하기 전에 우리가 하던 일은 아닐 것이다. 나는 이런 대화를 나누면서 실천 목록을 정리하기 시작했다. 이 목록은 아직 완성되지 않았으며 계속 확장하거나 개선할 여지가 있지만, 지금으로선 다음과 같다.

의미 있는 첫 번째 과제는, 종말을 맞이하는 세상의 폐허에서 우리가 가져갈 수 있는 좋은 것들을 구하는 것이다. 복잡하게 얽힌 근대성의 유산 중에는 흔쾌히 포기하기 힘든 선물들이 있으며, 우리가 가져갈 수 있는 것을 지키려고 시도해야 한다.

두 번째 과제는, 우리가 가져갈 수 없는 좋은 것을 애도하는 것이다. 구할 수 있는 것과 애도할 것 사이의 경계가 어디인지 정할 필요는 없다. 이 질문에 대한 답은 저마다 다를 수 있고 우리 중 누가 옳은지는 시간이 말해줄 테지만 그 사이에도 우리가 할 일은 있을 것이다. 애도하는 방법 중 하나는 구할 수 없었던 좋은 것들에 대해 이야기를 들려주는 것이다. 그런 이야기들은 우리가 함께 가져갈 수 있고, 미래의 씨앗이 될 수도 있기 때문이다.

세 번째 과제는, 분별하는 것이다. 우리가 자신의 생활방식 중에서 좋지 않았던 것들을 파악하고 그것들로부터 멀어질 기회를 찾는 것이다. 우리가 앞으로 하고자 하는 일과 최근까지 했던 방식의 간극을 보는 경험은 종말의 시대가 주는 이상한 선물이다. 이 선물을 잘 활용하기 바란다.

네 번째 과제는, 끊어진 실타래를 찾는 것이다. 즉, 우리에게 무언가를 말해주는 이야기의 앞부분을 찾는 것이다. 이제 끝나가는 생활방식에는 시작점이 있었고, 다른 방식들은 그 순간 끝나고 있었거나 주변으로 내몰리고 있었다. 따라서 낡아서 쓸모가 없어진 기술과 실천 방식 또는 지식을 찾아야 한다. 이들 중 일부는 아직도 변화를 만들어 낼 수 있기 때문이다. 과거로 돌아갈 수는 없지만, 앞으로의 이야기에 함께 엮을 수 있는 '끊어진 실타래'는 남아 있다.

우리 중 누구도 이 모든 과제에 헌신해야 할 필요도, 헌신할 수도 없으며, 필요한 과제를 모두 해낼 수도 없다. 무엇보다, 저항의 과제에 관해서는 할 말이 많다. 하지만 이 목록의 장점 중 하나는 우리의 다양한 약속이 서로 상충되지 않고, 우리가 단결할 계획이 없어도 구부러진 전선을 따라 서로 다른 위치를 차지할 수 있다는 점을 인식하는 데에 도움이 된다는 것이다.

저명한 작가 마틴 프레히텔Martín Prechtel은 "여러분이 어디에서 왔는지 참 이상하군요. 여러분이 사는 곳에서는 모든 사람이 매일 아침 살아 있기를 예상하며 일어나는 것 같습니다."라고 말했다. 나는 스티븐 젠킨슨Stephen Jenkinson의 책 《현명하게 죽어라(Die Wise)》에서도 이 문장을 보았다. 그는 프레히텔이 던진 질문의 의도가 무엇인지 궁금해했다.[2]

그렇다면 다른 방식으로 깨어날 수 있다는 말일까? 이런 기대감 없이 깨어나는 사람들은 종교적 운명론, 일상생활의 암울함, 비참할 정도로 높은 유아사망률로 체념한 나머지 그런 기대를 빼앗긴 것처럼 보일 수도 있다. 하지만 젠킨슨은 그것은 오해이며, 우리의 생활 방식이 얼마나 기괴한지를 단적으로 보여주는 것이라고 말한다. 대안은 우리가 죽음을 예상하고 깨어나는 것이 아니라, 삶을 '선물'이나 '신비스럽고 좋은 것'으로 느끼며 일어나는 것이다. 삶을 자격이나 보상이 아니라 경이의 원천이자 감사의 기회로 느끼는 것이다.

근대성의 마법에 걸린 우리들

우리가 지금껏 살아온 세상은 무언가를 끝없이 기대한다. 또한 너무나 많은 것이 기대의 무게에 짓눌렸다. 우리는 그런 기대를 유지하려고 노력하지만 더 이상 감당할 수가 없다. 이제 간직할 만한 가치가 있는 희망은 기대의 저편, 절망의 저편에 있는 희망이다. 어떤 사람이 "우리 세대가 변화를 만들어 낼 수 있는 마지막 세대입니다."라고 말하는 것을 들으면, 나는 무슨 생각에서 나온 말인지 이해할 수 있다. 나도 이런 말을 한 적이 있지만 이렇게 말하는 방식은 무언가 나를 힘들게 한다. 미래의 모든 무게를 지금 우리 주변에 있는 사람들의 어깨에 지우는 것은 그들을 무기력하게 만들며, 그들은 그 무게를 감당할 수 없다. 다시 말하지만 지금 우리가 모든 짐을 져야 한다는 말은 이야기의 중심에 내포된 은밀한 욕망을 불러일으킨다. 이 말의 이면에도 역시 인간의 능력을 믿는 어두운 오만이 숨어 있다.

시간 속에서 우리의 위치를 설정하는 또 다른 방식을 찾고 있을 때, 소문처럼 내게 다가온 이야기가 있다. 나는 영국 작가 사라 토마스Sarah Thomas에게 이 이야기를 들었다. 그녀는 타이슨 윤카포르타에게 이 이야기를 들었다고 했다. 우리가 그에게 어디서 그런 이야기를 들었냐고 물으면 그는 아마 땅에게서 들었다고 말할 것이다. 이 이야기에 따르면, 우리는 가장 이상적인 세계에서 천 년이 걸리는 프로세스의 시작점 근처에 있다. 예전에 무성했던 숲들이 다시 회복되고, 어머니 나무가 다시 자라는 데 천 년 정도 걸리기 때문이다.

스웨덴의 여름 바람을 타고 나무 타는 연기가 피어오르던 날이나 미국 서부 해안에 사는 친구들이 스모그 때문에 주황색으로 물든 도시의 섬뜩한 이미지를 게시하는 날, 앞으로 몇 세기 안에 숲이 다시 자랄 수 있는 지역이 존재할 거라고 상상하려면 약간의 믿음이 필요하다. 퀸즐랜드 북쪽 바마Bama 출신인 나는 이것이 어떤 질문인지 타이슨이 잘 알 것이라 생각한다. 하지만 이 이야기를 통해 그가 하는 당부에는 무언가 차분한 구석이 있다. 이 이야기가 반드시 실현된다는 약속은 아니며, 우리가 지금부터 해야 할 모든 일 또는 하지 말아야 할 일이 긴급하다는 것을 부정하지도 않는다. 이 이야기는 지금이 숲이 번성하는 과정의 일부일 수 있다고 상상하게 만든다. 우리는 지금까지 그래왔고, 여전히 그럴 수 있으며, 상처를 만드는 것이 우리의 전부가 아닐 뿐 아니라 상처는 치유될 수 있다고 상상하게 한다.

　근대성은 세계를 끝없이 손상시켜 왔다. 근대성의 마법에 걸린 우리는 세상이 우리를 죽이려 한다고 생각한다. 이런 마법에 걸려 우리는 죽음이 우리 존재의 일부임을 잊고, 오히려 고쳐야 할 오류로 취급했다. 우리는 세상을 죽이기 위해 우리가 여기에 있다고 생각하며, 이것이 인류가 파괴자라는 사실을 보여준다고 생각한다. 하지만 이 마법은 사라지고 있다. 타이슨의 이야기를 듣고 나는 숲의 시간 속으로 상상력을 펼치면서, 다시 한번 겸손하게 '우리가 생의 지평선 너머에 결말이 있는 이야기 속에서 살고 있다'는 사실을 확인한다. 우리는 이 모든 것의 결말이 어떨지 결코 알 수 없을 것이다.

2022년 7월 28일

감사의 글

이 책은 헤밍웨이의 소설 속에 나오는 인물이 파산한 방식처럼 '서서히, 그리고 갑작스럽게' 쓴 것이다. 갑작스러운 부분은 2022년 2월에서 4월까지 7주 동안의 집필 기간과 관련 있는데, 이 기간 동안 이 책의 대부분을 집필했다. 그 도화선은 2021년 9월, 1부를 구성하는 세 개의 짧은 장을 3일 연속으로 완성하면서 불이 붙었다. 점진적인 부분은 '다크 마운틴 선언문' 작성으로 이어진 폴 킹스노스와의 첫 번째 대화로 거슬러 올라간다. 심지어 더 거슬러 올라가면 A. D. 누탈과 함께한 학부 강의 시절에 이른다.

많은 친구와 스승, 편집자, 청중 덕분에 나는 이 책에서 결실을 맺은 이야기의 줄기를 키울 수 있었다. 이 과정에서 많은 빚을 졌으며, 여기서 언급하는 사람들은 그중 일부일 뿐이다. 먼저, '다크 마운틴 프로젝트'의 가능성을 보게 하고, 나를 믿고 그것을 실현할 수 있도록 도와주고, 그 과정에서 닥친 난관을 헤쳐 나갈 때 자신의 몫 이상을 감당한 폴에게 감사를 표한다. 그리고 우리 두 사람이 만든 공간으로 들어와 기꺼이 책임을 분담하고 자신의 비전을 실현하기 위해 노력해 준 샬럿과 마크, 닉, 소피, 아바, 스티브, 두기, 엠, 케이트, 그 외의 모든 참여자에게 감사드린다.

다음으로 나의 가장 오랜 동료였던 빌리, 자신의 결함을 가볍게 웃어넘기는 법을 함께 배웠던 루시, OUHS에서 나와 함께 일했던 릭, 엠마, 제임스, 내 변호사이자 곤경에 처한 내게 도움을 준 코트리씨 등 오랜 친구들에게 감사드린다. 나의 20대 시절 동료이자, 지적 훈련의 파트너였던 마리 해링턴(다시 그 시절이 돌아오길 바란다)에게 감사드린다. 내가 '온유의 정치'에 관한 앤서니 맥퀸의 생각에서 도움을 받았던 것처럼, 이 책이 내가 얻은 것의 10분의 1이라도 그에게 도움이 되길 바란다. 그리고 내가 효과적으로 소통할 수 있도록 몇 년 동안 철저하게 나의 모든 문장에 이의를 제기해 준 찰리 데이비스에게 감사드린다.

많은 사람이 그렇듯이 나도 책에서 원로들의 이야기를 찾아야 했지만 그중 몇몇은 운 좋게도 직접 만날 수 있었다. 내가 저자에게 직접 편지를 쓰게 만든 유일한 책을 집필한 알라스테어 매킨토시에게 깊이 감사드리며, 또한 그가 답장을 보내 나를 축복해 준 것에도 감사드린다. 처음에는 글에서, 나중에는 블랙든의 난롯가에서 피난처(Refugium)를 찾게 해준 앨런과 그리젤다 가드너에게 감사드린다. 낯선 땅에서 이방인이었던 나를 환대해 준 일리치 그룹의 사제이, 사마르, 딘, 그리고 그 외의 다른 분들에게 감사드린다.

　나를 깨어있게 하고, 때로 그런 상태를 유지하도록 도왔던 다양한 단체들, 이를테면 픽미업 갱단Pick Me Up gang, 콜랩소노믹스 연구소Institute for Collapsonomics, 콘퍼런스 오브 버즈Conference of the Birds, 프레이어 그룹Prayer Group, 페랄 바이블 스터디Feral Bible Studies에 감사드린다.

　만스 라게렐로프는 나를 스웨덴 국립극장 예술팀의 일원으로 초대하는 어려운 결정을 내렸고, 요케 린도와 리사 프란스트룀은 따뜻하고 훌륭한 동료가 되어 주었다. 그곳에서 운영했던 '다크 마운틴 워크숍'의 모든 팀원에게 감사드린다. 특히 '메단 클락칸 티카르Medan klockan tickar'와 '카르탄 오베르 오스Kartan över oss'에서 함께 작업했던 사람들에게 감사드린다.

　이삭 스토다드와 잉그리드 리저는 내가 웁살라에 온 것을 환영하고 '환경 및 개발 연구 센터'를 마치 내 집처럼 편안한 곳으로 느끼게 했다. 페르 요한슨과 요한 레딘은 내가 스웨덴에서 첫 10년을 보내는 동안 나와 가장 가까운 사상적 친구였다. 케리 페이서와 크리스토퍼 브루스터는 좋은 친구만 할 수 있는 방식으로 내가 책을 쓸 수 있도록 격려했다. 운 좋게도 던컨 맥라렌과 나는 베스테로스에서 이웃이 되었다. 나는 위스키를 마시며 나눈 대화와 '오픈데모크라시OpenDemocracy'에 기고한 '비상 민주주의'에 대한 우리의 사상을 발전시킬 기회를 얻었던 것에 감사한다.

　내가 '다크 마운틴 프로젝트'에서 떠난 다음 해, 글을 쓸 수 있도록 집을 마련해 주고, 나중에 이 책의 2부로 확장된 '지하에서 온 노트'라는 제목의 에세이를 출판해 준 벨라 칼레도니아의 마이크 스몰에게 특별한 감사를 전한다. 아울러 이 에세이를 편집하고 문장을 다듣는 데에 시간을 내준 절친한 친구 로빈 블랙에게도 감사드린다.

코로나 팬데믹이 발생하고 이야기를 하고 싶은 욕구가 사라졌을 때, '더 그레이트 험블링The Great Humbling' 팟캐스트에서 함께 작업하자는 길레스피의 초대는 또 다른 목소리를 찾을 수 있는 공간을 제공했다. 한편, 나는 홈워드 바운드Homeward Bound, 어셈블리Assembly, 롱 테이블Long Table을 통해 생명의 문화를 재성장시키는 일에 관심이 있는 전세계 수백 명의 뛰어난 참가자들을 가르치고 배울 기회를 얻었다. 이 책을 쓰는 여정에 함께한 모든 분에게 감사를 전한다.

어떤 만남은 이렇게 몇 마디의 말로 표현하기에 그 의미가 너무크다. 마틴 쇼와의 만남이 그랬다. 나를 '탈식민지적 미래를 향한 제스처'라는 단체로 이끈 바네사와의 만남도 마찬가지였다. 크리스 어스킨은 우리가 처음 로열 페스티벌 홀에 앉아 커피를 마신 후로 수년 동안 그의 지지가 얼마나 큰 변화를 일으켰는지 잘 알고 있겠지만, 이제 글로 표현할 때가 되었다.

어느 금요일 아침 펠릭스 마쿼트와 나눈 대화가 이 책의 시발점이 된 것은 절대 우연이 아니다. 나의 형제 펠릭스에게 감사를 전한다. 나의 오랜 공모자인 키스 칸 해리스는 시의적절한 소개로 이 프로젝트가 유지될 수 있게 도왔고, 로잘린드 포터는 내가 책을 쓸 수 있다는 사실을 일깨워 주었다.

원고를 읽고 다양한 피드백을 보내준 모든 이(캐롤라인 로스, 크리스토퍼 브루스터, 데이비드 암스트롱 맥케이, 니콜라스 윌킨슨, 알라스테어 매킨토시, 사스키아 왈렌토위츠, 사제이 사무엘, 딘 바빙턴, 잉그리드 리저, 매트 오스먼드, 엘리자베스 슬레이드, 제이모 가족)에게 큰 감사를 전한다. 이들은 내가 쓴 어떤 내용에도 책임이 없으며, 내가 더 치열하게 생각하도록 도왔고, 종종 응원이 필요한 시점에 나를 격려해 주었다.

이 프로젝트에 관해 첫 이메일을 주고받을 때부터 마고 볼드윈은 모든 작가가 출판사에 기대하는 열정을 보여주었다. 매튜 더는 편집자이지만 집필 과정에도 동료로 참여했고, 그가 마침내 칼을 휘두를 순간이 왔을 때 나는 그의 판단에 이의를 제기할 수 없었다. 이 여정 내내 첼시 그린과 함께 일하면서 이 책을 가장 잘 알고 아끼는 팀이 내 뒤에 있다는 느낌이 들었다.

마지막으로, 이 책을 집필할 때뿐만 아니라 책을 집필하기 전부터 오랫동안 나와 함께한 안나에게 무슨 말을 할 수 있을까? 나를 믿어 준 당신께 감사드린다. 당신은 나를 계속 놀라게 하는 사람이며, 우리가 함께 일할 때보다 더 기분이 좋을 때는 없었다. 이제 그만 '감사의 글'을 쏟아내는 것을 멈추고 엉망이 된 부엌을 정리하러 가야겠다.

폐허 속으로, 결과의 시간 속으로 더 멀리 여행하여 마침내 미지의 세계에서 살게 될 세대에게 마지막 말을 전하고 싶다. 떨어지는 별에 소원을 빌면 해결되는 문제보다 더 어려운 문제가 곧 여러분에게 주어질 것이다. 나는 이 질문에 답하기 위해 애쓰면서 여러분을 부끄러움 없이 바라볼 수 있기를 바란다.

들어가는 글

1) Ben Okri, The Freedom Artist (Brooklyn: Akashic Books, 2020), 211.

2) Vanessa Machado de Oliveira, Hospicing Modernity: Facing Humanity's Wrongs and the Implications for Social Activism (Berkeley: North Atlantic Books, 2021).

3) Federico Campagna, Prophetic Culture: Recreation for Adolescents (London: Bloomsbury, 2021).

4) Anna Lowenhaupt Tsing, The Mushroom at the End of the World: On the Possibility of Life in Capitalist Ruins (Princeton: Princeton University Press, 2015).《세계 끝의 버섯》(현실문화연구소), 2023년.

1장

1) Dougald Hine and Paul Kingsnorth, Uncivilisation: The Dark Mountain Manifesto (Oxford: The Dark Mountain Project, 2009).

2) Daniel Smith, 'It's the End of the World as We Know It...and He Feels Fine', New York Times, 20 April 2014, magazine section.

3장

1) Jorge Luis Borges, 'On Exactitude in Science', in Collected Fictions, transl. Andrew Hurley (New York: Viking Penguin, 1998), 325.

4장

1) Stephen Jenkinson, Die Wise: A Manifesto for Sanity and Soul (Berkeley: North Atlantic Books, 2015), 15.

2) John Michael Greer, The Long Descent: A User's Guide to the End of the Industrial Age(Gabriola Island: New Society Publishers, 2008), 21.

3) Alan Garner, Where Shall We Run To? (London: 4th Estate, 2018).

4) Walter D. Mignolo, The Darker Side of Western Modernity: Global Futures, Decolonial Options (Durham & London: Duke University Press, 2011).《서구 근대성의 어두운 이면》(현암사), 2018년.

5) Roxanne Dunbar-Ortiz, An Indigenous Peoples' History of the United States (Boston: Beacon Press,

2014), 40

6) Mario Blaser and Marisol de la Cadena, 'Pluriverse: Proposals for a World of Many Worlds' in A World of Many Worlds (Durham & London: Duke University Press, 2018), 3.

7) Leanne Betasamosake Simpson, As We Have Always Done: Indigenous Freedom through Radical Resistance (Minneapolis: University of Minnesota Press, 2021), 74.

8) Robin Wall Kimmerer, Braiding Sweetgrass: Indigenous Wisdom, Scientific Knowledge and the Teachings of Plants (Minneapolis: Milkweed Editions, 2013), 230–232.

9) Kathryn Yusoff, A Billion Black Anthropocenes or None (Minneapolis: University of Minnesota Press, 2018), 52.

6장

1) Ronald Butt, 'Mrs Thatcher: The First Two Years', Sunday Times, 3 May 1981.

2) William Davies, 'Populism and the Limits of Neoliberalism', LSE Review of Books, 12 April 2017.

3) William Davies, The Limits of Neoliberalism: Authority, Sovereignty and the Logic of Competition (London: Sage, 2017), 6.

7장

1) Margaret Klein Salamon, 'It's Possible to Face Climate Horrors and Still Find Hope', TRUTHOUT, 20 February 2019.

8장

1) Zing Tsjeng, 'The Climate Change Paper So Depressing It's Sending People to Therapy,' VICE UK, 27 February 2019.

2) Jem Bendell, 'Deep Adaptation: A Map for Navigating Climate Tragedy,' IFLAS Occasional Paper 2, 27 July 2018. (이 논문의 원본 버전은 벤델의 웹사이트에 개정판으로 대체되었지만 https://mahb.stanford. edu/wp-content/uploads/2018/08/deepadaptation.pdf에서 계속 이용할 수 있다)

3) Thomas Nicholas, Galen Hall and Colleen Schmidt, 'The faulty science, doomism, and flawed conclusions of Deep Adaptation', openDemocracy, 14 July 2020. https://www.opendemocracy.net/en/ oureconomy/faulty-science-doomism-and-flawed-conclusions-deep-adaptation/

4) Alastair McIntosh, Riders on the Storm: The Climate Crisis and the Survival of Being(Edinburgh: Birlinn, 2020), 126.

9장

1) Kari Marie Norgaard, Living in Denial: Climate Change, Emotions, and Everyday Life (Cambridge, Massachusetts: MIT Press, 2011), xvi–xvii.

2) Kari Marie Norgaard, 'Understanding the climate ostrich', BBC News Online, Science & Environment

section, 15 November 2007.

3) Chris Goode, The Forest and the Field: Changing theatre in a changing world(London: Oberon, 2015), 295.

10장

1) Rob Lewis, 'I went looking for the wild one,' Dark Mountain: Issue 1 (Ulverston and London: The Dark Mountain Project, 2010), v.

12장

1) 이 시리즈를 편집한 원고는 David Cayley, ed., IDEAS on the Nature of Science (New Brunswick: Goose Lane Editions, 2009)로 출판되었다.

2) David Cayley, 'Questions About the Current Pandemic From the Point of View of Ivan Illich', davidcayley.com, 8 April 2020.

3) David Cayley, 'The Case Against Vaccine Passports', First Things, 16 September 2021.

4) Justin EH Smith, 'Covid is Boring: The Perpetual Hygiene Regime and the STEMification of the Intellectuals', Justin E. H. Smith's Hinternet, 18 September 2021.

5) Justin E. H. Smith, 'Permanent Pandemic', Harper's Magazine, June 2022.

6) James Bridle, New Dark Age: Technology and the End of the Future (London: Verso, 2018), 198–199.

7) 물론 예술가도 참여했다. 뉴욕 지하철에 게시된 이 포스터는 그래픽 아티스트 윈스턴 쳉의 작품으로 밝혀졌다.

13장

1) Ian McEwan, Solar (London: Jonathan Cape, 2010). 《솔라》(문학동네), 2018년.

2) Amitav Ghosh, The Great Derangement: Climate Change and the Unthinkable (Chicago: University of Chicago Press, 2016). 《대혼란의 시대》(에코리브르), 2021년.

3) Amitav Ghosh, Gun Island (New York: Farrar, Strauss and Giroux, 2019).

4) Jesper Weithz, Det som inte växer är döende (Stockholm: Natur & Kultur, 2012). 나는 이 소설을 《Anything That Isn't Growing》이라는 제목으로 영역하고 Weithz와 함께 출판사를 찾고 있다.

5) Lydia Millet, A Children's Bible: A Novel (New York: W. W. Norton & Company, 2020).

6) T. S. Eliot, review of Metaphysical Lyrics and Poems of the Seventeenth Century: Donne to Butler, ed. Herbert J. C. Grierson, Times Literary Supplement, October 1921.

7) A book-length collection of these bulletins was published as Amy Suskind, The List: A Week-by-Week Reckoning of Trump's First Year (New York: Bloomsbury, 2018).

14장

1) Bill Gates, How to Avoid a Climate Disaster: The Solutions We Have and the Breakthroughs We Need (London: Alan Lane, 2021), 230. 《빌 게이츠, 기후 재앙을 피하는 법》(김영사), 2021년.

2) Alex Blasdel, 'Pinker's progress: the celebrity scientist at the centre of the culture wars', Guardian, 28 September 2021.

3) John Asafu-Adjaye et al, An Ecomodernist Manifesto (The Breakthrough Institute, 2015), ecomodernism.org.

4) Chris Smaje, 'Dark Thoughts on Ecomodernism', Dark Mountain Online Edition, 12 August 2015.

5) Chris Smaje, 'Ecomodernism: A Response to My Critics', Resilience.org, 10 September 2015.

6) Yanis Varoufakis, Adults in the Room: My Battle With Europe's Deep Establishment (London: Vintage, 2017).

7) Felix Marquardt, 'Davos is dead, and the coronavirus killed it', FT Alphaville, 17 June 2021.

15장

1) Jason Hickel and Giorgos Kallis, 'Is Green Growth Possible?', New Political Economy, April 2019.

2) Bernard Lietaer, The Future of Money: Beyond Greed and Scarcity (London: Random House, 2001).

3) Sara Jolena Wolcott, 'From Alternative to Mainstream: Local economies rapidly grow in India during the pandemic', 26 April 2020, in The ReMembering and ReEnchanting Podcast, produced by Sequoia Samanvaya, 1:05:48. https://wwwbuzzsprout.com/310226/3515638-from-alternative-to-mainstream-localeconomies-rapidly-grow-in-india-during-pandemic

4) David Graeber, Bullshit Jobs: A Theory (New York: Simon & Schuster, 2018). 《불숯 잡》(민음사), 2022년.

5) Mike Small, 'The Virus Is Not Degrowth', Enough!, 9 April 2020. https://www.enough.scot/2020/04/09/the-virus-is-not-degrowth/

6) Milton Friedman and Rose D. Friedman, Two Lucky People: Memoirs (Chicago: University of Chicago Press, 1998), 220.

7) Nicholas Beuret, 'Containing climate change: The new governmental strategies of catastrophic environments', Environment and Planning E: Nature and Space 4, no. 3 (2021), 818.

16장

1) Hugh Brody, The Other Side of Eden: Hunters, Farmers, and the Shaping of the World (New York: North Point Press, 2000), 261–264.

2) Jonathan Rothwell and Sonal Desai, 'How misinformation is distorting COVID policies and behaviors', Brookings Institution Report (2020).

3) 'ConservativeWoman, Covid-19 Poll – November 2020,' Savanta ComRes, 16 November 2020. https://comresglobal.com/polls/conservativewoman-covid-19-poll-november-2020/

4) Klaus Schwab and Thierry Malleret, Covid-19: The Great Reset (Geneva: Forum Publishing, 2020), 187–188. 《클라우스 슈밥의 위대한 리셋》(메가스터디북스), 2021년.

17장

1) Barney Glaser and Anselm Strauss, Awareness of Dying (Chicago: Aldine, 1965).

2) Philippe Ariès, Western Attitudes Toward Death: From the Middle Ages to the Present (Baltimore: Johns Hopkins University Press, 1974), 88.

3) Ivan Illich, In the Mirror of the Past: Lectures and Addresses 1978–1990 (London: Marion Boyars, 1992), 53. 《과거의 거울에 비추어》(느린걸음), 2013년.

4) Richard Smith, 'Limits to Medicine. Medical Nemesis: The Expropriation of Health', BMJ 2002 324:923. https://doi.org/10.1136/bmj.324.7342.923

5) Ivan Illich, Medical Nemesis: The Expropriation of Health (London: Marion Boyars, 1975). 《병원이 병을 만든다》(미토), 2004년.

6) John P. Bunker, Howard S. Frazier and Frederick Mosteller, 'Improving Health: Measuring Effects of Medical Care', The Milbank Quarterly 72, no. 2 (1994), 225–258.

18장

1) Cassie Werber, 'There are at least three totally different estimates of how many civilians died in the Iraq war', Quartz, 6 July 2016.

2) Ghosh, The Great Derangement, 16.

3) Tsing, The Mushroom at the End of the World, 38.

4) Quoted in Ghosh, The Great Derangement, 22.

5) Cayley, IDEAS on the Nature of Science, 271.

19장

1) Anthony Barnett, 'Out of the Belly of Hell: Covid-19 and the humanisation of globalisation', openDemocracy, 21 May 2020. https://www.opendemocracy.net/en/opendemocracyuk/out-belly-hell-shutdown-and-humanisation-globalisation/

2) Nabil Ahmed et al, Inequality Kills: The unparalleled action needed to combat unprecedented inequality in the wake of COVID-19, Oxfam briefing paper, 17 January 2022.

3) An edited version of the lecture was published as Martin Rees, 'A Christmas message from Martin Rees: Welcome to the post-human world', Prospect, 24 December 2015.

4) The Gesturing Towards Decolonial Futures Collective, 'Preparing for the end of the world as we know it,' openDemocracy, August 24, 2020. https://www.opendemocracy.net/en/oureconomy/preparing-end-world-we-know-it/

20장

1) Emily Clay, 'Modal Age at Death: Mortality Trends in England and Wales 1841–2010', report presented at the Living to 100 Symposium (2014).

2) 'Declaration for Stockholm+50', Safeguarding Our Common Home, 2022. https://www. stockholmdeclaration.org/declaration/

3) Paul Kingsnorth, 'The Green Grace', The Abbey of Misrule, 21 July 2021.

4) Gustavo Esteva and Madhu Suri Prakash, Grassroots Post-Modernism: Remaking the Soil of Cultures (London: Zed Books, 1998).

5) Munir Fasheh, 'Community Education: To Reclaim and Transform What Has Been Made Invisible', Harvard Educational Review 60, no. 1 (1990): 19–35.

6) Ramasubramanian Oruganti, 'Future Institutions That Can Serve Human Purpose', The Sequoia Grove Journal, 21 December 2020.

7) Ghosh, The Great Derangement, 147.

8) Ghosh, The Great Derangement, 161.

9) Cayley, IDEAS on the Nature of Science, 218.

10) Ivan Illich, Energy and Equity (London: Calder & Boyars, 1974). 《행복은 자전거를 타고 온다》(사월의 책), 2018년.

21장

1) Gordon White, Ani.Mystic: Encounters with a Living Cosmos (London: Scarlet Imprint, 2022).

2) David Holmgren, 'Pandemic Brooding: Can the Permaculture movement survive the first severe test of the energy descent future?', Holmgren Design, 11 September 2021. https://holmgren.com.au/writing/ pandemic-brooding/

3) Rebekah Berndt, 'COVID Positive or: How I learned to stop worrying and embrace death', Torchlight, 14 April 2022. https://rebekahberndt.substack.com/p/covid-positive-or

4) Elizabeth Kübler-Ross, On Death and Dying (New York: Macmillan, 1969). 《죽음과 죽어감에 답하다》 (청미), 2018년.

22장

1) Ingrid Rieser, 'E16 Live: Does it still make sense to talk about climate change? // Dougald Hine', 7 December 2021, in Forest of Thought podcast, 1:21:16. https://forestofthought.com/e16-live-dougald-hine/

2) Aaron Bastani, Fully Automated Luxury Communism: A Manifesto (London: Verso, 2019). 《완전히 자동화된 화려한 공산주의》(황소걸음), 2020년

3) Anthony Barnett, The Lure of Greatness: England's Brexit and America's Trump (London: Unbound, 2017), 38–39.

4) David Jonstad, 'Den nya vänsterutopin ger allt åt alla – men är den möjlig?', Dala-Demokraten, 22 November 2019.

5) Nicholas Beuret, 'A Green New Deal Between Whom and For What?', Viewpoint Magazine, 24 October

2019. https://viewpointmag.com/2019/10/24/green-new-deal-for-what/

6) Dougald Hine, 'Seeing in the Dark: A Tribute to John Berger', Contemporary Theatre Review 27, no. 3, 425–427.

7) Trevor Blackwell and Jeremy Seabrook, The Revolt Against Change: Towards a Conserving Radicalism (London: Vintage, 1993), 15.

8) James C. Scott, 'Vernaculars Cross-Dressed as Universals: Globalization as North Atlantic Hegemony', Macalester International 24, Article 7 (2009).

9) Naomi Klein, This Changes Everything: Capitalism vs. the Climate (New York: Simon & Schuster, 2014).

10) Bruno Latour, Où atterrir? Comment s'orienter en politique (Paris: Éditions La Découverte, 2017). Translated by Catherine Porter as Down to Earth: Politics in the New Climate Regime (Cambridge: Polity Press, 2018).

11) Latour, Down to Earth, 32.

12) Bayo Akomolafe, 'The edges in the middle', bayoakomolafe.net, 6 January 2017. https://www.bayoakomolafe.net/post/the-edges-in-the-middle

13) John Berger, 'Dispatches: Undefeated Despair', Race & Class 48, no. 1 (July 2006), 23–41.

14) Karl Polanyi, The Great Transformation (Boston: Beacon, 1944).

23장

1) 이 대화를 편집한 원고는 Dougald Hine, 'Dealing With Our Own Shit: A Conversation With Gustavo Esteva', Dark Mountain: Issue 4 (Ulverston and London: The Dark Mountain Project, 2013), 58–72로 출판되었다.

2) Gustavo Esteva, 'Back from the Future', in Notes for the presentation in schooling and education: A symposium with friends of Ivan Illich organized by TALC New Vision, Milwaukee, 2004; Rebecca Solnit, A Paradise Built in Hell: The Extraordinary Communities That Arise in Disaster (New York: Viking, 2009), 135–180. 《이 폐허를 응시하라》(펜타그램), 2012년.

3) Colin MacCabe, 'A song for politics: a discussion with John Berger', Critical Quarterly 56, no. 1 (2014), 6.

4) Hine and Kingsnorth, Uncivilisation, 32.

5) Jem Bendell, 'Notes on Hunger and Collapse', jembendell.com, 28 March 2019. https://jembendell.com/2019/03/28/notes-on-hunger-and-collapse

6) Machado de Oliveira, Hospicing Modernity, xv.

7) Machado de Oliveira, Hospicing Modernity, 238.

8) Machado de Oliveira, Hospicing Modernity, 53.

9) ETC group, Who Will Feed Us? The Industrial Food Chain vs the Peasant Food Web (2017).

10) ETC 보고서가 발표한 70퍼센트라는 중요한 수치는 이것이 틀렸음을 주장하는 두 학술 논문이 발표되면

서 최근 논란의 대상이 되었다. Vincent Riccardi et al, 'How much of the world's food do smallholders produce?'와 Global Food Security 17 (July 2018); Sarah Lowder et al., 'Which farms feed the world and has farmland become more concentrated?', World Development 142 (June 2021)을 참조하라. 하지만 이 두 논문을 신중하게 읽어보면, 방법론적 오류, 그리고 그들의 주장을 약화시키는 데이터 선택과 가정 설정을 확인할 수 있다. 이 논문들의 문제점에 대한 자세한 분석은 A Growing Culture, 'Can Small-Scale Farmers Feed the World?', Offshoot, 2 August 2022. https://agrowingculture.substack.com/p/can-small-scale-farmers-feed-the을 참조하라.

11) Chris Smaje, A Small Farm Future (London: Chelsea Green, 2020), 89.

12) Smaje, A Small Farm Future, 74.

13) Smaje, A Small Farm Future, 250.

14) Ivan Illich, The Right to Useful Unemployment (London: Marion Boyars, 1978), 27.

15) JK Gibson-Graham, The End of Capitalism (As We Knew It): A Feminist Critique of Political Economy (Oxford: Blackwell, 1996).

16) Smaje, A Small Farm Future, 93.

17) Smaje, A Small Farm Future, 237.

24장

1) David Abram, The Spell of the Sensuous: Perception and Language in a   More-ThanHuman World (New York: Pantheon, 1996).

2) 우리의 대화를 편집한 원고는 Dougald Hine, 'Coming to Our (Animal) Senses: A Conversation with David Abram', Dark Mountain: Issue 2 (Ulverston and London: The Dark Mountain Project, 2011), 61–73으로 출판되었다.

3) Bayo Akomolafe, 'Foreword', bayoakomolafe.net (2022).

4) Paul Kingsnorth, 'Do What Thou Wilt', The Abbey of Misrule, 5 August 2021.

5) Philip Sherrard, The Rape of Man and Nature: An Enquiry into the Origins and Consequences of Modern Science (Ipswich: Golgonooza Press, 1987), 114.

6) Cayley, IDEAS on the Nature of Science, 187.

7) Lars Olof Lodén, 'Kan norrsken låta?' Forskning och Framsteg 2004/7

8) Unto K Laine, 'Analysis of Clap Sounds Heard During the September 9–10 2011 Geomagnetic Storm', in Proceedings of the the 19th International Congress on Sound and Vibration (2012), 1–8.

9) Paul Money, 'Recording the sound of the aurora borealis', BBC Sky at Night Magazine, 4 September 2019; Tom Metcalfe, 'How One Scientist Decoded the Mysterious Sounds of the Northern Lights', Live Science, 12 October 2016.

10) Dean Bavington, Managed Annihilation: An Unnatural History of the Newfoundland Cod Collapse (Vancouver: UBC Press, 2010).

11) Åsa Malmberg, 'How the Sami were affected by research in "racial biology"', Uppsala University

website, 10 December 2021. https://uu.se/en/news/article/?id=17908

12) Tyson Yunkaporta, Sand Talk: How Indigenous Thinking Can Save the World (Melbourne: Text Publishing, 2019), 19.

13) Dougald Hine, 'Rehoming Society: A Conversation with Sajay Samuel', Dark Mountain: Issue 3 (Ulverston and London: The Dark Mountain Project, 2012), 90–105.

마치는 글

1) Dougald Hine, 'The Vital Compass: A Conversation with Vanessa Andreotti', Dark Mountain: Issue 16 – Refuge: Ten Years on the Mountain (Reydon: The Dark Mountain Project, 2019), 244–257. (Vanessa Andreotti는 Vanessa Machado de Oliveira가 자신의 학술 연구를 발표할 때 사용하는 이름이다.)

2) Jenkinson, Die Wise, 45–56.

우리에게 내일이 없더라도

초판 1쇄 인쇄 2024년 9월 19일
초판 1쇄 발행 2024년 9월 27일

지은이 | 도갈드 하인
옮긴이 | 안종희
펴낸이 | 심남숙
펴낸곳 | ㈜ 한문화멀티미디어
등록 | 1990. 11. 28 제21−209호
주소 | 서울시 광진구 능동로 43길 3−5 동인빌딩 3층 (04915)
전화 | 영업부 2016−3500 · 편집부 2016−3507
홈페이지 | http://www.hanmunhwa.com

운영이사 | 이미향
편집 | 강정화 최연실
기획·홍보 | 진정근
디자인·제작 | 이정희
경영 | 강윤정
회계 | 김옥희
영업 | 이광우

만든 사람들
책임 편집 | 한지윤 디자인 | ROOM 501
인쇄 | 천일문화사

ISBN 978-89-5699-478-9 03300